# えん罪・
# 氷見事件を
# 深読みする
## 国賠訴訟のすべて

前田裕司・奥村回［編］

現代人文社

## ●まえがき

　2007年1月、富山県警の発表で、「氷見事件」と呼ばれる冤罪が明らかとなった。折しも、日弁連が冤罪を絶つための最重要の課題と位置づけた「取調べの可視化」に向けた取組みが本格化して3年弱、検察庁がようやく、裁判員裁判対象事件につき取調べの一部録画の試行をはじめた半年後のことであった。検察官による再審請求という異例の再審は、同年10月に無罪判決が出された。しかし、冤罪究明に向けた審理は全くなされなかった。そこで冤罪被害者である柳原浩さんが2年有余の服役を余儀なくされた原因を具体的に明らかにし、その無念を晴らすことを目的として提起したのが、「氷見国賠訴訟」である。2009年5月のことであった。そのため、訴訟では当初から捜査機関の保管する全ての資料を開示するよう求め、これに相当の時間を費やすことになった。裁判所の資料開示に関する姿勢は比較的積極的であり、文書送付嘱託命令により相応の文書が開示された。開示資料は、対象の文書も、出された証拠にも黒塗り箇所が相当に多く、不十分さは否めないが、捜査における「本部長事件指揮簿」や「捜査指揮簿」が入手できたことは、国賠訴訟においては画期的なことだった。

＊

　富山地裁の判決は2015年3月9日に出され、同判決は次のように判断した。

　任意捜査を始めた時点で、犯人性を裏付ける客観的証拠はなく、主たる積極証拠は本件各被害者の犯人識別供述であったが、その犯人識別供述は、誤識別を招く要素が排除されておらず、それほど高い信用性を置くことができなかったのに、警察官は被害者の面通しによる供述によって、柳原さんに対する嫌疑を強め、以後、強い心理的圧迫を加える取調べを行った結果、柳原さんが自白するに至った。のみならず、警察官らは、消極証拠（逮捕当日の引き当たりで被害者宅を指示できず、警察官の誘導で6軒目にして実際の家にたどりついたこと、犯人の足跡痕から特定されたコンバースの靴の処分について、供述が理由もなく三転した上、その裏付けもとれなかったこと）を過小に評価して消極方向の検討をせず、かえって、「確認的取調べ」（警察官が意図する答えが返ってくるまで、同じような質問を続けて確認を求める手法）を行うことにより、被害者供述や客観証拠に合

致する内容の虚偽の自白を作出した。以上を総合すると、本件警察官らによる
捜査は合理的根拠が客観的に欠如していたことは明らかであり、警察官に認め
られた裁量を逸脱、濫用したものとして国賠法上も違法である。

　判決は一方で、原告が強く主張した通話記録の見落としや血液鑑定の不十分
さなどは違法でないとし、また、検察官の取調べや公訴提起の違法についても、
検察官が警察官調書の内容を前提として犯行状況を確認するのは致し方ない、
柳原さんの自白を信用し、被害者の識別供述を信頼できるものとして起訴した
のもやむを得ないなどとして、検察官に違法はなかったとした。

　このように、判決は国に対する責任を認めなかったことや、警察捜査の違法
も限定的な範囲でしか認めなかったこと等の問題を残したが、警察官の「確認
的取調べ」を違法と断じたことは国賠訴訟では初めてのことであり、今後の取
調べ実務にも影響を与えることは必至である。

＊

　「氷見国賠訴訟」の目的である、事案の真相の解明がどこまでできたかと言
えば、立証責任が原告にあるという訴訟構造の壁もあって、十分であったと評
価をすることはできない。とはいえ、一定程度の目的を達することはできたと
言える。また、「取調べの可視化」がなされていれば、判決のいう「心理的圧
迫を加えるような取調べ」も「確定的取調べ」もなされることはなかったはず
であり、「氷見国賠訴訟」で、改めて、「全件・全過程の取調べの可視化」の必
要性が確認されたともいうことができる。

　「氷見事件」の発覚以降も、村木事件、北九州爪ケア事件、ＰＣ遠隔操作事件、
三鷹バス痴漢事件等が発生するなど、冤罪は後を絶たない。そして、多くの
冤罪被害者が苦しんでいる。そのような中、「氷見国賠訴訟」に関わったわれ
われは、その取組みを踏まえて「氷見事件」を総括するべく本著を編集した。

　本著が、刑事裁判に関わる法曹、警察関係者、冤罪に関心を抱く市民の皆さ
んやメディアに関わる人たちの目に触れ、冤罪撲滅のための一里塚となること
となれば幸いである。

2016年9月

前田裕司

まえがき　ii

## 序章　「氷見事件」とは　3

1　いきなりの連行 ————————————————————— 3
2　2回目の任意取調べ ———————————————————— 4
3　4月15日の逮捕 ————————————————————— 4
4　送検と勾留質問 ————————————————————— 4
5　再逮捕劇 ——————————————————————— 5
6　氷見1月事件とは ———————————————————— 5
7　氷見3月事件とは ———————————————————— 5
8　物的証拠が全くないのに起訴 ——————————————— 6
9　自白偏重そのもの ———————————————————— 7
10　弁護士も冤罪に加担 ——————————————————— 7
11　裁判で有罪 —————————————————————— 7
12　氷見8月事件 ————————————————————— 8
13　刑務所で服役 ————————————————————— 8
14　同様の事件多発、更なる事件を防がなかった警察 ——————— 9
15　再度「氷見事件」とは —————————————————— 9

## 第1章　国賠をめざして　11

1　冤罪を認める記者会見 —————————————————— 11
2　記者会見と謝罪の実態 —————————————————— 12
3　再審裁判前後の事情 ——————————————————— 13
4　再審判決の歪み ————————————————————— 14
5　その頃の情況 —————————————————————— 15
6　国賠提訴の準備 ————————————————————— 16
7　弁護団の結成へ ————————————————————— 17
8　国賠の覚悟 —————————————————————— 18
9　支援者と弁護団の関係 —————————————————— 18
10　可視化運動との合流 ——————————————————— 19
11　現地調査と似顔絵捜査の疑問 ——————————————— 20
12　捜査の端緒が不自然極まる ———————————————— 21

えん罪・氷見事件を深読みする
国賠訴訟のすべて | 目次

## 第2章　国賠裁判の6年間　23

## 第3章　国賠で分かったこと・分からないこと　31

### 1 証拠をめぐる争点 ───── 31
　(1)　靴の捜査　31
　(2)　靴に関する自白　33
　(3)　ナイフとチェーン　35
　(4)　通話記録が示すアリバイ　35
　(5)　引き当たり　37

### 2 浜田鑑定と自白問題 ───── 39
　(1)　浜田氏の業績　39
　(2)　氷見事件の特殊性　40
　(3)　犯人識別の危険性　41
　(4)　氷見自白の4段階　41
　(5)　被害者調書の引き写し　42
　(6)　秘密の暴露は皆無　44
　(7)　補充期の自白　45
　(8)　ゆりもどし？　45
　(9)　公判廷における自白維持と弁護士の冤罪加担　46

### 3 捜査の混乱 ───── 48
　(1)　最初の逮捕はなぜ「3月事件」か？　48
　(2)　DNA型鑑定問題　50
　(3)　さらに「1月」「3月」問題　51
　(4)　長能取調官の意識　52

### 4 DNA型と血液型 ───── 53
　(1)　DNA型鑑定を強調した再審判決と県警説明　53
　(2)　DNA型データベース導入以前であることを強調する不自然　55
　(3)　富山県警・科捜研でのDNA型鑑定の実施状況　56
　(4)　柳原氏から試料採取について県・国の主張の矛盾　63

| ⑸ | 血液型検査で全量消費された残留物鑑定 | 65 |
|---|---|---|
| ⑹ | 不自然なパンティなどの返還 | 67 |
| ⑺ | 精液を含む混合試料の血液型鑑定の問題 | 68 |
| ⑻ | 鑑定が引き起こした重大な問題と残った疑惑 | 70 |

## 5 似顔絵捜査と被害者 ——— 71

| ⑴ | 「警察はなぜ自分のところにきたのか」 | 71 |
|---|---|---|
| ⑵ | 冤罪のきっかけ | 72 |
| ⑶ | 柳原氏は真犯人 O 氏と似ているか | 72 |
| ⑷ | 二枚の似顔絵 | 73 |
| ⑸ | 似顔絵に関する前提 | 75 |
| ⑹ | 大きなマスク | 76 |
| ⑺ | 根本的な疑問 | 76 |
| ⑻ | 似顔絵捜査 | 77 |
| ⑼ | 写真面割りの不思議 | 78 |
| ⑽ | 性犯罪捜査員 | 79 |
| ⑾ | 写真面割りの実態 | 81 |
| ⑿ | 単独面通しの実態 | 81 |
| ⒀ | 記憶喚起の心理学と取調べ | 83 |
| ⒁ | 中越ら捜査員の言葉による誘導の痕跡 | 83 |
| ⒂ | 氷見 8 月事件の中越 | 85 |
| ⒃ | V1 と V2 の犯人識別記憶の確かさ | 85 |
| ⒄ | V1、V2 の証人請求 | 90 |
| ⒅ | 法廷の中越 | 90 |

## 6 原告証言とPTSD ——— 91

| ⑴ | 損害論主張と原告 | 91 |
|---|---|---|
| ⑵ | 原告の PTSD についての専門家の意見書を提出 | 92 |
| ⑶ | 原告、証人尋問で体調を崩す | 94 |
| ⑷ | 被告側が PTSD 診断を否定する意見書を提出 | 95 |
| ⑸ | 違法捜査による原告の PTSD を認めた国賠判決とその後 | 96 |
| ⑹ | 氷見事件から学ぶ〜無罪判決で終わらない冤罪被害 | 97 |

| 第4章 | 国賠裁判の歴史と氷見国賠判決批判 | 98 |
|---|---|---|

**1 国賠法の成立とその後の冤罪国賠** ————————————————— 98

**2 職務行為基準説が足枷** ————————————————————— 99

**3 氷見国賠判決の概要** ————————————————————— 104
- ⑴ 県の違法認定は一部のみ　　　　　　　　　　　　　　　104
- ⑵ 国の違法性はなし　　　　　　　　　　　　　　　　　　104
- ⑶ 個人被告の損賠は求めることができない　　　　　　　　104
- ⑷ 損害　　　　　　　　　　　　　　　　　　　　　　　　105

**4 判決の問題点** ——————————————————————— 105
- ⑴ 捜査における「専門的な職務行為」と裁量の範囲があいまい　105
- ⑵ 国賠法上の違法は故意が前提、過失は無視　　　　　　　106
- ⑶ アリバイ捜査の不備を不問　　　　　　　　　　　　　　107
- ⑷ 通話履歴の判断は重大な間違い　　　　　　　　　　　　107
- ⑸ 「引き当たり」についての判断　　　　　　　　　　　　108
- ⑹ 自白の強要の判断の矛盾　　　　　　　　　　　　　　　109
- ⑺ 「確認的」取調べは違法と判断　　　　　　　　　　　　111
- ⑻ 因果の流れ―8月事件捜査の隠ぺい（工作）を擁護　　　112
- ⑼ PTSD 認定　　　　　　　　　　　　　　　　　　　　113
- ⑽ 判決総評　　　　　　　　　　　　　　　　　　　　　　113

**5 氷見国賠と志布志国賠の判決** ———————————————— 114

| 第5章 | 国賠訴訟の口頭弁論全記録 | 119 |
|---|---|---|

**1 提訴―原告の思いは「なぜ、わたしのところに警察がきたのか」** ——— 119

**2 第1回口頭弁論期日決定** ————————————————— 120
- ⑴ 富山県警監察室のコメント　　　　　　　　　　　　　　120
- ⑵ 全記録の任意提出申入れ　　　　　　　　　　　　　　　120

**3 ドキュメント国賠裁判** ————————————————— 121
- ⑴ 第1回口頭弁論（2009年8月19日）　　　　　　　　　121
- ⑵ 第2回口頭弁論（2009年11月20日）　　　　　　　　　123
- ⑶ 第3回口頭弁論（2010年1月21日）　　　　　　　　　124

| ⑷ | 第4回口頭弁論 | （2010年3月11日） | 127 |
| ⑸ | 第5回口頭弁論 | （2010年6月2日） | 130 |
| ⑹ | 第6回口頭弁論 | （2010年9月9日） | 133 |
| ⑺ | 第7回口頭弁論 | （2010年12月8日） | 136 |
| ⑻ | 第8回口頭弁論 | （2011年2月23日） | 138 |
| ⑼ | 第9回口頭弁論 | （2011年4月20日） | 140 |
| ⑽ | 第10回口頭弁論 | （2011年7月6日） | 143 |
| ⑾ | 第11回口頭弁論 | （2011年9月7日） | 144 |
| ⑿ | 第12回口頭弁論 | （2011年11月9日） | 145 |
| ⒀ | 第13回口頭弁論 | （2012年2月1日） | 147 |
| ⒁ | 第14回口頭弁論 | （2012年4月25日） | 148 |
| ⒂ | 第15回口頭弁論 | （2012年6月20日） | 150 |
| ⒃ | 第16回口頭弁論 | （2012年8月8日） | 151 |
| ⒄ | 第17回口頭弁論 | （2012年9月19日） | 153 |
| ⒅ | 第18回口頭弁論 | （2012年12月5日） | 154 |
| ⒆ | 第19回口頭弁論 | （2013年3月4日） | 154 |
| ⒇ | 第20回口頭弁論 | （2013年5月27日） | 156 |
| ㉑ | 第21回口頭弁論 | （2013年8月19日） | 158 |
| ㉒ | 第22回口頭弁論 | （2013年10月21日） | 161 |
| ㉓ | 第23回口頭弁論 | （2013年12月16日） | 163 |
| ㉔ | 第24回口頭弁論 | （2014年2月17日） | 165 |
| ㉕ | 第25回口頭弁論 | （2014年4月21日） | 167 |
| ㉖ | 第26回口頭弁論 | （2014年7月30日） | 169 |
| ㉗ | 第27回口頭弁論 | （2014年10月6日） | 170 |
| ㉘ | 判　決 | （2015年3月9日） | 171 |

## 4　証拠開示の攻防のまとめ ————————————————————— 174

| ⑴ | 証拠開示にこだわり続けた理由と開示勧告 | 174 |
| ⑵ | 県情報公開との連動──捜査指揮簿の開示勧告 | 176 |
| ⑶ | マスキングを批判 | 176 |
| ⑷ | 文書提出命令の申立てへ | 177 |
| ⑸ | 被告国が文書提出命令の判断前に25通の証拠を任意開示 | 177 |
| ⑹ | 被告県が本部長指揮事件指揮簿を開示──マスキングされた行間から | 178 |
| ⑺ | 被告県が捜査指揮簿（捜査日誌）を開示 | 178 |
| ⑻ | 文書提出命令の判断を避ける──結審へ | 179 |

## 第6章　氷見国賠支援活動の記録　180

1　原告との面談、体験とこころの揺れ ——————————————— 180
2　国賠をどう闘うか ————————————————————————— 181
3　富山（氷見）冤罪国賠裁判を支える会のスタート ————————— 181
4　集会・シンポの開催、声明——————————————————————— 183
　　(1)　富山（氷見）冤罪事件を考える市民の集い（富山市）　183
　　(2)　国賠ネットワーク（共催）秋季シンポジウムを開催（東京）　185
　　(3)　狭山事件の再審を求める市民の会主催のシンポジウム（東京）　186
　　(4)　取調べの可視化を求める市民集会 in 富山　186
　　(5)　氷見冤罪事件国賠裁判報告集会 in 富山―富山県警の隠蔽体質を問う―　187
　　(6)　国賠裁判報告集会 in 富山― 10/6 結審から判決へ―真相は明らかになったのか　188

5　支える会の調査活動 —————————————————————————— 189
　　(1)　数次にわたり氷見現地調査を実施　189
　　(2)　DNA 型・血液型の調査　190

6　「氷見冤罪事件の責任を追及する会」として再スタート ——————— 192


## 第7章　責任追及は続く　193

1　情報公開請求と黒塗り減らせ訴訟 —————————————————— 193
　　(1)　捜査指揮簿などの開示請求　193
　　(2)　富山県公安委員会へ審査請求、情報公開審査会へ　195
　　(3)　国賠裁判において、富山県が事件指揮簿と捜査指揮簿を任意提出　198
　　(4)　裁決しない公安委員会の違法確認を求めて提訴　199

2　警察官4名を告発 不起訴を受けて検察審査会へ———————————— 204
　　(1)　国賠裁判の最終段階　204
　　(2)　被告・県「第 7 準備書面」　205
　　(3)　警察官 4 名の告発へ　206
　　(4)　偽証と虚偽公文書　207
　　(5)　作成から行使は継続一体の犯罪　209
　　(6)　「行使」が焦点　209
　　(7)　告発状の受理　216

| ⑻ | 不起訴処分の通知 | 216 |
|---|---|---|
| ⑼ | 不起訴処分の理由説明 | 217 |
| ⑽ | 検察審査会へ申立て | 217 |
| ⑾ | 被害拡大と隠ぺいの責任 | 218 |
| ⑿ | 不起訴処分は不当 | 218 |
| ⒀ | 時効が完成していないものについては"罪がない"との判断について | 220 |
| ⒁ | 澤田章三の犯罪 | 220 |
| ⒂ | 長能善揚の犯罪 | 221 |
| ⒃ | 附木邦彦および西野友章の犯罪 | 222 |
| ⒄ | 申立の補充「不起訴処分における最高裁判例などの適用・解釈の誤りについて」を提出 | 223 |
| ⒅ | 検察審査会への上申書提出 | 226 |
| ⒆ | 上申書⑴──牽連犯と刑事責任 | 226 |
| ⒇ | 上申書⑵──氷見事件の前の不祥事 | 226 |
| (21) | 上申書⑶──冤罪隠ぺいと被害の拡大 | 228 |
| (22) | 検察審査会の仕組みと申立ての行方 | 228 |
| (23) | 「不起訴処分相当」の議決を受けて | 229 |

氷見事件・裁判関連年表　　232
147 名の弁護団（原告代理人）一覧　　241
編者・執筆者プロフィール　　244

あとがき　242

# えん罪・氷見事件を深読みする

国賠訴訟のすべて

前田裕司・奥村回 [編]

## 序章

# 「氷見事件」とは

　氷見は、富山県西北部、石川県に隣接する人口５万人ほどの市である。日本海側有数の氷見漁港は、冬の「寒ブリ」で有名。その氷見で2002（平成14）年、おぞましい事件が連続し、そして冤罪事件が作り上げられたのだった。

## 1　いきなりの連行

　氷見市でタクシー運転手だった柳原浩氏は、2002年４月8日朝、タクシーの車庫で出発準備をしていたところ、突然５～６人の男に取り囲まれ、「ちょっと聞きたいことがある」と言って肩を掴まれワンボックスカーに押し込められた。柳原氏が「何なのですか」と聞くと、「あとで教えるから黙って座っていろ」と怒鳴られた。

　氷見警察署は、任意同行でありながら、はなから威圧的だった。それは、警察が「無」から「有」を作り出す冤罪の始まりであったのだ。

　任意同行の初日は、富山県警捜査一課警部補長能善揚らが、朝９時から夜11時まで連続で取調べを行い、柳原氏に一切容疑事実を説明しなかった。昼食にパンと牛乳を出されたが、訳が分からず一口も食べていないとのこと。柳原氏は、夕食も食べず夜11時に帰された。取調べ内容は、「あの日何をしたのか」「何の日ですか？」「お前のやった日のことがわからないのか」等、柳原氏にとってはまったく理解できないことであった。柳原氏は、トイレに立ったときに携帯で義姉に電話したが、見つかって電話器を取り上げられた。また、弁護士を求めたが、知り合いの弁護士がいないなら、呼ぶ必要がないと一蹴された。その夜帰宅したところに二人の姉が訪ねて来て警察から聞かされていた内容を教

えてくれた。柳原氏は、強姦などやっていないと話した。

## 2　2回目の任意取調べ

　2回目の取調べで、やっと3月の事件であることが分かった。いくら否定しても、取調官・長能は聞き入れず、一方的に「やっただろう」と決めつける問答が続いた。あたまから否定され、侮辱され、柳原氏はくたびれ果て、絶望的な気持ちになった。その日も夜遅くまで取調べが続き、柳原氏は帰宅後、除草剤を飲んで死のうとして、水に薄めたが飲めず牛乳で薄めて飲んで寝てしまった。しかし、死ぬこともできず朝起きたらトイレで嘔吐してしまったという。

## 3　4月15日の逮捕

　柳原氏は、第3回目の任意取調べで、いきなり仕事中タクシーで被害者の家の近くを通っていただろうと長能に強く言われ自供を迫られた。混乱し、取調室が暑く感じて、柳原氏は気を失い椅子から転げ落ちて床に倒れてしまった。その後、長能は、柳原氏が大事に財布に入れていた亡き母親の写真を出させ、それを自分の手に持たせ、写真をよく見ろと言い、母親にやっていないと言えるのか、お前の姉さんは間違いないからどうにでもしてくれと言っている等、柳原氏を責め立てた。柳原氏は、頼りにしていた家族から見捨てられ、何を言っても通じないと絶望して「はい」と言ってしまったのである。
　その日、3月事件被害者の家を「案内させられ」、靴を捨てたという崖を見るために警察から連れ出されたという。そして逮捕状を執行された。

## 4　送検と勾留質問

　翌4月16日の各紙朝刊（富山版）には、ベタ記事ながら＜婦女暴行未遂の男逮捕＞と、柳原氏の実名・住所地名入りの記事が出た。読売新聞だけは、警察官のリークを受けて、＜ほかにも同様の犯行を数件自供＞とし、1月14日の同様事件も共通点があると書いた。
　その日、富山検察庁高岡支部の検察官松井英嗣副検事の弁解録取が行われ、「自供したことは間違いないですか」と聞かれ、柳原氏は、「いや、やっていません」と答えた。次に裁判官の勾留質問でも、「やっていません」と答えると「本

当にやっていないのなら、認めないようにしなさい」と言われた。その後、氷見警察署に戻ったところ、待ち受けていた長能が、突然机を叩き、バカ野郎と右手で握り拳を作って顔面に突き出し、言葉と態度で威圧してきた。そして、長能は、俺の言う通り書けと言って「こんごひっくりかえすことはしません」と「上申書」を書かせた。さらに長能は、「今からは、俺の言うことに『はい』か『うん』しか言うな」と柳原氏に強く押し付けた。

こうして、氷見３月事件の自白が始まった。

## 5　再逮捕劇

富山地検高岡支部は、起訴するだけの証拠が不足しているとして、氷見３月事件の容疑を処分保留とし、５月５日に一旦釈放とした。柳原氏は、やっと分かってもらえたかと喜んで、荷物をまとめて紙袋に入れ、それを持って警察敷地ギリギリを出ようとしたとき、数人の刑事に取り囲まれ再び取調室に連行された。そこには長能が待ち構えており、氷見１月事件の容疑で再逮捕された。その時、柳原氏は、地獄に突き落とされた気がしたと語っている。

## 6　氷見１月事件とは

2002年1月14日午前８時すぎ頃、氷見市内で強姦事件が発生した。犯人は、侵入前に酒屋を装って被害者宅に電話をし、若い女性が一人でいることを確認していた。そして、頭にタオルを巻いて、コンバースの靴を履き室内に上がり込み、被害者をサバイバルナイフで脅しチェーン様のもので両手を縛り、目隠しもした。犯人は、逃走するときに自分で100数えるまで動くなと指示して、被害者と指切りをした。

## 7　氷見３月事件とは

2002年３月13日の昼間、午後２時40分ころから約30分の間、氷見市内で強姦未遂事件が発生した。犯人は、頭にタオル巻き、マスクをつけ、玄関から入ってきて「追われている、隠して欲しい」と言い、返事をしたところ、急に上り込み、奥の部屋に連れて行って強姦しようとしたが、被害者が抵抗したため途中であきらめて、警察に自首すると言い、出て行くまで100数えろと約束させ

序章　「氷見事件」とは　**5**

逃走した。氷見1月事件と手口の類似、靴跡などから、同一犯人とされた。

柳原氏は、最初にこの3月事件で逮捕され、後で1月事件により再逮捕されたのである。

## 8　物的証拠が全くないのに起訴

氷見1月事件、氷見3月事件における物的・客観的証拠は、柳原氏を犯人とするものはまったく存在しないことが明らかだった。3月事件の時間帯には、柳原氏は自宅にいて、義姉のところに電話していた。そのアリバイを示す通話記録を警察は入手していながら、全く無視して、自供のみを頼りに犯人と決めつけたのである。

1月事件の現場から多数の指紋が採取されていたが、柳原氏と合致する指紋はなかった。毛髪は、両被害者宅から押収されているが、これも合致するものはなかった。靴跡は、コンバース・ワンスターで28か28.5cmとされているが、柳原氏の履く靴の大きさは、24cmであった。また、靴についての自供は、「崖に捨てた」から、「蔵の中に隠した」となり、最後には「庭で燃やした」と変遷しており、その裏付けをとることができなかった。警察は、犯行時使用したとする大型のサバイバルナイフ及びチェーンを発見できず、代わりに果物ナイフとビニールひもを自宅から押収したが、被害者の言う物とは全然異なっていた。

血液型鑑定書は、積極的に柳原氏の犯行でないことを裏付けているにもかかわらず、血液型を「不明」とした。1月事件被害者の下着の付着物からの血液型反応には、B型の要素は存在していないのである。すなわち犯人はA型かO型であったのだ。分泌型のB型若しくはAB型の者は、犯人であり得ない。被害者と加害者の体液が混合した場合でもB型若しくはAB型の人は犯人でないことが分かったはず。柳原氏はAB型で、分泌型だった。

事件当時は、DNA型鑑定がすでに普及しており、富山県警は、DNA型鑑定機器を全部そろえていたにもかかわらず、DNA型鑑定を行っていないと主張している。

柳原氏は、検察官の弁解録取の時に否認をしている。検察官は、物的証拠がまったくなく、自白調書なども不自然さがあったにもかかわらず、検察官としての機能を発揮せず、警察のでたらめな写真面割りや面通しを信用して、2002年5月24日に氷見1月事件で起訴し、その後6月13日に氷見3月事件でも起訴した。このように警察官の捜査を全面的に信用して疑問を抱かなければ、検察

官の存在意義は失われていくばかりである。

## 9　自白偏重そのもの

　長能ら警察官は、アリバイ資料を入手しながら無視若しくは隠匿し、物的証拠がまったくないまま、柳原氏を恐怖に陥れ自白を強要した。

　長能ら警察官は、事件をまったく知らない柳原氏から供述を引き出すわけだから、何らかの誘導、偽計がなければ調書を書けないわけである。柳原氏は、アリバイがあり、客観的証拠がない中で自白のみで有罪判決を受け、実際刑務所に入っているのである。物的・客観的証拠がまったくないことを十分に知っていた松井英嗣検察官は、自白調書の内容を修正し追加もしていた。

　警察も検察も、いつでも引き返すことができたはず、その機会は何度もあった。また、裁判所も十分に自白を吟味し、客観的証拠を厳しく求めることを日常的にしていれば正しい判決ができたはずである。

## 10　弁護士も冤罪に加担

　柳原氏の逮捕時の当番弁護士が、国選弁護士として選任されたが、弁護士が柳原氏の真摯な声を聴くこともなく事務的に事件を処理してしまったことが、真実を見抜けなかったことにつながった。弁護士は、当初の接見で否認していたこと、物的証拠が柳原氏との関係を示すものは全くないことから、弁護方針を慎重に考えなければならないのに、自白を信じて情状弁護だけに絞ってしまった。

　家族も弁護士も、4月16日の新聞で実名入りの逮捕報道を見て柳原氏が犯行をやったと信じてしまった。被害者二人に弁償金250万円を支払い、刑を軽くすることを目指したが、実刑判決となってしまった。

　また、柳原氏が頼りにしていた父親が、勾留中に死亡した。柳原氏は、裁判が進行するあいだ、結局自白を撤回することができなかった。

## 11　裁判で有罪

　裁判は、4回の公判が行われ、第一回公判では、公訴事実を認め、弁護士は検察官請求証拠の取調べを全面的に同意した。第二回公判では、兄が弁償金と

序章　「氷見事件」とは　**7**

して被害者に支払ったこと、第三回では、柳原氏に反省の弁を述べさせた。同年11月27日の第四回で、さらにもう一人の被害者に弁償金を支払ったことを示した。判決は、即日言い渡され、懲役3年（未決130日参入）の実刑であった。弁護士が柳原氏のところに寄ってきて、「控訴してもむだだから刑務所に行ったほうがいい」と言ったそうである。

## 12　氷見8月事件

柳原氏裁判第一回目の後、8月19日に氷見市内でまったく同様な事件が発生した。この時は、使われた靴がコンバースでなく、ナイキであったが、事件内容・手口はまったく一連のものであった。さらに隣の石川県では、5月と6月に同様な事件が発生していた。氷見8月事件で富山県警は、捜査一課課長補佐・澤田章三警部と氷見署の附木邦彦刑事を石川県警に派遣し調査を行なった。1月事件・3月事件の捜査にも関与している澤田は、石川事件の靴がコンバースであったことを知ったにもかかわらず、ごまかしの報告を行なった。8月事件の靴と石川事件の靴は異なっていたが、氷見1月・3月事件のコンバースの靴と石川事件の靴が完全に一致していたのである。誰が見ても氷見1月・3月事件、石川5月・6月事件と氷見8月事件が同一犯人であることは、明らかであったにもかかわらず、澤田は、わざと見落としをしたとしか思えない調査結果であった。

国賠裁判の証人尋問で澤田章三は、この靴の件についてコンバースであることは分かったとしながら、1・3月事件の靴と比較することはしなかったと証言した。警察の捜査がこれほどまで稚拙なのか、富山県警の冤罪の失態を覆い隠すために偽証したとしか考えられない。

## 13　刑務所で服役

柳原氏は、刑務所に送られる時に、「自分自身、本当に悪いことをしたから刑務所に行かなければならない」と思い込むことにした。そうしなければ、刑務所生活を耐えることができなかったという。

柳原氏は、刑務官にもいじめられて、気の合わない者と同室にさせられ喧嘩になるように仕向けられ、喧嘩両成敗として懲罰房に入れられたそうである。

## 14　同様の事件多発、更なる事件を防がなかった警察

　真犯人O氏が、2006年8月1日に鳥取県米子市において強制わいせつ罪で逮捕され、少なくても14件の同様事件で起訴されることになった。

　罪状は、いずれも強姦ないし強姦未遂と強制猥褻であった。上述のとおり柳原氏の捜査、公判中にも3件目の事件が起きていたのである。真犯人O氏の起訴事実によれば、被害者年齢が13歳から18歳で、2003年には、氷見市で6件、その後、米子市でも3件起こしていた。

　同年8月に、氷見市教育委員会は、市内の小学校・中学校に対して、「女の子が一人でいる家に、宅配業者を装うなどして不審電話があっても対応しないように」との文書を配布し、市内は異常な不安に陥っていた。しかし、さらにその後2件の事件が氷見市で発生しているのである。富山県警と氷見署は、柳原氏を犯人としてでっち上げた結果、真犯人を野放しにし、その後多くの被害者を生み出したのだ。柳原氏を冤罪に落とし入れ、富山県警・氷見署は、その事実を覆い隠すために、真実を追求しなかった。そのために、その後の捜査を怠ったとしか思えないのである。

　富山県警本部捜査一課課長補佐の澤田章三警部の証言では、松山美憲氷見署長は氷見8月事件が起きたとき、1月事件・3月事件との類似性について「こんな似たような事件って起こるもんか、おかしないがか」と言ったと述べていた。そのことは松山署長自身の証言とも一致した。松山署長は捜査の方向性を決定できる地位にある人物なのに、その疑問を放置して、職を通して責任を全うしていない。

## 15　再度「氷見事件」とは

　2002年1月・3月事件が柳原氏に押し付けられ冤罪となったが、事件の本質は、その後の石川5月・6月事件そして8月事件さらには2003年の氷見市内で起きた6件（3月、5月、8月、8月、11月、12月）を含めたところにあり、広義には、それら全体を「氷見事件」と言うべきだと考える。

　先に記した4月16日の逮捕報道にある、＜同様の犯行（余罪）を数件自供＞ということからしても、立件できないままの事件が、ほかにもあったと考えられる（第3章2の新聞記事図版参照）。

私たち柳原氏の支援をしてきた者としては、国賠裁判のなかで明らかになってきた事実、深まった謎、そう考えるしかない確かな事を総合して、「氷見事件」とは、柳原氏に関する事件、そして真犯人O氏に関わる多くの事件も含めて、富山県警の真相隠ぺい事件、捜査サボタージュ事件として捉える必要があると考える。

2007年1月20日付読売新聞

## 第1章

# 国賠をめざして

## 1　冤罪を認める記者会見

　2007年1月19日、富山県警の小林勉・刑事部長と山崎次平・捜査一課長が県警本部で記者会見を行ない、2002年に氷見警察署が「誤認逮捕し2年あまり服役した男性」は無実で真犯人を逮捕起訴したと発表し、「心からおわびしたい」と述べた。新聞・テレビも大きく報道し、「氷見事件」が全国的に注目を集めることになった。

　県警は「誤認逮捕」という言葉を使うが、逮捕直後またはせめて起訴前ならば「誤認逮捕」と言ってもいいだろうが、長期間勾留し、裁判にかけ、結果として服役までさせた「無実事件」イコール「冤罪」であり、「誤認逮捕」で済ませられるような話ではない。別人が犯人であることが明らかとなり、冤罪被害者に謝罪するという事態は富山県警の大不祥事のはずである。

　交通事故の裁判で、運転者は別人だったというようなケースなどで、検察官からの再審請求はよくあるというが、強姦事件で実刑3年の判決となり服役後に冤罪被害者からではなく検察官から再審請求することは極めてまれだ。

　冤罪被害者が40年以上にわたって冤罪を訴え、再審請求を続けても、検察官は冤罪であることを認めずに争ってくるのが現状（袴田事件・狭山事件など）であり、たとえ再審開始決定があっても、再審裁判のなかで有罪の立証を続けるのが検察官である。ところが氷見事件の場合は、非常に潔く無実を認め、謝罪までしたところは、これまでの警察・検察とは180度異なる対応であるようにみえる。だが、その後の再審裁判および国家賠償請求裁判の経緯をみると、潔くなどというものでは決してなく、真犯人が現れて、それを隠ぺいすることが

1　冤罪を認める記者会見　**11**

どうしてもできず、追い込まれたあげく、仕方なく謝罪し、再審請求という方法をとらざるを得なかったのが警察・検察の実情であることが明らかになってくる。

しかも、その謝罪から10年にもなる今日、氷見事件の真相、その冤罪の真の原因ということになると、まだまだ不明の点が多いのが実態だ。なぜそうなるのかを深読みしていきたい。

## 2　記者会見と謝罪の実態

謝罪の記者会見にしても、当初午後３時半からの予定だったが、県警はカメラ・テレビを拒否してきたため県警記者クラブとのあいだで紛糾、最終的に県警が撮影を許可し、30分以上遅れて開始された（読売富山版）。

なぜ県警幹部はカメラを嫌うのか。記者会見をする刑事部長や捜査一課長は、職務として堂々と出てくればいいではないか。何かやましいことがあるのか。テレビカメラの前で頭を下げることに抵抗感があるとすれば、本当は謝罪するのがいやで、心の中に謝罪する必要はないとの思いを隠しているのではないか。

記者からの矢継ぎ早の質問に対して山崎捜査一課長は、「難しいところだが、やったという（男性の）供述に調べ官が乗ってしまった。詰めは甘かったが捜査手法は適正だった」と答え、「男性」のアリバイとなる電話の通話記録については、「記録自体は調べていたが、発信時刻と現場への距離を考えると到着が不可能だということには気が付かなかった」と口を濁したという。これらの言い訳は、国賠になってからの県警側の言い訳と大幅に食い違う。実際は、山崎課長の言い分に近かったのかもしれないが、いずれにしろ経緯を誤魔化している。

小林刑事部長は、「自供と目撃証言（被害者女性）だけが逮捕の有力証拠だった」とし、足跡の不一致について、「当時は疑問だと思っていなかった」と説明した。これも、国賠での説明と大違いだ。

一方富山地検の佐野仁志・次席検事は、捜査の不十分を謝罪し、「客観的な証拠への問題意識」が重要として担当検察官の意識の低さを指摘、「今振り返ると、男性の犯行と認める客観的な証拠はなかった」と述べた。これまた国賠裁判における国側（検察庁）主張とは異なる説明である。国賠では、アリバイ証拠などすべて調べはしたが、警察からの報告によれば犯人であることは間違

**12**　第１章　国賠をめざして

いないので起訴した、職務上違法性はなかった——と主張し続けた。

　つまり、問題が暴露され謝罪する時の言い分と、後の国賠裁判における主張とは大きく違ってくるところに、謝罪が真実の謝罪ではないことを自己暴露しているのである。この無責任こそ、冤罪の原因なのだ。

## 3　再審裁判前後の事情

　以上の記者会見では、柳原浩氏の名前は出ていない。記事では「男性」となっているが、記者たちは氷見市のどこの人であるか、名前まで知っていて、柳原氏の生家とその周辺を取材している。

　刑務所を出てから約1年半、柳原氏は生家を離れ、定職につくこともままならず孤独な生活を強いられていた。県警は、会見の2日前に「男性」の親族（別の場所に住む）を訪ねて謝罪したが、本人の所在は不明で、親族は「そっとしておいてくれ」と語ったという。

　事件当時に柳原氏の国選弁護人となったY弁護士は、公表の数日前に知ったと述べ、「なんで気付かなかったのか、と言われれば返す言葉はない」と語ったという。

　後になって柳原氏の語るところによれば、自分自身、真犯人の出現は全く予期しておらず、公表をテレビで知って驚いた。数日後に警察に探し出されて呼ばれて行き、形だけの謝罪を受けた。県警の幹部は、「警察も悪いが、あんたも悪い（自白したから）」と言うので、さすがに、「そうさせたのはそっちだろう」と怒った。柳原氏の兄など親族は、「柳原」の名前をマスコミに公表してほしくないと言っており、柳原氏本人もそれにしたがって名前を出さないでくれと言っていた。

　公表から1カ月後、真犯人O氏が結局14件（氷見市9件、石川県津幡2件、鳥取県米子市3件）の性犯罪で起訴され、富山地裁高岡支部で行なわれた刑事裁判を、柳原氏の兄たち親族が傍聴したことが報道されている。兄は、「（真犯人と弟が）似ていると警察が言うので確認に来たが、顔の印象も全然似ていない。背も（弟より）高かった」と話した（北陸中日2月22日付け記事）。この親族の言葉は、警察の言う柳原氏が、「（犯人の）似顔絵と似ているから」、被害者女性が「（犯人と）似ている、間違いない」と言うから、などの言い訳が虚偽であることを雄弁に物語っている。真犯人O氏と柳原氏は、似ていないのである。二人の写真を見比べてみれば一目瞭然である。どうしてこんなにいいかげんな言い訳が

3　再審裁判前後の事情　**13**

まかり通るのか。

　柳原氏は、再審裁判第3回（同年8月22日）で検察官が無罪の論告をしたので、初めて顔と名前を出して記者会見にのぞんだ。

　そうした経緯をみるにつけ、冤罪公表後になってもなお複雑な、柳原氏の心情を察することができる。

## 4　再審判決の歪み

　2007年6月20日から始まった再審裁判は、富山の和醍法律事務所の3人の弁護士が担当し、柳原氏のたっての希望により、事件当時柳原氏から「自白」をもぎ取った取調官・長能善揚警部補（県警本部捜査一課）の証人採用を2回にわたって請求したが、裁判官（藤田敏裁判長）は2回とも却下した。再審裁判は、無罪を決めるだけの裁判で、真相究明の場ではないとの冷たい判断だった。

　同年10月10日には再審無罪の判決が行なわれたが、その日の柳原氏記者会見の模様として新聞は、＜富山冤罪再審／晴れの無罪も曇り顔／柳原さん「納得いかぬ」／捜査解明なく批判＞と報じている（北陸中日10月11日付け記事）。

　判決内容に憮然としていたという柳原氏の判決日の表情は、その後の柳原氏の言動からみても、確かにそうであったであろうと同情せざるを得ない。

　再審判決の内容は、大筋において＜氷見の2つの事件は、真犯人Oが自白しており、その自白内容は信用できるから、柳原は無罪＞という論理で、いわば自白（真犯人）偏重の無罪（柳原氏）判決なのである。真犯人O氏の石川県津幡事件の靴と氷見事件の靴が同一であることのほか、石川事件で残されていた遺留物（精液）のDNA型と、O氏逮捕後O氏自身から採取されたDNA型が一致するというもので、O氏が犯人だから柳原氏は犯人ではないという理屈なのである。DNA型鑑定について、柳原氏自身のDNA型との比較など、やろうとすればできたに違いない直接的な証拠に基づくことを一切避けて柳原氏を無罪にするという、歪んだ判決であった。

　むろん判決は、検察官が意図した立証方法の枠に規制されているわけだが、この判決自体が、今日の司法腐敗を象徴しているのである。

　「どうして自分のところに警察は来たのか、それを知りたい」と、ずっと言い続けている柳原氏が、再審判決に納得せず、ほかに方法がないまま、国賠訴訟を希望した理由がよく分かる。

# 5　その頃の情況

　柳原氏の再審裁判が始まるころ、2007年2月には、鹿児島県志布志市の県会議員選挙にからむ全くねつ造の選挙法違反容疑事件で、被告とされた12人に無罪判決が出された。この「志布志事件」が、強引ないわゆる「たたき割り」取調べと言われ、「踏み字」取調べ（家族のことを書いた紙を踏みつけさせる強制）とともに警察の悪質な取調べ方法として批判が集まった。

　日弁連は取調べの可視可実現本部さらに刑事弁護センターを中心に、取調べの全面可視化（録音・録画）を掲げて運動を積極的に進めていった。氷見事件の柳原氏は、志布志事件の川畑幸夫氏たちと一緒に日弁連の可視化推進のための集会に呼ばれて、自分の体験を報告するなどした。川畑氏は、自分のワゴン車に取調べ可視化のスローガンを貼り付けて大活躍しておられた。柳原氏はひとりで志布志に行くなどして連帯を深め、川畑氏を見習って自分の車に取調べ可視化のスローガンを貼り付けて富山を走り回っていた。

　最高検庁と警察庁は、氷見事件と志布志事件について「報告書」を公表して「問題点」を検証し、再発防止を表明した。日弁連も調査チームを富山に送り、氷見事件について捜査手続および弁護活動を検証して「報告書」を発表した。

　日弁連の聞き取りに呼ばれた柳原氏は、「どうして自白してしまったのか」と質問され、「捕まって、中に入った人でないと分かりっこない」と答えたという（最高検と日弁連の「報告書」は季刊刑事弁護第54号〔2008年〕182頁に掲載）。

　その後から、私たち支援者と柳原氏の出会いが始まる。

　2008年4月には、東京の人権と報道・連絡会で氷見事件が取り上げられ、国賠ネットワークのメンバーも参加して柳原氏の話を聞いた。懇親会の後、ホテルまで柳原氏を送って行ったとき、柳原氏は無口で、ひどく淋しそうに見えた。後で彼が語るところによれば、彼は人間不信におちいっていたし、国賠訴訟のあいだもずっと、あらゆる人とのディスコミュニケーションは続いていく。

　だが、国賠をやりたい、なぜ警察が自分のところに来たのかを知りたい、取調官・長能善揚を個人で被告席に据えたいという柳原氏の気持ちは、一貫して揺らぐことがなかった。

　2008年8月には国賠ネットで合宿を行ない、柳原氏にも参加してもらって、逮捕から服役の事実経過を聞き取り、時系列の一覧表を作って、どこに問題点

が潜んでいるかの議論を行なった。

## 6 国賠提訴の準備

　私たち支援者としては、国賠訴訟が簡単なものでないことは熟知していた。警察（県）も検察（国）も、いざ国賠となると、あらゆる手段で抵抗し、むしろ原告が悪い、原告が限りなく犯人らしくみえたから逮捕・起訴したのであり、検察官は要求される通常の職務行為として証拠を吟味したのだから違法性はない、と主張してくる。へたをすると、原告のプライバシーをはじめ、名誉も誇りも泥まみれにされかねない事態になることさえあることを覚悟していた。

　国賠ネットワークという任意団体には、多くの国賠訴訟を支援してきた実績がある。特に、1971年沖縄ゼネスト警官死亡事件国賠（松永優氏）、同じ年に発生した警視総監公舎爆破未遂事件、土田・日石・ピース缶爆弾事件（いずれも冤罪）で無罪後国賠を、当事者および支援者として経験した者が集まっていた。

　どこに勝ち目があるか、どこにこちらの弱点があるかを、まずきっちりと把握しなければならない。だが、普通の国賠と違って、氷見事件の場合は検察官からの再審請求で無罪となっており、検察も警察も謝罪して責任を認めている事件である。国賠で原告側が負けるはずはない、どれだけ勝てるか、どれだけ真相に迫れるかの国賠である。だが、相当の困難は予想することができた。

　国賠の被告に警察官や検察官個人を入れた場合、地裁段階では個人責任が認められても、高裁・最高裁となると個人責任が認められたことは、これまで皆無の状態である。国賠は民事裁判の一種で、通常、立証責任は原告にあるとされるから、個人被告は弁護士の常識からすれば、原告側が大きい立証責任を引き受けることになり、かえって不利となるからやめたほうがいいということになる。無罪後の国賠そのもので、原告側が敗訴する例も多い。

　私たちがまず考えなければならないことは、原告の希望に沿って国賠を起こす場合に、弁護士・弁護団をどうするかであった。

　東京でも富山でも、いろいろな弁護士と相談を始めたが、当初はほとんど無償で引き受けてもらうという条件の厳しさもあり、難航した。富山の弁護士は、柳原氏の最初の刑事裁判で当番弁護士から国選となったY弁護士に対する冤罪加担責任追及の場面もあるのではないかとの疑心暗鬼をもつ人もおり、Y弁護士に同情するむきもあった。Y弁護士は人格者だという話も聞いた。富山には、

**16** 第1章 国賠をめざして

特に私たち国賠の「運動家」が支援している情況を嫌う空気さえあった。職能専門家が、「運動家」を嫌う気持ちも分からないではないが、私に言わせれば職能弁護士のプライドもなにもズタズタになっている司法腐敗の現状を直視しない弁護士と一緒にやるのは、こちらが御免蒙るという気持ちであった。私たちは、困難なハードルが高ければ高いほど、新たな地平を開拓すべく努力を傾注した。

## 7　弁護団の結成へ

　2008年9月20日には、私たち東京からの支援者だけではなく富山での支援者とも相談し、「富山（氷見）冤罪事件を考える市民の集い」という集会を富山市内県民会館で開き、志布志から川畑幸夫氏、野平康博弁護士を招き、元専修大学教授の庭山英雄に講演をお願いした。このときは、氷見事件の国賠が大きな意義をもっており、志布志事件国賠に続いて、あくまでも原則的に準備すべきであることを痛感した。この集会で、私自身のなかに、わずかながらもあった迷いのようなものを吹っ切ることができた。

　集会を契機に、さらに相談を重ね、2008年12月には、人権と報道・連絡会の当初からの会員でもある金沢弁護士会の奥村回弁護士を、柳原氏とともに訪ねてお願いした。「原告がどうしても警察官・検察官を個人被告にしたいと言っているのですが」と言うと奥村弁護士は即座に、「それはいいね」と明快な言葉であった。こんなにうれしいことはなかった。

　東京では、北千住パブリック法律事務所の所長だった前田裕司弁護士が、「やるしかないですね」と引き受けてくださった。こんな心強いことはない。

　かくして、だいぶ時間はかかったが、2009年春には、弁護団の結成をみた。前田弁護士たちは、日弁連の関係で全国の弁護士に声をかけ、147名の弁護士が弁護団に参加してくれて（参加弁護士の一覧を本書末尾に掲載）、相当の寄付金も集まった。富山からは、再審を担当した和醍法律事務所の藤井輝明・村田慎一郎両弁護士も参加してくれた。大阪から中北龍太郎弁護士、東京からは北千住パブリック若手弁護士竹内明美、贄田健二郎、梶永圭、大久保聡子、石田純、古山弘子、氏家宏海、そして奥村弁護士のところで弁護士修習をした富山出身の吉田律恵弁護士、金沢からは、多賀秀典、中西祐一両弁護士が実働弁護士として加わってくれた。国賠訴訟の後半になって、金沢の北島正悟弁護士、北パブの寺岡俊弁護士も参加した。

いざ訴状をどのように書くかとなると、言いたいことはたくさんあるが、どう構成するか、私たち素人は当惑する。前田弁護士の方針がだんだん固まって、確実な事実関係に絞り、なるべく簡単なものにする方向となった。

## 8 国賠の覚悟

私たち「運動家」としては、氷見事件国賠の意義として、単に賠償金を取るだけではなく、冤罪の真相追及を目的にしたい、なぜこんなにも明らかな無実事件で警察が暴走してしまったのか、なぜ柳原氏がターゲットとなったのか、その思いは柳原氏本人と同じであるし、そこが抜け落ちては冤罪撲滅の大目標が成り立たないとの思いが強かった。

事実、柳原氏本人のためには国賠訴訟で高望みはせず、どちらかと言えば早期に決着させたほうがいいという意見も、支援者のあいだにさえ厳然として存在し、論争にもなっていた。国賠を本格的にやれば、数年から10年もかかるであろう。一審でどちらが勝っても、必ずや控訴・上告となるだろうし、さらに数年がかかるだろう、その間、毎月2回はある弁護団会議、そして2カ月に1度はある法廷出席を続けていくとなると、原告は普通の職業につくこともままならない。しかも、刑事補償を貰っておいてさらに多額の賠償を国家・自治体に要求するのを、なんとなく斜めからみる狭量な人々の眼も意識せざるを得ない。原告本人の、本格的な社会復帰はどうなるのか、との心配は、私たちの胸に去来したのが事実である。柳原氏とのあいだでも、そうした問題点について、ことあるたびに話し合い、打診してきたのは当然である。しかし、柳原氏の決意は固く、いつも「10年かかることも覚悟」と言っていた。私は、どんなことがあっても原告・柳原氏に寄り添うことを決意し、ほかの支援者にも公言した。

## 9 支援者と弁護団の関係

東京で……、富山で……、金沢で……、弁護団会議が次々と開かれ続けた。当初私たち支援者・運動家は、弁護士に遠慮の気持ちもあって、弁護団会議に出席してもどの程度発言したらいいか迷いもあった。ところが、奥村・前田両弁護士は、支援者は弁護士と一緒になって動いてくれないと困ると言われる。毎回の会議後に奥村弁護士が作った「弁護団通信」という記録には、メンバーの出欠がチェックされる欄があり、そこには弁護士・原告・支援者が並んでい

る。ここまで弁護士が支援者を信頼してくれているとなると、私たちもそれなりの責任を持たなくてはならない。そこで、「富山（氷見）冤罪国賠を支える会」（会員数約百人）の中で弁護団会議に原則毎回出られる人約十人を決めて「事務局」と名乗ることにし、私・山際が弁護士のグループ・メールの中に入り、情報の扱いにも責任を持つことにした。このようにして、ある意味では和気藹々、ある意味では一切遠慮のない弁護団会議となり、言いたいことを言い合って議論していった。

　私たち「事務局」は、富山・金沢の会議や裁判傍聴に、喜んで自腹をきって参加することになった。車に５人乗って行き、温泉で一眠りして裁判所に駆けつけるというメンバーもいた。

　私たちは、そして弁護団も、原則的な方向を曲げることなく、慎重に訴訟を進めていった。

　例えば氷見国賠では、これまでになく国賠における「証拠開示」を目標として闘い、事実相当の成果も挙げた。そのために国賠訴訟の前半戦では、大きな大謀網のように目一杯獲得目標を拡げて、そのための時間もかけた。つまり「証拠の送付嘱託」とか「証拠の開示命令申立」とかの手続を進めれば、国（検察）も県（警察）も、どんどん訴訟の引き延ばしを図ってくるかもしれないのだ。その間、実を言えば、この調子では本当に10年かかってしまうかもしれない、と内心焦りを感じたのも事実である。私たちは、なんとか幸運にも、大きな損失にまでは至ることなく、国賠の６年間を乗り越えることができたというのが、正直なところである。

　「弁護団通信」（メール送付）は、６年間で70回くらい出された。

# 10　可視化運動との合流

　弁護団は2009年５月８日に、富山地方検察庁に対して、氷見事件関係（柳原氏に関わる１月・３月事件だけでなく、真犯人Ｏ氏が起訴された他の氷見市内事件等）の証拠の保存および国賠法廷への提出を「申入書」として要求した。

　その６日後の2009年５月14日に訴状を富山地裁に提出した。損害としては、氷見事件最初の任意同行取調べの日から、国賠提起までの期間を計算し、逸失利益・慰謝料・弁護士費用の合計を「1億440万3952円」とし、印紙代は33万5000円だった。

　口頭弁論が開かれた後には、必ず記者会見を行なった。

新聞・テレビは、富山（版）では大きく取り上げたが、相変わらず「誤認逮捕された柳原さん」という常套句の書き出しが目立つ記事が多く、冤罪事件の真相究明ないし司法の責任を問うという点では不十分な報道であった。ともすれば、原告がどの程度の金額を獲得するかを見守るという、いわゆる客観報道のトーンそのものであった。全国版では、ベタ記事のみである。

　訴状で個人被告とした、警察官・長能善揚と検察官（副検事）松井英嗣の氏名を書いた記事は皆無だった。新聞では、逮捕手続を基準として実名を書くというルールを決めている。しかし一般市民については、逮捕前でも実名報道を原則としている。官僚（とくに警察官など）の実名を出すことにつき、およそ臆病なのである。マスコミと警察の癒着は、こうした日常化した意識から抜きがたく始まっている。

　富山地裁民事部の第1回口頭弁論期日は、8月19日と決められた。私たちはなんとかそれまでに書籍の形で氷見事件の真相究明がいかに大切かを訴えたいと思った。時間は不足していたが、地元富山で桂書房（勝山敏一氏）が出版を引き受けてくれ、『「ごめん」で済むなら警察はいらない』が8月10日にできあがり、第1回期日の終了後、富山大学構内食堂で簡単な集会をもった。富山大学教員の小倉利丸氏が、東京と富山の支援者を結ぶ役割をはたしてくれた。

　証拠・記録の全面開示提出をめぐる攻防が始まるなか、2010年3月11日には、第4回口頭弁論が開かれ、その日は富山駅前街頭で支援者・弁護団による取調べ全面可視化を求める署名集めを行なった。夜は「ボルファート富山」で「取調べの可視化を求める市民集会in富山」が開催された。氷見国賠訴訟弁護団が主催、富山弁護士会・中部弁護士連合会・日弁連が後援、冤罪被害者として柳原氏（氷見）、川畑幸夫氏・藤山忠氏（志布志）、菅家利和氏（足利）、櫻井昌司氏（布川）が大集合してくれて、それぞれ連帯の発言をしてくれた。そして、日弁連可視化実現本部副本部長・小坂井久弁護士が可視化運動の状況を講演した。

　冤罪被害者が人間関係を深め、共に行動し助け合うことは、これまでになく発展した。

## 11　現地調査と似顔絵捜査の疑問

　訴状提出の前後、2009年から10年にかけて数回、弁護団と支援者は主として氷見市内の関係場所を調査した。

柳原氏の生家（事件当時居住）は、氷見市中心部から離れており石川県に隣接している山間部であった。一方被害者女性の住居は、中心部に近い住宅地だった。

　柳原氏の自白ストーリーにしたがって、ストーリーに出てくる場所・建物などを見て回り、自白の不自然さを実感した。柳原氏の生家から、被害者宅のある地域までの距離、車での時間も把握した。

　氷見警察署は、中心道路160号線に面しており、門からは駐車場をへだてた奥に建物入口がある。ここが再逮捕劇の舞台となったところで、柳原氏の屈辱を追体験した。

　また、そもそも柳原氏が警察の捜査線上に浮かんだ最初のきっかけとして、警察が説明してきた「氷見1月・3月」事件の犯人の似顔絵を持って聞き込みに回っていた警察官に対して、似顔絵に似ている元従業員がいると言ったとされている代行運転業の女性社長や、別のタクシー会社の幹部などにも会って当時の事情を聞いた。

　女性社長は、事件当時警察官が来た記憶はあるが、似顔絵については「見せられたような気もするが、それを見て柳原に似ているなどと言ったことはない」と、警察が説明していることを否定した。弁護団は、警察主張をこのように全面否定する女性社長の言い分を陳述書にまとめて署名・押印を貰おうと何回か接触を試みたが結局彼女はそれに応じないままとなった。

　別のタクシー会社幹部は、当時警察官が来たことはあったが、似顔絵を見た記憶はないと否定した。この人も警察説明を否定する言い分だから、弁護団としては陳述書にまとめて署名・押印を頼んだところ、作成に応じてくれた。

　むろんこの二人は、今となっては自分が柳原氏を冤罪に落とし入れるきっかけを作ったと思われたくないとの気持ちから警察説明を否定したとも考えられるから、この二人の否定によって警察がウソの説明をしていると直ちに断定することはできないにしても、捜査の端緒がいよいよ不明朗な要素を含んでいることが強く推認できることになった。

## 12　捜査の端緒が不自然極まる

　警察がもし本当にこの二人の「柳原が似ている」という供述によって、柳原氏の名前を初めて知ったのが事実であるならば、それは最重要の証拠として「供述調書」に記録しているはずで、原告側からの疑問に対して警察説明を裏付け

る証拠として、二人の「供述調書」を出せるはずである。ところが、警察はその後の訴訟で結局はこの二人の「供述調書」を出すことができず、国賠訴訟の最終段階の2012年末になってやっと聞き込みをしたという二人の警察官が、それぞれ二人はこのように述べたと書いた「報告書」しか出せなかった。警察説明をそのまま信用することは、到底できないことになったのである。

　女性社長が、似顔絵は柳原に似ていると語ったという「報告書」は、2002年3月25日付けであり、タクシー会社幹部の同様「報告書」は3月30日付けだから、警察が柳原氏をターゲットに絞ったのは、3月下旬ということになる。

　本来似顔絵による聞き込み捜査は、氷見市内でやるとすれば、相当広範なものになるはずで、交通関係にしても電車・バス・タクシーがあり、漁船関係も聞き込み対象になるはずだ。それらの捜査全体を報告する文書があって、そのなかの一つが代行運転業であったというのであれば納得もできるが、いきなり代行運転の女性社長に当ったところ、ヒットしたという話は都合が良すぎる。しかも、2つある似顔絵（1月事件・3月事件）のどちらが似ているのかの特定はなく、しかも似ていると言っても、眼が似ているとか輪郭が似ているとか、何か特徴を述べたというのであればまだ納得できるが、警察官「報告書」にそうした記述は何もないのである。代行運転の女性社長が「似ている」と言ったというだけの「報告書」なのである。

　捜査の端緒について、このように貧弱な説明しかできないということは、何か不自然な作為があるからと考えざるを得ない。私たち支援者も弁護団も、訴訟を進め、現地調査を重ねながら、捜査の端緒の不自然さ、似顔絵捜査の脆弱性に気づきはじめていた。

# 第2章

# 国賠裁判の6年間

　国賠裁判の法廷（口頭弁論）は、約6年間に28回、年に5回の割合であった。長かったとも言えるが、原告側としては一切手抜きなし、濃密な裁判闘争であったと言える。

　氷見国賠の特徴として挙げられるのは、証拠開示要求に集中して始まり、最終段階までには、相当程度の成果をかちとったこと、原告側は、あらゆる争点にわたって「準備書面」を27通提出し、被告側主張を批判していった。人証の段階では、警察・検察関係者9名の証言を認めさせ、原告は違法性および損害について証言台に立った。

　こうして私たちは、国賠の6年間を大きく区分けすれば、4つの段階になると考えている。その4段階にどのような審理が行なわれたか、以下、表の形で整理してみる。それぞれの弁論期日に何が行なわれ、どのような準備書面等が提出されたかについては、本書の第5章「国賠訴訟の口頭弁論全記録」を読んでほしい。各口頭弁論において、弁護士が裁判所や被告代理人に対してどのようなやりとりを行ったか、そのドキュメントは、必ずや他の国賠裁判の参考になるはずである。

　氷見国賠の「訴状」は、2009年8月10日発行の『「ごめん」で済むなら警察はいらない〜冤罪の「真犯人」は誰なのか？〜』（桂書房）に掲載されている。

　新たに国賠裁判を起こそうと考えている方は、以下の「国賠ネットワーク」に問い合わせていただけば、情報を得ることができる。

〒235-0045　横浜市磯子区洋光台4-26-18土屋翼方「国賠ネットワーク」

| 年月日 | 弁論など | 原告など | 概　　　要 |
|---|---|---|---|
| | | | **証拠開示** |
| 2009/5/8 | 申入れ | 原　告 | 「公判記録及び全捜査記録を提出、開示」するよう申入れ |
| 5/14 | 提訴 | 原　告 | 被告国・県・個人（起訴検察官松井、取調官長能）に対し約1億円の賠償請求 |
| 8/19 | 第1回 | 原　告 | **訴状、代理人弁護士の意見陳述** |
| | | 被告国 | **答弁書**「国賠法上の違法性はない」 |
| | | 被告県 | **答弁書**「捜査に不十分な点があった。ただし犯人に仕立て上げる意図はなかった」 |
| | | 被告松井 | **答弁書**「請求は理由がないので棄却されるべき」 |
| | | 被告長能 | **答弁書**「被告県の答弁書の認否主張を援用する」 |
| | | 裁判所 | 富山地裁民事合議部　田邊浩典裁判長 |
| 11/20 | 第2回 | 原　告 | **準備書面1**「被告答弁書を批判」 |
| | | 被告国 | **第1準備書面**「違法行為はない等の主張」 |
| | | 被告県 | **第1準備書面**「違法行為はない等の主張」 |
| | | 被告松井 | **準備書面**「賠償請求には理由がない」 |
| | | 被告長能 | **準備書面(1)**「被告県の答弁書を援用」 |
| 12/16 | 期日外 | 被告国 | 原告・弁護団の任意開示要求に対して拒否回答（口頭） |
| | | 被告県 | **第2準備書面**「消極証拠を意図的に無視・隠蔽・自白の強要したことはない」 |
| 2010/1/21 | 第3回 | 原　告 | **準備書面2**「裁判所からの求釈明に対する回答」。**同3**「国家賠償請求訴訟における違法性の主張立証責任」。**同4**「国家賠償における公務員個人の責任」。**文書送付嘱託申立書**「証拠の任意開示（①柳原原審記録、②柳原再審記録③原審捜査資料、④再審捜査資料、⑤真犯人Ｏ氏事件記録及び資料）に対する拒否回答を踏まえ裁判所に申立」 |
| | | 裁判所 | 原告送付嘱託申立に対し①②③④の記録「一切の」開示勧告、⑤は留保 |

| | | | | |
|---|---|---|---|---|
| 3/11 | 第4回 | 被告国 | **第2準備書面「主張立証責任の反論」**原審・再審公判記録と捜査記録の一部を開示（これまで未開示の鑑定書、写真撮影報告書など） | |
| | | 被告県 | **第3準備書面「アリバイを見落とした事実はあるが無視・黙殺したことはない」** | |
| | | 裁判所 | 真犯人O氏の公判記録及び捜査資料の開示リストと補充書の提出を促す | |
| 6/2 | 第5回 | 原 告 | **準備書面5「被告国第2準備書面に対する反論。公訴提起の違法性は被告国が主張立証責任を負う」文書送付嘱託補充書2・3・4「真犯人O氏事件関係」**開示証拠の黒塗り多すぎる | |
| | | 被告県 | **第4準備書面「1・3月と8月、石川事件の犯人の同一性、異なる人物による犯行とみとめたことは不合理ではない」** | |
| | | 裁判所 | 8月事件の開示勧告 | |

## 違法性(争点)

| | | | | |
|---|---|---|---|---|
| 9/9 | 第6回 | 原 告 | **準備書面6「公訴提起の違法、国賠法上の違法性」、同7「被告長能の取調べの違法性」、同8「被告松井の公訴維持の違法性」文書送付嘱託補充書5「捜査指揮簿、留置人出入簿」** | |
| | | 裁判所 | 捜査指揮簿につき送付嘱託、採用 | |
| 12/8 | 第7回 | 原 告 | **準備書面9「被告長能及び被告県の捜査の違法性」同10「被告松井及び被告国の捜査の違法性」** | |
| | | 被告国 | **第3準備書面「原告準備書面6、7、8への反論」** | |
| 2011/2/23 | 第8回 | 原 告 | **準備書面11「面割・被疑者特定捜査の違法」、同12「被告松井及び被告国の公訴提起の違法（被告県第2準備書面、被告国第3準備書面へ反論）」証拠等提出要求書「被告のこれまでの対応を批判」文書送付嘱託申立書3・4「真犯人O氏の石川5月・6月事件捜査記録等の再度の申立。O氏事件担当弁護人が保管する記録」** | |
| | | 被告国 | **第4準備書面「原告準備書面10への反論」** | |

| | | | |
|---|---|---|---|
| 4/20 | 第9回 | 原　告 | **準備書面13**「証拠開示とマスキング批判」**同14**「捜査指揮簿のマスキング批判」**同15**「被告県第2・3準備書面批判。捜査批判と違法性の立証」**同16**「損害論」<br>**◇浜田寿美男氏による鑑定意見書**「供述分析の視点から見た氷見事件の自白について」（124頁）<br>**◇文書送付嘱託補充意見書**（被告国の意見書への反論） |
| | | 被告国 | **第5準備書面**「石川5・6月事件捜査と松井の認識」<br>**原告送付嘱託に対する意見書(3)** |
| | | 被告長能 | **準備書面(2)**「賠償義務はない」 |
| 7/6 | 第10回 | 原　告 | **準備書面17**「被告国第4準備書面への反論と被告松井の取調べの違法性。誘導の事実を認めているが、どの供述が誘導なのかを求釈明」**準備書面18**「被告国第5準備書面への反論、公訴提起の違法性など」**準備書面19**「被告県第4準備書面への反論、氷見事件と石川事件の犯人の同一性と捜査批判」**準備書面20**「被告長能準備書面(2)への反論、被告長能の不法行為責任」**準備書面21**「物証捜査批判、客観的な証拠からみても捜査・起訴は違法」 |
| | | 被告国 | **第6準備書面**「損害に対する反論」 |
| | | 被告県 | **第5準備書面**「原告損害への反論、慰謝料は500万円程度が相当」**第6準備書面**「捜査は不十分な点はあったが、消極証拠を無視し黙殺したことはない。①被害者の下着を還付してしまったこと②通話料金明細の見落とし③自白供述証拠の吟味④類似事件の吟味が不十分は認める」<br>**◇書証乙A37〜41提出**（石川事件の調書等） |
| | | 被告長能 | **準備書面(3)**「賠償責任はない」 **同(4)**「被告県第6準備書面を援用する」 |
| 9/7 | 第11回 | 原　告 | **準備書面22**「警察官中越由紀子、島田稔久及び藤井実らの違法行為の具体的関与状況」**送付嘱託補充意見書2**「真犯人Oの弁護人保持記録」 |

| | | | |
|---|---|---|---|
| | | 被告国 | **第7準備書面**「原告17・18への反論。松井の取調べの適法、血液・精液など客観的証拠は矛盾しない」◇「真犯人Oの弁護人保持記録取寄せは目的外利用を理由に頑強に拒否」 |
| | | 裁判所 | 原審・再審捜査記録の開示勧告。真犯人O氏裁判記録の弁護人保持記録の取寄せは却下 |
| 2011/11/9 | 第12回 | 原　告 | **文書提出命令申立書**「冤罪の起こった真相を究明するために必要性の高い9文書に絞る」 **準備書面23**「被告は、拘留中に発生した石川5・6月事件、氷見8月事件の存在を認識していたはず」 **準備書面24**「損害論」 |
| 2012/2/1 | 第13回 | 原　告 | **文書提出命令申立書補充書** |
| | | 被告国 | 文書提出命令申立書に対する意見書。25通の証拠開示（原告上申書15通、引き当たり報告書、事件当時の3月後半から4月・5月の捜査報告書と実況見分調書（全81ページのうち14ページが全面黒塗り） |
| | | 被告県 | **文書提出命令申立書に対する意見書。**松山元氷見警察署長ら4人の県警幹部の証人申請 |
| 4/25 | 第14回 | 裁判所 | 裁判長交代（田邊浩典裁判長→阿多麻子裁判長） |
| | | 原　告 | **文書提出命令申立書補充書2**（被告意見書に対する反論）**文書提出命令について**（一部撤回と一部申立の理由補充） |
| | | 被告国 | 25点の文書を任意開示 |
| | | 被告県 | 本部長指揮事件指揮簿などマスキングを減らして開示 |
| 6/20 | 第15回 | 原　告 | 新たに澤田章三（当時県警捜査一課長補佐）と高木県警科捜研所員を証人申請（澤田は石川事件との関連性調査をした捜査官、高木は血液型鑑定などの技術吏員）証人申請は計15人 |
| | | 被告県 | 330枚の捜査指揮簿（捜査日誌）を任意開示 |
| 8/8 | 第16回 | 原　告 | **文書提出命令申立書2・3**（未開示の捜査指揮簿など）。意見書（送致書類目録の提示と閲覧）**準備書面25**「高木鑑定書（血液型）批判」 |

| 9/19 | 第17回 | 原 告 | 準備書面26（損害補充・報道被害）を陳述、取り調べなどに関わった警察官や検察官を含む15人を証人申請 |
|---|---|---|---|
| | | 被告県 | 警察官4人を証人申請。相互申請は2名 |
| | | 裁判所 | 裁判所は捜査に関わった警察官や検察官ら10人を証人として採用する方針 |
| 12/5 | 第18回 進行協議 | | 尋問の日程と第19～21回の証人決定。それ以降の第22～24回の証人については追って決定。原告を含めて合計10人の証人は、前回弁論で裁判長から採用の方向が示されていた通りに決定。原告、被告国・県の間で争いのない事項をまとめる時系列表については、これまでの作業をもとに裁判所案が示され、12月末までに意見 |

## 人　証

| 2013/3/4 | 第19回 | 証 人 | **藤井実　氷見警察署刑事課長**（1月、3月事件） |
|---|---|---|---|
| | | 証 言 | 原告が犯行現場をなかなか案内できず、犯人でないことを容易に知り得たこと、証拠についても裏付け捜査が不十分だった。裁判官から原告以外の容疑者についての質問には「逮捕以降は面通しの反応や被害者宅への案内で確信し、他はなかった」と証言 |
| | | 証 人 | **澤田章三　県警本部捜査一課課長補佐**（8月事件、石川事件） |
| | | 証 言 | 5、6月の石川事件の発生から4日後に、石川県警津幡署や県警本部を訪ねた。足跡、被害者供述などを調べ、石川事件と8月事件の比較表を作り、事件指揮簿に添付。両事件は別犯人との理由を証言 |
| 5/27 | 第20回 | 証 人 | **中越由紀子　氷見警察署地域課・性犯罪捜査員**（被害者供述、面割り、面通しなど） |
| | | 証 言 | 事件から5年後に柳原氏とは別の真犯人が逮捕されたことを知って、「びっくりしました」。何を聞かれても「忘れました」「調書に書いてあるとおりです」などと証言 |
| | | 証 人 | **島田稔久　県警本部・鑑識**（似顔絵作成） |

| | | | | |
|---|---|---|---|---|
| | | 証　言 | | 被害者に完成した似顔絵を見せたときに、マスクはもっと下のほうにあったという説明がされたはずとの質問には、「聞いていません」、3月事件の似顔絵にある「のどぼとけ」については写真を見て作成したとの疑念の残る証言 |
| 8/19 | 第21回 | 証　人 | **高木貴志　県警科捜研・技術吏員**　（血液型鑑定など） | |
| | | 証　言 | | 成績表からは「B型物質が存在しない可能性がある、と言えるではないか」との質問に「（可能性は）あります」と渋々認める。当時、混合資料から精子のみのDNA型鑑定も可能で、氷見署から依頼があれば「（DNA型鑑定を）実施していた」と証言 |
| | | 証　人 | **松山美憲　氷見警察署長**　（3月、8月事件） | |
| | | 証　言 | | 公判中だった氷見1月、3月事件で靴が見つからなかったことが「気になり、（石川事件の）コンバースはどんなものか調べてくれ、と署員に頼んだ」。その結果、捜査員から「（石川事件と氷見1月、3月事件のコンバースは）色やデザインが違うとはっきり言われた。靴が違うなら問題ないと思った」。通話記録の見落としについては「アリバイの方に関心がいかなかった。痛恨の極み」と証言 |
| | | 証　人 | **福岡雅夫　県警本部捜査一課長**（3月、8月事件） | |
| | | 証　言 | | 氷見1月、3月事件はすでに検挙されていたので、石川事件と比較する必要はなかったし、話題にも上らなかった。固定電話の発信記録は有益な捜査資料であるが、通話記録を確認するよう捜査指揮はしていなかった |
| 9/30 | 期日外 | 原　告 | | 「**証拠申出書**」を提出して、改めて3月事件被害者を証人申請 |
| 10/21 | 第22回 | 証　人 | **柳原浩　原告** | |
| | | 証　言 | | 原告主・反対尋問。反対尋問中に体調不良で休廷。反対尋問は延期 |
| | 期日外 | 原　告 | | PTSDの症状について東大病院精神科医師の診断書、心理療法士の意見書など提出 |

| | | | | |
|---|---|---|---|---|
| 12/16 | 第23回 | 証　人 | **柳原浩　原告** | |
| | | 証　言 | 反対尋問で取調べの恐怖と自白について証言 | |
| 2014/2/17 | 第24回 | 証　人 | **長能善揚　被告　県警本部捜査一課**（取調官） | |
| | | 証　言 | 択一式誘導で供述調書を作成など | |
| 4/21 | 第25回 | 証　人 | **松井英嗣　被告　検察官**（起訴検察官） | |
| | | 証　言 | 自宅固定電話の通話記録は見たが、精査しなかった。（氷見1月事件の関連で警察が押収したと聞いていたので、3月事件時に発信していることを）確認しなかった。原告に対する謝罪の言葉は一言もなかった | |

## 損害立証

| | | | | |
|---|---|---|---|---|
| 4/21 | 第25回 | 証　人 | **柳原浩　原告**（損害） | |
| | | 証　言 | 冤罪によって被った損害（被害）について証言。取り調べ時に長能善揚警部補から「お前は死ね」と言われた精神的な辛さ、現在も精神安定剤を服用して取調べ時の悪夢がよみがえらないよう抑えている苦しさなどを証言 | |
| 7/30 | 第26回 進行協議 | 裁判所 | これまで提出された証拠や、送付嘱託されたが未提出の証拠、文書提出命令関係、V2の尋問請求関係などを整理 | |
| | 期日外 | 被告県 | 原告はPTSDでないとの「医学意見書」を提出 | |
| | | 原　告 | 東大病院医師の診断書を提出 | |
| 10/6 | 第27回 | 原　告 | **準備書面27**（最終）すべての弁論を総括 原告からは証拠としてこれまで**甲第155号証**までを提出 | |
| | | 被　告 | **国　第8準備書面**（最終） **県　第7準備書面**（最終） 個人被告の警察官長能・検察官松井）も各最終準備書面 | |
| | | 裁判所 | 結審、判決日を2015/3/9と指定 | |
| 2015/3/9 | 第28回 判決 | 裁判所 | 被告県（富山県警）の違法を一部認定、被告国、警察官、検察官の個人被告の違法は認めず（賠償金約1966万円） | |
| 3/23 | | | 原告と被告、双方「控訴せず」。判決確定 | |

# 第3章

# 国賠で分かったこと・分からないこと

## 1 証拠をめぐる争点

### (1) 靴の捜査

氷見1月事件発生時の氷見警察署長は林某で、その後交代し、3月からは国賠で証人にもなった松山美憲署長が着任している。その林元署長に新聞記者がインタビューしたとき、林元署長は靴痕が最も重要な証拠だったと語ったという。

確かに、まともな捜査を考えれば、靴は重要な物証であった。

氷見事件の犯人は、若い女性が1人でいることを確認して、玄関から入って声をかけ、女性が出てくるといきなり包丁などの刃物を出し、「泥棒だ」「顔を見たな」と脅し、「後ろを向け」と言って土足のまま上がり込むというやりかたをすることが多かった。女性としては、泥棒なら、何か金品を渡せば助かるかもしれないと思って、言われるままに家の中を案内すると、そこで「服を脱げ」となり強姦が目的だとわかる。女性が大声で騒いだり、家人が帰宅したりすると、一目散に逃げてしまう。

こうした手口だから、玄関や廊下などに靴底痕が相当はっきりと残されることになる。氷見1月・3月事件の靴底痕は、全く同じで、縦の長さが28cmから28.5cm、メーカーはコンバース、ワンスターという品種で靴の横に大きな星印が1つずつ付いていることが判明した。しかも、靴底の一部に特徴的な摩滅痕があり、それが2つの事件ともに一致したから、1月・3月事件の犯人はまず同一人と断定して差し支えないことになった。したがって、この靴を履いている男を探し出すことが警察にとっての最重要課題だった（靴の写真参照）。

1　証拠をめぐる争点　**31**

氷見事件の革靴、コンバース・ワンスター同型類似品

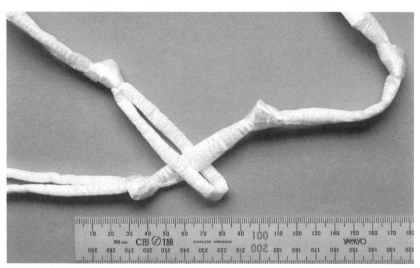

警察の想定するチェーン？ビニール紐を二重にして結び目の瘤を作る

　捜査側では、当初からこの靴について一種の混乱があった。警察の鑑識には市販の靴のカタログがデータベースとして保存されているらしい。すぐにコンバース・ワンスターであることが判明し、捜査側は靴の写真まで入手した。コンバース・ワンスターは、一見すると足の甲にあたる部分に紐穴がたくさん並

32　第3章　国賠で分かったこと・分からないこと

んでいるから、バスケットシューズのように見える。ところが、実際はバスケット用ではなく、革靴で相当に重い靴なのである。若者のあいだでは、一見スポーティだがお洒落な靴として人気の靴であった。値段もそれなりにする。カタログには、よく見れば革製と書いてあるが、ざっと見て、バスケットシューズだと誤解した捜査員もいた。だから、その後の捜査報告書や、柳原氏の供述調書では、「革製スニーカー」「ズック」「星のマークの白いズック」などと書かれており、捜査員・取調官個々の認識がバラバラであったことが分かる。ズックといえば布製ということになるし、このバラバラは入手経路や処分方法の裏付け捜査をする際の杜撰さにつながる。

　柳原氏が最初に任意同行取調べを受けた2002年4月8日に、警察は早くも柳原氏の自宅を令状により捜索し、コンバースの靴を探した。しかし柳原氏の自宅から目的のコンバースは発見できなかった。また、後になって（国賠訴訟の後半、証人調べの前にやっと開示し）明らかとなったことだが、氷見署捜査員・附木邦彦が作成した「捜査状況報告書」（2002年4月1日付け）記載にあるとおり柳原氏の車の中にあるはずのコンバースを捜索したが、そこでも発見されなかった。附木の「報告書」は、駐車してあった柳原氏の車を覗いて、その後部座席下に、「本件被疑者が使用したと思料されるズック靴と同種の、白地に黒色っぽく見える星マークのついたズック靴1足を確認した」というもので、写真も見取図も付いていない杜撰な「報告書」である。附木の見たことが本当に事実であるならば、柳原氏は4月1日から8日のあいだに靴を捨てるなどして処分したことになる（本書第7章の本部長指揮事件指揮簿の図版参照）。

　柳原氏は星の付いたコンバースの靴を、持っていたことはなかった。

## (2)　靴に関する自白

　柳原氏が自白に転落した15日には、当然ながら、取調官・長能から「靴はどうした」との質問があり、柳原氏は苦し紛れに、自宅近くの「道路脇の崖に捨てた」と答えた。この日、柳原氏は3月事件の被害者宅の引き当たりに連れ出されるが、靴を捨てたという崖にも行き、数名の捜査員が崖下まで探したが発見できなかった。国賠訴訟で県（警察）は、その後も何回か崖などを捜索したと説明するが、通常あるはずの捜索状況を報告する書面を、ついに出すことができなかった。本部長指揮事件指揮簿や捜査員日誌にも、靴の捜索を大規模にやった痕跡は記録されていない。

　長能たち捜査幹部は、靴の処分方法について、自白をせまることはしても、

その裏付けを取ることについては、全く不熱心であった。靴の入手経路についても、「中古で買った」という自白を取るが、中古ならばなおのこと経路の捜査はできるはずだがしていない。

　靴の処分は、崖のあと、４月23日には「蔵のタンスの引き出しか下駄箱の中か机の引き出しの中またはビニール製衣装ケースの中」という自白を取るが、これまたウソということになる。５月23日ころになると「庭で燃やした」と自白したことになる。しかし革製の靴であるならばなおのこと、庭でたき火のようにして燃やしても完全に灰になることはない。だが、警察も検察官も残焼物の検査をした形跡がない。

　このように、靴の入手・処分どちらも、ほとんど裏付けをせず、杜撰きわまりない捜査に終始している。それだけ、事件を甘くみて自白に頼って柳原氏黒の方向だけを見て、柳原氏は犯人ではないのではないかとの疑問を隠ぺいして、一件落着だけを考えていたのが実態であった。

　以上の靴に関する捜査の杜撰さに加えて、靴の大きさについて、常識的に考えておかしいことを、捜査は誤魔化してしまった。証拠の靴裏痕の長さは28cmから28.5cmであった。柳原氏の足の実測値は、24cmから24.5cmである。どう考えても靴は大きすぎる。弁護団でもこの話になると、ややもすれば混乱したのだが、通常靴の販売店では靴の大きさとして24とか27とか表示しているが、各メーカーにより単位はまちまちで、靴裏の大きさを正確に示す数値ではない。いずれにしろ犯人の靴は柳原氏としては大きすぎるのだが、警察では、犯人は捜査を混乱させるためにわざと大きな靴を履くこともあるとか、犯行に使われた靴はバスケットシューズだから、紐をきつく締め付ければ大きい靴でも履くことはできる、などというバカバカしい説明で乗り越えようとした。

　国賠の第１回口頭弁論の前に発行された桂書房の『「ごめん」で済むなら警察はいらない』の表紙の帯に書かれた、「強かん犯がダブダブの靴を履くか？」という疑問は、氷見事件のことを聞いて誰もがまず感じることである。

　検察官・松井英嗣にいたっては、靴の大きさについて、おかしいと分かったうえで、わざわざ、１月・３月両事件で同じ靴を履いて、大きいために靴擦れができるほどだったが、普段の靴を洗ったために履いたと、念の入った言い訳を自ら作文している。検察官として明らかに警察捜査の杜撰さを補う供述調書を作成して、間違った起訴を強行したのに、それも職務行為として許される範囲内であると主張し、国賠判決もそれを許容した。

34　第３章　国賠で分かったこと・分からないこと

### ⑶　ナイフとチェーン

　氷見1月事件の被害者女性は、犯人がサバイバルナイフのようにギザギザの付いた刃物で脅してきた、手を金属のチェーンのようなもので縛られたと供述していた。警察は当然ながら、そうした証拠物を求めて柳原氏の自宅などを捜索した。ところが、ナイフらしきものとしては、果物ナイフ、しかも鞘付きで鞘には「柳原」と名前が書いてあるものしか押収できなかった。また手を縛るのに使えるようなチェーンのようなものも発見できなかった。

　警察は、最初の逮捕容疑である3月事件が勾留期限一杯になっても起訴は無理な状況となるや、事前に1月事件に関して逮捕状を取っておき、2002年5月5日にいったん釈放、直ちに1月事件で再逮捕という姑息な手段に出た。

　そして、別項目の自白分析（浜田寿美男氏鑑定）に明らかなとおり、サバイバルナイフやチェーンについて何も喋ることができない柳原氏に対して、それら重要証拠物の入手あるいは処分の自白を取ることを、途中であきらめたようである。

　しかし、あきらめただけでは起訴に持ち込むことができない。事実、5月後半になると、被害者がチェーンと言ったのは、持っていたナイフが手に触れたときに金属の感触があったため、チェーンと勘違いしたのではないかという、回りくどい言い訳の供述調書を作成することになる。そして被害者の手を縛ったのは、自宅から持って行ったビニール紐を二重にして、ところどころ結び目の瘤を作ったのをチェーンと間違えたのではないかという、子どもだましのような言い訳の供述を押しつける。柔らかいビニール紐に瘤があろうとなかろうと、金属のチェーンと間違える人はいない（本章冒頭の瘤つきビニール紐の写真参照）。

### ⑷　通話記録が示すアリバイ

　氷見1月事件の際、犯人は事前に被害者宅に電話を掛け、アンケートだからと言って家族構成を聞き出し、事件直前には酒屋を装ってこれから届けるから玄関を開けておいてくれと電話したという。警察は、柳原氏に嫌疑を向けたころに、柳原氏自宅の固定電話の通話記録をNTTから押収しようとしたが、1月事件当時の記録が保存されておらず、3月の記録は押収できた。柳原氏の携帯電話については1月・3月ともに記録が残っており押収することができた。3月事件の際は、被害者宅への事前電話はなかったと被害者は言っていたようだが、警察は固定電話・携帯電話の両方について1月・3月ともに記録を押収

1　証拠をめぐる争点　**35**

しようとしている。ということは、それだけ幅広く柳原氏の行動を把握しよう
としていたわけで、それは捜査の常識でもあったであろう。

　実のところ、押収した固定電話の記録には、3月13日午後2時30分25秒から
23分5秒間、柳原氏が金沢の兄の家に電話した記録が残っており、柳原氏は一
人住まいでその3月13日はタクシー夜勤明けの非番で自宅にいたので固定電話
を使うのは柳原氏本人以外にない。3月事件は午後2時40分ころから始まって
約30分間とされているから、通話記録は完全なアリバイ証明になるものであっ
た。しかし、3月事件の逮捕状記載によれば、事件は「午後2時55分ころから
3時30分ころ」となっており、同じ3月事件の起訴状によれば、「午後2時40
分ころ」からとなっており、15分早くなっている。この変更が、通話記録と関
係があるのかどうか明確ではないが、いずれにしろ電話と犯行時刻は完全に重
なっている。

　警察は、このことを2007年1月19日謝罪会見の際に「誤認逮捕」の誤認理由
として公表したが、その際の説明は国賠になってからの説明とは大きく異なる
説明だった。謝罪会見では、通話記録を調べたものの、その時間関係から割り
出して、柳原氏自宅と犯行場所の移動は可能でアリバイは成立しないと判断し
てしまったという説明だった。しかし、柳原氏の自宅のある場所から被害者宅
のある地域までは、約14kmの距離がある。車を飛ばすにしても、整合性はない。

　ところが国賠になってからは、1月事件の事前電話を疑って取り寄せた記録
なので、3月事件のアリバイになることを見落とした、つまり通話記録の3月
部分をちゃんと調べなかったと、一貫して説明するようになった。

　「アリバイ不成立」論では、検察官も同じ時間計算をして疑問なく起訴した
ことになり、検察の違法性が問われることになるのでまずいということになっ
た可能性がある。「見落とし」論でいけば、単なるミスとして認定される可能
性があるので、「見落とし」に説明を統一したのであろう。

　後で開示された「捜査指揮簿」では、別の容疑者を3月事件のアリバイがあ
るために捜査から外しているし、柳原氏について、「捜査指揮簿」は2回にわたっ
て「アリバイなし」と記載している。柳原氏につき、アリバイの有無は当然な
がら最も精査していたはずなのである。

　松井英嗣検察官（副検事）も、証言で通話記録の書類は見たが精査しなかっ
たと言い訳を行ない、警察・検察ともに信じられない無責任ぶりをさらけ出し
た。国賠判決もまた、通話記録によるアリバイ「見落とし」論に依拠し、いわ
ば、そのようなミスは仕方がないこととして国賠法上の違法性はないと判断し

た。これまた酷い判決である。アリバイ「見落とし」を国賠法上の違法とすれば、検察官の責任を不問にすることはできない。被告・国（検察）の責任ナシという結論のために、裁判官は「論理」を放棄した。

## (5) 引き当たり

柳原氏が最初に自白に転落した2002年4月15日に、取調官・長能らは、警察車両2台で柳原氏が「やりました」と自白した氷見3月事件の現場（被害者宅）を案内させる「引き当たり」を実施した。案内できれば、自白が正しいことの裏付けになる。氷見市の中心部を南北に走る国道160号線に出たものの、柳原氏の指示は全くあてずっぽうで、右や左に曲がったり裏道を迂回したりして、4軒から5軒の家を指差すが、捜査員が確かめに行くと、どれも無関係の家であった。

国賠訴訟の後半、2012年1月になってやっと開示された記録の中に、この日の引き当たりに関する2つの書類があった。一つは氷見署巡査・松下和也作成の「捜査状況報告書」8頁のもの。これは、奇跡的に出てきたと言ってもいいくらい、引き当たりで柳原氏が全く案内できなかったことを示す内容であった。以下その概要である（●●は、地区名）。

> 警部補・長能善揚が被疑者柳原浩に対して「お前が強姦をする目的で行った家を住宅地図を見て説明できるか」と聞いたところ、同人は「地図では説明できませんが、その場所に行けば判ると思います」と答えたため、同人に対して「警察官が自動車を運転していけば、強姦しようとした場所まで案内できるか」と聞くと、同人は「はいできます」と答え、「案内してくれるか」と言うと、「判りました」と言ったことから、午前9時30分頃に、当署の捜査用車両である日産セレナ○○○○号に乗せ出発した。この時の乗車位置は、被疑者柳原が3列目後部座席で、警部補長能が2列目後部座席で、巡査長串岡勉志が助手席で、本職が運転である。また、当署刑事課鑑識係警部補西野友章、同巡査福澤宏昭が別車両に乗り追従してきたものである。被疑者柳原に「国道160号線をどの方向に進むのか」と聞いたところ、同人は「私が行ったとおりの道順で説明します」と前置きして、(中略) ●●前を通過した辺りで、同人が「もう少し進んだところに新しい道があるので、左に曲がって下さい」と述べた。左折後しばらく直進していたが、被疑者が「行き過ぎてしまいました」と言ったことからUターンし、

1 証拠をめぐる争点　37

再度来た道を戻り、同人の指示に従い裏道を通っていたところ、「あの白い壁の家です」と言ったことから、巡査部長串岡が確認しに行った。（中略）長能が「ここと違うのではないか」と言ったところ、「●●の方ですか」等と答えたため、同人に対し「●●の方ではないのか」と言うと同人は、「判りました、●●の方を説明します」と言ったことから、国道160号線を●●方面に向かった。（中略）国道160号線●●信号交差点で、柳原が「ここを右折して下さい」と言ったため右折し、同人の指示に従い裏道を走ったところ、「左側の家です」と言ったことから、串岡が確認しに行ったがその家には表札が掛かっていない。このことから、長能が柳原に、「ここの他にないのか、山側にはないのか」と言ったところ同人は、「判りました、説明します」と言ったので、国道160号線まで戻ることを告げ、（中略）同人が「右折して下さい」と言ったので右折した。200メートル位進んだところで、長能が「曲がらなくてもいいのか」と聞いたところ、「曲がって下さい」と言った。右折し直進したところ、「ここです」と言った。「本当にここでいいのか」と聞いたところ、少し考え、「戻って下さい」と言ったため、Uターンする旨を告げて再度来た道を戻ったところ、「ここです」と言った。このことから、長能は「ここでいいのだな」と確認したところ、「間違いありません」と答えたため、同人を降車させ、表札を確認させた後、写真撮影を実施した。なお、柳原に対し「何か印象に残っているものはあるか」と確認したところ、「松の木の盆栽をおぼえています」と答えていたものである。

何とも珍妙な「引き当たり」である。4軒か5軒を間違えて、長能の露骨な誘導のあげく（捜査官は当然、上記●●地区に所在する被害者の家を知っている）、やっと正しい被害者宅に到達したらしい。あまりにも頼りないので、玄関の前にあった松の木の盆栽が印象に残っていると、その家を特徴づけることが行なわれた。

柳原氏は当時氷見市でタクシー運転手をしていた。もし本当に知っているなら市内の案内に、このように手間取ることはあり得ない。被害者の家を、真実知らないから、4軒も5軒も間違えるのである。中には、住人がいない空き家もあったという。空き家に被害者女性が住んでいるわけがない。

4月15日の引き当たりについて、国賠訴訟における被告県（警察）の最終準備書面「第7準備書面」は、柳原氏が4軒も5軒もの家を間違えて案内したことにつき、長能らは柳原氏が余罪を犯した家を案内したのかもしれないと判断

し、最後に実際に「3月事件」の家を指し示したのだから柳原氏は案内できたと考えたと強弁している。県の準備書面は、間違えて指し示した家の中に空き家もあったことを隠して、捜査の適法を言いつのっている。損害賠償請求の民事法廷における当事者の応訴態度としても、あまりに不当であった。

上に引用した松下報告書と同じ日の引き当たりについて、もう一つ氷見署鑑識係・西野友章作成の「実況見分調書」4頁も開示された。西野の調書は、引き当たりの最後になって長能の露骨な誘導でやっとたどりついた被害者の家の玄関前で、柳原氏が盆栽を指差して「あの松の木に見覚えがある」と述べた、つまり被害者の家を案内できたという内容になっている。一連の引き当たりの最後の部分だけを別の書類にして、案内できたというところだけを使い、えんえんと迷った全体は隠してきた、これが氷見事件捜査の実態だった。これは「誤認逮捕」ではない。でっち上げだ。

## 2 浜田鑑定と自白問題

浜田寿美男氏の氷見事件に関する鑑定意見書「供述分析の視点から見た氷見事件の自白について」は、氷見国賠弁護団の依頼により、裁判所には2011年2月28日付けで提出されたもので、次のとおりに構成されている。

はじめに
第1節　本件の概要：事件発生から再審無罪まで
第2節　虚偽自白の一般理論と本件の問題
第3節　自白への転落過程
第4節　自白内容の展開過程
第5節　起訴から公判段階における自白維持の過程
第6節　真犯人Oの自白分析
第7節　結論にかえて──氷見事件：「例外的」であり、かつ「典型的」
　　　　　な事件──

### ⑴ 浜田氏の業績

浜田氏の自白分析は、これまで多くの冤罪事件で行なわれ、冤罪の究極的な原因を考察するうえで、この上ない重要な問題をえぐり出し、「法」の建前主義に対して「生身の人間の心理」を突きつけて、事件研究の業績を重ねてきて

いる。

　人は、なぜ虚偽の自白をするのか。有罪となれば死刑にもなるような重大事例においてさえ、被疑者として逮捕された人が、あとでは完全に虚偽と分かるような自白に陥る。それはなぜなのかを、浜田氏は供述調書、イコール、人間（取調官）が作り出す言葉の徹底分析を基本として明らかにしてきた。言葉といっても、必ずや言葉の裏にさまざまな心理の動きが潜んでいるのだ。

　警察による「取調べ」という密室状況に陥ると、人はいかに弱いか、家族関係や仕事など社会関係・環境は個人にとって脆弱なものでしかなく、段る蹴るの拷問はなくても、長時間のブタ箱状況・正当な情報を遮断され・自分にとって不利な一方的（しばしばウソ）情報だけを与えられ・事件とは関係ないことでプライドをズタズタにされると、その苦痛から一時的に逃れるためには（裁判になれば分かってもらえると）虚偽自白に「転落」（浜田氏用語）し、取調官に迎合さえして「自白的関係」（同）に陥り、取調官との「共同作業」（同）によって虚偽自白を完成させていく。

　そのような現実の実態を指摘してきた浜田氏の営為のなかで、供述調書は、供述者の一人称（「私はそのときムラムラとして……」など）で書かれている場合にしろ、問答形式であろうと、取調官が主導して作文されるものであり、その言葉分析により、供述が実際の事実を語っているか、それとも部分的に架空の事実を語っているかが、明快に論証されてきた。

## ⑵　氷見事件の特殊性

　氷見事件においては、柳原氏の虚偽自白と被害者女性の被害供述（真犯人の犯行態様・真犯人との会話など）、さらには真犯人Ｏ氏の自白、という３つの要素を並べて論ずることができるという、浜田氏の供述分析としては、珍しい事例となった。

　「第１節　本件の概要」をみても、浜田氏は、その時点で開示されたすべての証拠に即して氷見事件の基本的な構造を間違いなく整理している。その整理は、国賠裁判の６年間を経て、浜田鑑定書の後になって、徐々に新たに開示された証拠、それを受けて真相究明に努力している私たち支援者の究明方向、分かったことと、いまだ分からない疑問点などの全てにおいて一致している。

　浜田氏は、氷見事件は単なる事故でも単なる過失でもないとし、警察官・検察官をはじめ弁護士も裁判官も、供述心理学においてすでに確立した一般理論についてあまりにも無知で、例えて言えば、運転免許を持たずに車を運転し重

大事故を引き起こした犯罪に匹敵すると断じている。

### (3) 犯人識別の危険性

　次いで浜田氏は、氷見事件は、「似顔絵による聞き込み捜査」、「写真面割り手続き」、「単独面通し手続き」のどれもが、非常に間違いが起きやすい方法で行なわれており、手続がどのように公正・客観的に行なわれたのかを担保するための記録が一切なく、いきなり「似ている」との指摘、「似ている」との供述が飛び出してきたかの如き記録しかなく、犯人識別（割り出し）捜査として誤謬の危険が非常に大きいことを指摘している。

　15枚の男性の写真帳の中に柳原氏の１枚を入れて二人の被害者女性に見せ、二人が二人ともそろって、犯人でない柳原氏を選んだとされているが、それが完全な間違いであることは論ずるまでもない。二人の間違いは、本当に偶然の結果なのだろうか。誘導がなかったと、本当に言えるのか。

　また、二人の単独（柳原氏のみ）面通しは、ともに写真面割りですでに柳原氏の写真を選び出した後に行なわれている。写真と目の前の人物と、そして犯人と、記憶に混乱・汚染が生じやすい。その上、取調室のハーフミラー越しに容疑者として取調官の前にいて多分に困惑した表情を浮かべていたであろう柳原氏を見せられたわけで、警察が相当の容疑を向けている男であることは一目瞭然であり、「犯人はこの男」との強烈な誘導圧力が被害者女性に加わったに違いない。こうした条件のもとでは、事件当日の犯人そのものの記憶イメージに基づく判断が行なわれる可能性は極端に低い、非常に危険な方法であることが批判されている。

### (4) 氷見自白の４段階

　浜田氏は、氷見事件の「自白」の特徴として次のような段階がみられるとする。

| ① | 揺動期 | 自白転落後、自白と否認で揺れる時期 |
| ② | 空白期 | 否認せず、ただし供述調書はなし |
| ③ | 具体的展開期 | 犯行態様を具体的に供述調書化する時期 |
| ④ | 補充期 | ずっと離れて、補充の供述調書が取られる |

　①の「揺動期」は、多くの冤罪事件でみられるように、警察の取調べでいったん「私がやりました」と「自白」するが、送検されて検察官の前では否認し、

勾留質問の裁判官の前でも否認する。ところが警察に戻るとそこで再び強烈な取調べにさらされて「自白」に戻ってしまう。そして弁護士接見の際には否認するが、警察官にどやされてまた「自白」する。氷見の柳原氏の場合は、この流れどおりの典型だった。

②の「空白期」は、あまりない冤罪事件もあるが、柳原氏の場合には7日間から10日間という長い「調書のない期間」が目立つのである。

強烈な取調べにより自白に転落し、「私がやりました」と言ったものの、「ではどのようにしてやったのか」と問い詰められると、実際にはやっていない人にとって、いかに「自分は、犯人になるしかない」と思っていても、具体的な事実の細部を説明できない。浜田氏は、そのつらい状態を、「語れなさ」（浜田氏用語）と名付けている。それが「空白期」なのである。

取調べについて、よく「半落ち」という言葉が使われる。それは真犯人が自白した後、どうしても隠しておきたいことは喋らず、あるいは起訴までの時間かせぎをして捜査を混乱させるために取調官を困らせる状態のことを言うのだが、浜田氏は、「語れなさ」の空白期間と「半落ち」の違い、見分け方について供述分析の方法を示している。

浜田氏は予測して書いておられるが、柳原氏の場合はこの空白期間に「上申書」という自筆の「自白」を取調官からほとんど口移しで書かされている。浜田氏の鑑定書を裁判所に提出後に、国賠裁判の後半になって「じょうしんしょう」なるものが13通と靴の絵とナイフの絵合計15通が開示され、浜田氏の「空白期」がほとんどその「上申書」などの作成に当てられていたことが判明した。

ただし、勾留質問から警察に戻って柳原氏が長能から、「今後はハイかウンしか言うな」と言われ、「これからは、一切ひっくり返すことはしません」という「上申書」を書いた記憶が明瞭にあるにもかかわらず、その「上申書」は遂に出てこなかった。何者かによって破毀された可能性がある。

いずれにしろ、この空白期間に「上申書」を書かせられ、柳原氏が全く知らない犯行の具体的な事実、つまり「無知の暴露」（浜田氏用語）を少しでも減らしておき、柳原氏が再び否認に戻ることのないように、いわば「自白の練習」をさせていたものと思われる。これが氷見事件「自白」の非常に特徴的な点である。

### (5) 被害者調書の引き写し

③の「具体的展開期」は、最初の自白開始から数日から10日も経過してから、

「思い出しました」とか「もの覚えが悪く」というわざとらしい言い訳から始まって、犯行当日タクシー業務が非番で、酒を飲みアダルトビデオを見て、強姦をしたくなり出かけるという動機部分が語られ、あとはほとんど被害者女性の事件当時に取られた供述調書の内容に沿って、具体的な犯行態様が語られていく。被害者調書にある事項以外が、ほとんどないくらいである。

柳原氏を取調べた長能善揚は、国賠法廷で証言し、自分の取調べ方法を「確認的取調べ」とか「択一的取調べ」と説明した。それはどのような方法かというと、被疑者に対して、よく思い出せと言いきかせ、答えとしてＡ……、Ｂ……、Ｃ……と具体的に例示し、そのどれかを確認する方法だと言うのである。柳原氏に聞くと、例えば被害者女性のブラジャーは何色だったかとさんざん質問され、分からないまま当てずっぽうに「黒」と言うと、いやそうではないだろうと言い返され、いろいろな色を言っているうちに、「ピンク」に落ち着く。長能の表情で、正解が分かるようになるというのだ。これを、あからさまな「誘導」と言わずして何と言うかである。国賠判決でも「違法」と断定された。

柳原氏に押しつけられた氷見における二つの事件は、「1月事件・既遂」と「3月事件・未遂」であるが、逮捕の順序は「3月」が先で「1月」は後になった。なぜそうなったのかについては、謎が多く、後述するとおりである。

ともかく、4月15日に「3月」で逮捕され、空白期間を経て、被害者調書に沿う詳細・具体的犯行自白までさせられたが、勾留期限一杯になっても起訴にならず（起訴するだけの裏付け証拠が全くなく）、あらかじめ「1月」の逮捕状を取っておいてから、5月5日にいったん釈放し、「1月」で再逮捕ということになった。この再逮捕劇が、柳原氏をさらなる絶望に追いやった。

柳原氏は、「1月」については全く否認せず、①の揺動期はないまま、②の空白期には典型的に入っていく。5月9日から「じょうしんしょう」が次々に書かれ、ほぼその内容が5月18日から20日にかけてさらに詳細に、被害者調書に沿って調書化されていく。9日間から10日間の空白期間である。

「3月」の動機は酒を飲みアダルトビデオを見て強姦をしたくなり、住宅街の何軒かを尋ね歩いて女の子一人だけの家を探すという乱暴なやりかただったが、「1月」は何日か前に電話して、アンケートだと言って家族構成を聞き出し、当日は酒屋を偽って電話し、届け物があるから玄関を開けておいてくれと言う非常に慎重なやりかたになっている。目的も金がなく強盗をしようとも思っていたが、玄関で女の子の姿を見てムラムラしてきたという話になっている。

二つの事件の自白調書（ほぼ完成バージョン）に、それぞれの被害者宅の簡単

な平面図のような図面が添付されており、間取りなどが実際のとおりだから自白には信用性があるということになっている。しかし柳原氏によれば、「3月事件」の場合は引き当たりで被害者宅に行ったとき、長能は玄関のガラス部分から中を見ろと柳原氏に言って、だいたいの間取りを覚えさせ、その後の取調べでうまく書けない柳原氏のうしろから手を取って、「肩の力をぬけ」と言って手を動かしたという。また、「1月事件」の図面の場合は、あらかじめエンピツで書いてある図面を渡し、それをなぞって書かせた。その図面には、エンピツの線が残っている。証言となったとき長能は、手本として自分が書いた図面を見せて柳原氏に書かせたこともあるというようなことを述べた。このようにあからさまな誘導をしたのだから、法律上の任意性など、かけらもないことは明らかだ。

### (6) 秘密の暴露は皆無

「3月」「1月」の自白には、いわゆる「秘密の暴露」は全くないが、取調官が「秘密の暴露」を期待したのではないかと思われる事項として、「1月」の際に、自宅から車で出かける時に道路で新聞配達の人とすれ違ったという話が出てくる。だが、柳原氏の地区ではその地区のお爺さんが毎日山の麓まで新聞を取りに行っていたとのことで、そのお爺さんに捜査が及んだかどうかも不明で、日にち特定までは到底無理となり、「秘密の暴露」は沙汰止みになっている。この話以外に、捜査が把握していなかった事項が自白によって暴露されたことは全くない。すべて被害者調書どおりである。その点でも、長能の調書作成には智恵がないと言える。というより、秘密の暴露を装うこと（狭山事件のように）さえできないほど氷見事件は無理筋だったというわけである。

5月21日には、氷見警察署内で二つの「実況見分調書」なるものが作成されている。

一つは「1月事件」の被害者宅での一連の犯行を再現するというもので、テレビの再現ドラマにも及ばない拙劣なものである。もう一つは、「1月」の被害者の言うチェーンで手を縛られたというのは、持っていた刃物（果物ナイフ）が被害者の手に触れたために金属の感触があったかもしれないが、実は自宅から持ってきたビニール紐を二重にしてところどころに結び目の瘤を作ったので、それでチェーンだと感じたのではないかという自白を裏付けるために、紐で手を縛るところを実演させて写真を撮るという儀式である。いずれも「1月事件」の証拠ということになる。

「1月事件」での勾留満期が近づくなか、「3月事件」では証拠がなくて起訴できずに推移したことをどうするか、「1月」だけ起訴という結末でいいのかということが捜査側（警察・検察）で課題となったことは間違いない。「1月」の証拠はまだ硬いとも言える、しかし「3月」は何の進展（新証拠の収集）もないのである。そこで、警察・検察は、柳原氏に「3月」について新たな供述をさせて、それを調書化して補充することで「3月」も起訴に持ち込むことにした。なにしろ、コンバースの靴が「1月」「3月」同一となっているから、どちらか一つだけ起訴というわけにはいかないという理屈もあったであろう。

### (7) 補充期の自白

その「3月」の補充が、浜田氏鑑定書の④補充期ということになる、5月27日付けの警察官（長能）調書と5月29日付け検察官（松井）調書である。3月事件について「思い出したことがある」という書き出しで始まり、ほとんど被害者女性と犯人が交わした会話が内容となっている。全部被害者調書に書かれてあることの引き写しである。

検察官調書にいたっては、事件当日、履き慣れない大きな靴、「星のマークのついた白色ズック靴」を履いたため靴擦れしたというわざとらしい言い訳が書き加えられた。検察官は革靴であることを知ってか知らずか、「ズック」にこだわっている。靴に関する捜査が全く進展していないことを十分に承知したうえで、それをカバーしようとする調書であることがよく分かる。

この二つの供述調書だけで、捜査は終了している。

### (8) ゆりもどし？

国賠裁判になってから、県（警察）が準備書面で言いだし、証人の藤井実（3月事件当時の氷見署刑事課長）と長能善揚（取調官）の二人が証言したこととして、裁判のなかではあまり問題にはならなかったが、次のようなことがあった。

それは、いよいよ起訴になるという5月28日（上記最後の警察調書作成の翌日）に、柳原氏が再び否認したというのである。そのため、長能は自分の取調べによる自白が正しいのかどうか、藤井課長に確かめてもらうため柳原氏の取調室に入ってもらったという。藤井課長が確かめたところ、否認ではないということになったというのである。当の柳原氏は、起訴前の否認など全く記憶にないという。こういうのを「ゆりもどし」と言うらしいが、長能は自分がずっと取調べて自白させてきた柳原氏が、裁判になって否認に転じ、自分の取調べの強

2　浜田鑑定と自白問題　**45**

引さが問われ、調書の任意性が問題となることを心配して、藤井課長にも責任の一部を負担させようとして、柳原氏が実際に否認しているわけではないのに、「ゆりもどし」の芝居を打ったのではないかと疑わざるを得ない。長能自身が、やはり柳原氏の犯人性に一抹の、というか、むしろ相当の疑問を感じていたに違いないことの状況証拠の一つである。

浜田氏は、分析の随所で、どうみてもおかしな供述を録取して調書を作成しながら、それらの供述内容が取調官の側から被疑者の側に与えられた情報（少しにおわせたり、例え話などであっても、被疑者が言い出したのではない情報）に基づくのであることに、取調官が気づかないはずはなく、それと知って犯人方向の調書を作り続けたことは、本件が「単なる過失」ではなかったことを強く示す、と警告している。

## (9) 公判廷における自白維持と弁護士の冤罪加担

柳原氏は、裁判でも自白を維持した。無実の人が裁判官に「起訴事実を認めますか」と、いわゆる罪状認否の質問を受けたときに「はい」と返事して自白を維持するケースは、狭山事件が典型的だし、足利事件もそうだった。足利の菅家氏の場合は、裁判の後半になって家族・支援者に否認を始めたが、弁護士から、「いまさら否認すれば裁判官の心証が悪くなる」と理不尽な説得が行なわれて「揺動期」を経ることになったが、二審からは完全に否認した。

柳原氏の場合、最初の当番弁護士接見ではっきりと「やっていない」と述べ、それは弁護士の接見メモにも残されている。そのＹ弁護士は、「調べてみる」と言い残して接見を終わったが、その後いっこうに接見に来てくれない。Ｙ弁護士の立場に立てば、柳原氏の実姉に電話で「弁護士をどうするか」と問い合わせたとき、「その意向はない（弁護士に選任しない）」との回答だったため、それきり何もしなかったということになる。当番弁護士としては、最初の接見後、選任されなければそれ以上弁護活動をする義務はないと言えるかもしれない。だがＹ弁護士は接見で柳原氏が「やっていない」と述べたことを知っており、自分の接見メモにも書いている。柳原氏の実姉が「弁護士に選任しない」と言ったのは、他に心当たりがあったのか、弁護士は裁判所に任せる（国選でいい）という意味だったかは不明だが、その後の経緯をみると、Ｙ弁護士の冤罪加担の責任は明らかと言わざるを得ない。

日弁連報告書によれば、Ｙ弁護士は柳原氏再逮捕後の５月11日（国選選任前）に実兄と実姉の相談を受け、柳原氏が二つの事件で自白していると聞いた。

**46** 第3章 国賠で分かったこと・分からないこと

## 2002年4月16日付け、柳原氏逮捕を報ずる実名報道

**2002年(平成14年)4月16日(火曜日)　読売新聞**

少女狙い暴行未遂
氷見の運転手逮捕
同様犯行も数件自供

前九時ごろにも、男が民家に押し入り、一人でいた十七歳の少女を襲う事件があった。被害者の証言による自宅で一人で留守番をしていた少女を狙い、暴行しようとしたとして、県警捜査一課と氷見署は十五日、婦女暴行未遂の疑いで逮捕した。犯人はいずれも、背が低く、目がぱっちりしているなどの共通点があったことから、同署は似顔絵を作成し、捜査していた。

調べによると、柳原容疑者は先月十三日午後三時ごろ、県西部の民家に土足で押し入り、留守番をしていた十六歳の少女にナイフを突きつけて、暴行しようとしたが、抵抗されたため、そのまま逃走した疑い。県西部では一月十四日午氷見市床鍋、タクシー運転手柳原浩容疑者(34)を、婦女暴行未遂の疑いで逮捕した。同様の犯行を数件自供しており、同署は裏付け捜査を急いでいる。

**2002年(平成14年)4月16日(火曜日)　富山新聞**

暴行未遂の男逮捕
氷見

県警捜査一課と氷見署は十五日、婦女暴行未遂の疑いで氷見市床鍋、会社員柳原浩容疑者(34)を逮捕した。
調べでは、柳原容疑者は三月十三日午後三時ごろ、県西部の住宅に玄関から侵入し、一人で留守番をしていた女性にナイフを突きつけ、暴行しようとした疑い。

**北日本新聞　2002年(平成14年)4月16日　火曜日**

婦女暴行未遂の男逮捕

県警捜査一課と氷見署は十五日、婦女暴行未遂の疑いで氷見市床鍋、会社員、柳原浩容疑者(34)を逮捕した。調べでは、柳原容疑者は三月十三日の日中、県西部の民家に侵入。一人で家にいた女性(16)にナイフを突きつけるなどして、みだらな行為をしようとした疑い。同署は余罪があるとみて追及している。

しかし、本人に接見して本人の意志を確認することをしていない。6月3日に裁判所から国選弁護人に選任された後も、実兄らとの相談だけで被害者への弁償、情状弁護の方向のみに動いている。「3月事件」で捜査に何の進展もない

まま二つの事件ともに起訴された時点で、証拠関係を調べれば、冤罪の可能性を判断することはできたはずだ。

　Ｙ弁護士は日弁連の調査に際して、４月16日付け読売新聞富山版記事切り抜きを見せ、この記事で柳原氏が犯人だと思ってしまったと説明したという。その読売記事は、＜少女狙い暴行未遂の運転手逮捕／同様の犯行も数件自供＞という29行の記事で、他社の記事は警察発表どおりの内容で簡単なものだったが、読売だけは「柳原容疑者は、ほかにも同様の犯行を数件自供しており、同署は裏付け捜査を急いでいる」と書いた。これは警察官からの悪質なリークに違いなく、後になって証拠開示された「本部長指揮事件指揮簿」４月15日の頁に同様の記載があった。リークの裏付けがとれた珍しいケースである。報道は家族も弁護士も、欺すのである（前頁の記事図版参照）。

　７月２日になって拘置所の柳原氏に接見したＹ弁護士は、被害者弁償に動く方針を柳原氏に説明し、柳原氏の真意を慎重に確かめることをせず、方針を押しつけることになった。二つの事件被害者に合計250万円という弁償金を払うため兄らが金を工面する、そうすれば刑が軽くなると聞き、柳原氏は抗弁できなかった。柳原氏が頼りにしている父親は、ちょうど事件の頃、病気で入院しており、柳原氏が拘置所にいるあいだに死亡した。柳原氏は、それを聞いてさらに絶望を深めた。一日中泣いたとのことである。

　裁判では兄が情状証人となり、今後は自分が弟を監督すると述べ、被害者への弁償金の領収書が証拠として提出された。柳原氏は、本人質問でも自白を維持した。自分に相談なく弁償金を支払うという方針になったため、柳原氏は自白を撤回する機会を失った。

　判決は懲役３年の実刑だった。弁護士は、このまま控訴せずに服役したほうがいいと言った。柳原氏は、自分は本当に罪を犯したのだと、無理に自らに言い聞かせたという。そうしなければ、とても刑務所に行くことはできなかった。

## 3　捜査の混乱

　自白問題にからんで、次の問題は最後まで私たちを悩ませた。

### ⑴　最初の逮捕はなぜ「３月事件」か？

　氷見事件の特徴というか、謎でもあるが、そもそも「１月事件・強姦既遂」と「３月事件・強姦未遂」が捜査の主な対象となっていた３月下旬に柳原氏が

浮上し、4月8日・14日と任意取調べが続き、15日に「自白」、逮捕となるわけであるが、逮捕令状の容疑は「3月事件」であった。なぜ「3月」からなのか。その疑問は、私たち支援者のあいだで早くから持ち上がり、すっきり解明できないまま国賠の6年間に何度も蒸し返された。弁護士のなかには、「軽い事件（未遂）からのほうが自白させやすいから」と、冤罪ではよくあるケースとして説明する人もいた。それもあるかもしれないが、どうも納得できない。

「3月事件」には固定電話記録というアリバイがある。いくら「見落としていた」と公式に弁明されても、捜査員のなかで気づいた者もいたのではないかとの疑いは残る。現に謝罪記者会見では、電話の時刻と移動距離からアリバイ不成立と判断していたとの説明だった。にもかかわらず、「3月事件」からというのはなぜか。アリバイに気付いていたはずだという仮説に立てば、無理を承知で「3月」から突き進んだことになり、「自白させやすい線で始めた」説は成り立たない。あるいは、アリバイに気付いていた少数派に対し、その電話は柳原氏でなく別の何者かが電話していたに違いないとか、時間的に実際の犯行時刻との整合性はある（移動して間に合う）から、犯行可能とか言って無視した乱暴な一派がいた可能性は十分にある。

次に、4月8日の任意取調べ初日に、取調官・長能はいきなり「お前はなぜここに連れてこられたか分かるか」と言ったという。「あの日何をしたか」とも言われたという。柳原氏は、何のことかわけもわからず混乱し、不安にもなった。つまり、長能は、「1月」とも「3月」とも言わずに、鎌を掛けたとも考えられるのである。

この日、任意取調べ初日であるにもかかわらず、朝から警察は柳原氏の居宅を捜索している。捜索令状は、「押収すべき物」として、「1月」と「3月」で犯人を特徴付ける服やタオル・マスクの他、犯行に使われたコンバースの靴、サバイバルナイフ様の物、チェーン様の物を列記してあった。柳原氏の車、会社ロッカー、タクシー車両の中も捜索対象であった。ところが「押収すべき物」は、ことごとく発見されなかった。

この捜索結果は、当然捜査幹部に知らされ、長能にも知らされたであろう。彼らは、この知らせにより、「1月」は、すぐには無理と判断したに違いない。サバイバルナイフとチェーンは、「1月」で特徴的に使われた物だからである。肝心の靴も出ない。4月8日のあと2回目の任意取調べが14日と、あいだが空くのは、やはり「1月」でいくか「3月」でいくか、捜査幹部のなかに迷いがあったためと考えるのが自然であるかもしれない。

一方4月6日に「3月」の被害者女性を車に乗せて連れて行き、氷見駅前で客待ちしている柳原氏を見せたが、およそめぼしい成果を得られなかった。被害者の「似ている」という供述調書さえ作成できなかった。「3月」の被害者は、柳原氏を犯人と特定することに、ある意味非常に消極的で、刑事たちをイライラさせたであろう形跡が残っている。

　さらに、任意取調べ2回目の4月14日には、「1月」の被害者を氷見署に呼び、取調べ中の柳原氏をハーフミラー越しに見せた。「1月」の被害者は積極的に柳原氏を犯人であると述べ、「死んでもらいたい」あるいは「殺したいくらいだ」と述べたので、捜査幹部はいよいよ確信を持ったというのが警察の説明である（この被害者の言葉・態度については本章の5「似顔絵捜査と被害者」での分析を参照）。2回目の任意取調べが14日になったのは、「1月」被害者の都合（その日なら行ける）ではなかったかという推測もあったが、いずれにしろ、14日段階では、捜査の方向が「1月」有力に傾いていたのではないかとの推測が成り立つ。

　こうした推測をしていくと、いよいよ「3月」でいくのは無理との判断があるべきなのだが、4月14日の取調べでは、どうやら「3月」を特定して未遂（女の子を強姦しようとしたが途中でやめた）の自白強要になっていたようである。そして15日は「3月」で逮捕となる。なぜなのか。

　ここまでみてきて分かるとおり、捜査に一種の混乱があったことが確実に言える。全体の指揮系統の弱さ、無責任体制も指摘できる。乱暴者の独断専行も十分に考えられる。その乱暴者とは、「長能善揚警部補」である可能性が高い。

## (2)　DNA 型鑑定問題

　氷見事件では、柳原氏逮捕後DNA型鑑定をやったが無視した疑いは当初から指摘されていた。警察は、柳原氏逮捕のころに口内細胞や毛髪を（任意として実は強引に）採取している。柳原氏は鑑定をやると言われたと記憶している。そのことは、Y弁護士の接見メモにも書かれてあった。国賠のなかでは、その採取そのものは県（警察）も国（検察）も認めた（ただし採取日時および採取物について県と国では主張に違いがあった）。

　警察は、その頃（2002年頃）は現場で採取した資料だけを鑑定してDNA型データーベースに入れることはしておらず、容疑者が浮上してからの容疑者資料と比較する段階で初めてDNA型鑑定を実施することになっており、結局DNA型鑑定はやらず、血液型鑑定だけ実施した——と説明した。しかし、実際には容疑者は柳原氏ということで逮捕したのだから、残留精液と柳原氏の口内細胞を

**50**　第3章　国賠で分かったこと・分からないこと

比較するDNA型鑑定を実施してもよいはずで、実施した可能性は高い。

ところが、「1月事件」被害者女性の着衣（精液付着）は、事件直後の血液型鑑定後2月27日に、持ち主に返還してしまったと誤魔化した。実際には、着衣の精液付着部分は切り出されているし、蒸留水に溶かした試料は残されていたであろう。やろうとすればDNA型鑑定もできたはずだ。

現に石川県警では、「石川5月事件」で、犯人の精液と混合した膣内容物（綿棒）を保存していた。4～5年後に逮捕されたO氏から採取の資料との比較DNA型鑑定が行なわれて一致し、柳原氏再審裁判で証拠となっている。富山県警では、血液型鑑定で全量消費したことにされている。当然やろうとしさえすれば、鑑定結果のデータベース化、あるいは資料の保存はできたはずである。

「氷見1月事件」の精液と柳原氏資料と比較するDNA型鑑定が行なわれた可能性は十分にある。

そして、DNA型鑑定で柳原氏とは一致しないとの結果が出ても、DNAなんて当てになるものか、誰かのツバが混じったかもしれないなどというメチャクチャな話をして、鑑定結果を無視した乱暴な警察官もいた可能性がある。

これは単なる可能性ではない。鹿児島に実例がある。2012年10月に起きた強姦事件で、精液が微量のためDNA型鑑定不能とされ、女性の証言により有罪（懲役4年）とされた男性の控訴審で再鑑定した結果、鑑定可能で男性とは異なる型が出て男性の無罪が確定した（2016年1月12日判決）。この実例における鹿児島県警の言い訳は、氷見事件国賠での富山県警側言い訳とそっくりで、精液の付着量が少ないためDNA型鑑定ができなかったというのである。しかし、氷見1月事件資料の顕微鏡写真には複数の精子がはっきりと写っている。あれだけの精子があれば、DNA型鑑定は十分にできたはずだ。


## (3) さらに「1月」「3月」問題

「1月」か「3月」かの問題で、もうひとつの要素として浮上してくるのが、似顔絵捜査である。3月の下旬に柳原氏が浮上した理由は、似顔絵を見た運転代行業の女性社長が、似顔絵は元従業員の柳原氏に似ていると言ったということになっている。しかし2枚ある似顔絵のどちらを見てどこが似ているとなったのかについては、一貫して何の記録もない。

「1月」の似顔絵は真犯人O氏に似ている。特徴の第一は面長である。「3月」の似顔絵は、面長ではなく柳原氏を連想させる。ただし鼻と口の部分が大きな真新しいマスクで覆われており、そんなものが似顔絵としてまかり通り捜査に

使われたことが信じがたいしろものである。だが目の感じや顔の輪郭で柳原氏そっくりなのである。運転代行の女性社長は当然ながら「3月」の似顔絵を見て柳原氏に似ていると言ったに違いない。

この「3月」似顔絵が出発点だから、逮捕も「3月」からになったのではないかという推測が成り立つ。私は、この推測に相当の確信を持つ。

しかし、「3月」の被害者女性は柳原氏の面通しを2回やらされて、なお、「間違いありません」という調書を残していない。彼女は、面通しで柳原氏を見せられても、警察が期待するような供述をしなかった可能性が強い。

そうであるならば、「3月」被害者が柳原氏を犯人ではないと言っているにもかかわらず、「3月」被害者の特徴記憶に基づくという似顔絵はなぜ柳原氏にそっくりなのか。「3月」似顔絵は描き変えられたものだとの疑惑が膨らむ。

いずれにしろ、この「3月」似顔絵には作為が潜んでいる。似顔絵は本当に「3月」被害者の目の前で真正に作成されたものかどうか、後になって描き変えられたのではないか、それが、国賠裁判が終わった後でも残る謎である（似顔絵問題については本章の5「似顔絵捜査と被害者」参照）。

### (4) 長能取調官の意識

浜田氏は、取調室の閉鎖空間において対峙しながら、取調官・長能が目の前の柳原氏について、実は「犯人ではないのではないか」と疑問を感じる瞬間は随所にあったに違いないと分析しているが、長能は「証拠なき確信」（浜田氏用語）で乱暴に冤罪作りに猪突猛進したようにみえる。少なくとも「疑問」についての痕跡を、なるべく記録に残さないようにしている。

しかし、下級官僚としての長能の心情を推し量ってみると、まず日本社会の秩序を現場で守っているのは自分だという意識が先行し、真実の解明よりは事件の解決のほうが重要であるとの思いが強いのではないかと考えざるを得ない。

犯罪の「現場」は、常に悲惨であり、汚くもある。それに立ち向かって来たのが自分だ、自分の手を汚すこともいとわない、——長能は、取調べのベテランとして、被疑者を前にするときは、必ず背広にネクタイの身支度をととのえていたという。柳原氏に言わせれば、本当に「おっかない」存在だった。

長能が国賠法廷で証言したのは、事件からすでに12年を経過していた。その間彼は、富山県警のなかで優遇されていたわけではなく、捜査一課から離れて留置場管理とか地域（交番）のほうに回っていたとのことである。法廷に現れた彼は、すでに「おっかない」との印象はなく、腕によりを掛けて尋問しよう

としていた弁護団も一種拍子抜けしてしまうような男になっていた。

　私は直感的に「パン屋のおやじ」と認識した。それは、東京のある地域で監視カメラの取り付けに熱心で、自分の店の中に区役所の録画機材を置いていたのがパン屋で、私はその主人の背格好を連想したのである。法廷に現れた長能は、相変わらず太り気味ではあったが、「おっかない」男ではなく、恰幅がよいとの印象もなかった。私に言わせれば、「パン屋のおやじ」そのものだった。ともかくなんとかして証言を無難に済ませたいという態度であった。「記憶していません」をはじめ誤魔化す証言が多く、被告県の代理人弁護士から、「もっとちゃんと答えなさいよ」と不規則発言が飛ぶほどであった。

　しかし、その彼も、口の固い無口な被疑者に対して、「自分の取調べは、犯行態様の一つ一つについて、いくつかの可能性を示して確認させる方法、択一的な方法でした」と、悪びれることなく証言した。その何が悪いのですか、と言わんばかりであった。さすが、国賠判決は、この「確認的取調べ方法」（イコール誘導）は、国賠法上違法であると断定した。この点は、今回の国賠裁判の大きな成果として、他の事件でも活用すべきだと思う。

　この長能のような官僚がいるかぎり、日本の冤罪は引き続き起こるであろうことを痛感した。

## 4　DNA 型と血液型

### ⑴　DNA 型鑑定を強調した再審判決と県警説明

　柳原氏の無実を確定した氷見事件の再審判決（2007年10月10日）は、真犯人O氏のDNA型と石川県内津幡署管内で発生した強姦事件（2002年5月5日）で被害者に残されたヒト精液のDNA型の一致がベースとなった。また、その犯行現場に残った足跡と氷見3月事件（2002年3月13日）の現場足跡が同じ靴で遺留されたものと鑑定され、O氏の自白は信用できると判断された。違法に作られた柳原氏の虚偽自白に対してO氏の自白の信用性を示す決め手としてDNA型と足跡痕の鑑定結果が使われたのだ。

　また、その再審判決の直前の富山県議会2007年6月定例会で、吉田光雄県警本部長は県議会議員の質問に応えて、捜査の改善策について次のように答弁した（参考文献1）。

　　　捜査を推進する上においては、個人の基本的人権を尊重しつつ、事案の

4　DNA型と血液型　**53**

真相解明を図るため、迅速的確に証拠を収集するなど、緻密かつ適正な捜査を徹底し、早期に被疑者を検挙することによって、初めて県民の信頼が得られるものと認識しております。

私は、捜査の基本は、「犯罪事実を証拠で固める。裏づけをきちんとする。容疑者が自供しても、それが落とし穴になることもある。否認でも自供していてもなすべきことは同じである」と、折に触れ職員に指示しているところであります。

いずれにいたしましても、供述のみに頼ることなく、DNA型鑑定等の科学捜査を推進し、客観的な証拠の収集に努めるなど、真相解明のための捜査を徹底し、県民の目に見える成果を上げることによって、県民の期待と信頼にこたえてまいる所存であります。

9月定例会では石井隆一知事が、補正予算の提案の中で「警察の機能向上につきましては、DNA型鑑定のための施設を拡張し、科学捜査力の充実強化を図ってまいります」と説明した。さらに12月定例会で笠島眞公安委員長も議員の質問に次のように答えた。

県警察が誤認逮捕事案によって失った県民の信頼回復に向け、犯罪捜査における供述の任意性、信用性を十分に吟味するなど緻密かつ適正な捜査を推進するとともに、DNA型鑑定等科学捜査に配意して客観的証拠を確保するなど、その再発防止に万全を期する旨の報告を受けているところであり、委員会に報告される各種事件、事案等が適正に処理されているかを厳正にチェックするなど、管理を徹底しているところであります。

このように、富山県警は氷見冤罪事件の発生当時の2002年には、DNA型鑑定などは実施していなかったとして、冤罪発覚を機に科学捜査の強化をめざして、DNA型鑑定関連の技術導入を進め、冤罪発生を防ぐ方針を明らかにした。そこには、官僚による官僚の「焼け太り体質」があるだけでなく、組織温存を最優先するご都合主義の隠ぺい体質が隠されていた。

国賠裁判の中で、県は遺留資料DNA型情報検索システム（DNA型データベース）が、DNA型記録取扱規則に基づき運用された2005年以前であることを挙げてDNA型検査は行っていないことを強調していた。足利事件の1991年当時からの進展を無視するような主張もあった。

**54** 第3章 国賠で分かったこと・分からないこと

## ⑵　DNA型データベース導入以前であることを強調する不自然

　全国の警察におけるDNA型鑑定の動きを大まかにたどりたい。1991年の足利事件に関連して、警察庁の科学警察研究所（科警研）がMCT118型の鑑定を行った。無実の菅家氏のDNA型と、被害者の半袖下着に残った付着物のDNA型が一致したとして、血液型と合わせれば1000人に1.2人の出現頻度とその当時は言われ、有罪の証拠となった。DNA型鑑定に使用したマーカーの問題、不鮮明な電気泳動写真など多くの問題があった。当時はDNA抽出やPCR増幅の練度が低く、鑑定結果は間違っていた。2002年に再審が請求され、再審請求の即時抗告審において東京高裁の依頼で行われたDNA鑑定では、両者は一致せず、別人のものであることが判明した。

　1992年から4カ年計画で、各都道府県の科捜研へDNA型鑑定技術は、MCT118型とHLADQ *a* 型の検査法が導入され、実用化されてきた。運用の全国統一のため「DNA型鑑定の運用に関する指針」（刑事局長通達1992年4月17日）が制定されている。その後、少量でしかも劣化した試料を分析するために、短いサイズの繰り返しに着目するSTR法が導入された。1996年から、STRの一種のTH01、配列多型のPMを加え、4種類の検査法を標準的なものとして鑑定が実施されてきた。そして、2003年にマルチプレックスPCR法のキットが導入されSTR法9座位の鑑定が行われるようになった（参考文献2）。

　2005年8月に、DNA型記録取扱規則（国家公安委員会規則第十五号）が制定され、DNA型鑑定のデータベースが運用されるに至る。平成19年警察白書に、次のように記述されている（参考文献3）。

　　DNA型鑑定とは、個人の識別を目的としてDNA型を鑑定することをいい、警察では、平成元年から犯罪捜査に活用している。
　　平成15年から、フラグメントアナライザーと呼ばれる自動分析装置を用いた新たな鑑定法を導入しており、従来の方式による場合に比べて、より古く、微細な資料からの鑑定が可能となったほか、検査が自動化されたため、鑑定に要する時間が短縮され、より効果的かつ効率的な鑑定を行うことが可能となった。
　　また、警察庁では、平成16年12月から、犯罪現場等に被疑者が遺留したと認められる血こん等の資料のDNA型の記録を登録し、検索する遺留資料DNA型情報検索システムの運用を開始し、平成17年9月には、DNA型記録取扱規則に基づき、遺留DNA型記録に加え、犯罪捜査上の必要があっ

4　DNA型と血液型　**55**

て適法に被疑者の身体から採取された資料のDNA型の記録を登録し、DNA型記録検索システムとして運用を開始するなど、DNA型の記録のデータベースを活用した犯罪捜査を推進している。

　以上のように、DNA型記録検察システムの運用開始より以前も、犯罪捜査のなかで個人識別のためにDNA型鑑定が使われてきた。数段階にわたる進展があり、2002年当時は全国的に、PCR増幅技術を用いた上で「MCT118」型検査と、「HLADQα」型検査、「TH01」型検査、PM検査の４種類の鑑定法が実施されていた。データベース運用以前だからといって、個人識別にDNA型鑑定が行われなかったとの国、県の説明は運用の実態とかけ離れている。

## (3)　富山県警・科捜研でのDNA型鑑定の実施状況

　富山県警・科捜研におけるDNA型鑑定の実施状況を知るために、私たちはヒト・モノ・カネや運用実績などを調べた。富山県警科学捜査研究所（科捜研）の技術者の鑑定能力、既に科捜研に設置されていた機材や、運営予算の中の薬剤・消耗品の費用、そしてDNA型鑑定の運用実績などを確かめようと、2011年秋から論文検索や情報公開に取り組んできた。科捜研の技術吏員と呼ばれる技術者の発表論文などの文献検索、そして、科捜研に設置されている測定装置、鑑定に使う薬剤、消耗品などの物品取得状況、さらにDNA型鑑定の運用実績を知るために県警の統計資料や内部資料の情報公開を請求し、徐々に明らかにしてきた。

### 1）ヒト

　氷見１月、３月事件に関わるいくつかの鑑定書に記載された署名から、富山県警科捜研の技術吏員４名が鑑定に従事したことは明らかだった。各人の発表論文を文献検索して、DNA型検出に関わるものが見つかった。

　一つは、４名連名による高木貴志、大橋明美、野上勉、山口弘信「ISOHAIRによる毛髪からのDNA抽出とAmpliType PM+DOA1検査キットによるDNA型検出」（科学警察研究所報告 法科学編、Vol.53, No. 2 , P.42-46、2000.10）である。著者は富山県警科学捜査研究所に勤務する技術吏員で、氷見事件関連の血液型鑑定の実施やその管理に従事している。この論文には、1999、2000年に、毛髪や唾液から抽出したDNAを、Amplitype PM+DQA1検査キットを用いて、PM検査およびHLADQα１型検査を行い、良好な結果を得たことが報告されている。

**56**　第３章　国賠で分かったこと・分からないこと

**表1　DNA型鑑定関連機器**　（平成14年以前に富山県警科捜研が取得）

| No. | 帳簿 | 名称／品目・規格 | 数 | 取得年月日 |
|---|---|---|---|---|
| 1 | 備品使用簿 | ＤＮＡ用電気泳動装置　　バイオクラフト社 | 1 | H4.9.11 |
| 2 | 物品保管書 | 電気泳動装置　　バイオクラフト　BE-620 | 1 | H11.2.25 |
| 3 | 物品保管書 | 電気泳動装置　　コスモバイオ　ミューピッド2 | 1 | H11.2.25 |
| 4 | 物品保管書 | マイクロピペット　フナコシ　50-200ml | 1 | S57.6.28 |
| 5 | 物品保管書 | マイクロピペット　ギルソン　p2　0.1-2$\mu$l | 1 | H11.2.26 |
| 6 | 物品保管書 | マイクロピペット　ギルソン　p10　0.5-10$\mu$l | 1 | H11.2.26 |
| 7 | 物品保管書 | マイクロピペット　ギルソン　p20　2-20$\mu$l | 1 | H11.2.26 |
| 8 | 物品保管書 | マイクロピペット　ギルソン　p100　10-100$\mu$l | 1 | H11.2.26 |
| 9 | 物品保管書 | マイクロピペット　ギルソン　p200　50-200$\mu$l | 1 | H11.2.26 |
| 10 | 物品保管書 | マイクロピペット　ギルソン　p1000　100-1000$\mu$l | 1 | H11.2.26 |
| 11 | 物品保管書 | マイクロピペット　ギルソン　p20　2-20$\mu$l | 1 | H13.11.7 |
| 12 | 物品保管書 | マイクロピペット　ギルソン　p100　10-100$\mu$l | 1 | H13.11.7 |
| 13 | 物品保管書 | マイクロピペット　ギルソン　p1000　100-1000$\mu$l | 1 | H13.11.7 |
| 14 | 物品保管書 | マイクロピペット　ギルソン　ピペットマンシリーズ5-5000$\mu$l | 1 | H6.9.13 |
| 15 | 物品保管書 | 全自動滅菌器　東京理化　NDS-450D | 1 | H3.3.27 |
| 16 | 物品保管書 | 微量高速冷却遠心機　コクサン　H-1500DR | 1 | H10.3.27 |
| 17 | 物品保管書 | 濃縮乾燥遠心機　トミー精工　CC-101 | 1 | H6.9.16 |
| 18 | 物品保管書 | ローテーター　バイオクラフト　BC-710 | 1 | H6.9.16 |
| 19 | 物品保管書 | ローテーター　バイオクラフト　BC-710 | 1 | H11.3.1 |
| 20 | 物品保管書 | マイクロチューブ攪拌器　タイテック　EM-36 | 1 | H6.9.6 |
| 21 | 物品保管書 | マイクロチューブ攪拌器　タイテック　E-36 | 1 | H11.2.25 |
| 22 | 物品保管書 | ＰＣＲ装置　ＰＣＲサーマルサイクラー　TP480 | 1 | H9.9.26 |
| 23 | 物品保管書 | ポリシーラー　富士インパルス　P-300 | 1 | H6.9.5 |
| 24 | 物品保管書 | アルミブロック恒温槽　アナテック　DTU-1B | 1 | H13.12.18 |
| 25 | 物品保管書 | 卓上型遠心分離器　トミー精工　HF-120 | 1 | H6.9.12 |
| 26 | 物品保管書 | 卓上型遠心分離器　ミリポア　チビタン　HF-120 | 1 | H11.2.25 |
| 27 | 物品保管書 | 卓上型遠心分離器　アズワン　スイングマンATT-101 | 2 | H13.11.12 |
| 28 | 物品保管書 | 電気泳動用電源装置　ファルマシア　EPS3500 | 1 | H9.9.26 |
| 29 | 物品保管書 | 電気泳動用電源装置　ファルマシア　EPS3501 | 1 | H11.2.25 |
| 30 | 物品保管書 | 恒温槽　エッペンドルフ　サーモミキサーコンパクト | 1 | H12.3.9 |
| 31 | 物品保管書 | 器具滅菌器　アトー社　DF-254 | 1 | H13.8.14 |
| 32 | 物品保管書 | クリーンベンチ　ヤマト科学　CYH-2 | 1 | H13.8.24 |
| 33 | 物品保管書 | 硬組織DNA前処理装置　粉砕機等　安井器械　MB400K | 1 | H13.11.5 |
| 34 | 物品保管書 | フラグメントアナライザー　アナテック　ABIPRISM | 1 | H13.12.18 |
| 35 | 物品保管書 | ＰＣＲ増幅装置　アナテック　ABS　PCR9700 | 1 | H13.12.18 |

4　DNA型と血液型　**57**

もう一つは少し古く1993年の論文だが、大橋明美ほか「PCR法による人唾液（斑）中に含まれる口腔内細胞からのDNA型検出法」（日本法医学雑誌、Vol.47、No. 2、p.108-118、1993.4）である。著者は富山県警科捜研に勤務し、氷見事件関連の血液型鑑定を担当している。連名者は富山大に勤務する 3 名であった。生唾液および唾液斑痕からDNA型を検出し、個人識別を行うことを目的として、簡便なDNAの抽出方法を検討している。PCR法により、D1S80（MCT118）座位のDNAの増幅とアガロース電気泳動法の組み合わせによるDNA型検出を行い、唾液斑痕ではタバコのチップペーパーで、90％以上が検出可能であったことが報告されている。

　いずれも、科捜研におけるDNA型鑑定に関連した内容の発表と考えられる。これらの論文から、少量の残留体液などの試料があれば、DNA鑑定が可能であることを技術吏員が知っていたことは明らかである。したがって、個人識別の鑑定で血液型とDNA型の特徴に配慮して、試料を使うべきことも常識であったであろう。わずかな残留試料による血液型の鑑定依頼があった場合、その実施にあたり、DNA型鑑定の可能性を考慮して、残留資料を残すこともできたし、そのような注意義務を負っていることも技術者は知っていたはずだ。

### ２）モノ

　富山県警・科捜研が2002年当時に保有していたDNA型鑑定の使われる装置や機器を明らかにするため、機器購入、借用の数量がわかる契約書などの公文書開示を請求する用意をした。しかし、それらの文書保存期間が 5 年に限定されていて、当時の文書は廃棄されたことが分かった。そこで、2010年時点の備品使用簿（県費で調達した物品）、物品保管書（国費で調達した物品）の開示を求め、その記載内容から、2002年に既に取得済みで現在も保管、使用されている機器を調べた。80枚ほどの物品保管書が開示され、2002年 1 月に科捜研で使用されていた35点の機器が明らかになった。それらの機器名を**表 1** に示す。

　たとえば、初期のDNA型鑑定で用いられたDNA電気泳動装置は、1999年に取得されたことが**図 1** のように物品保管書に記載されていた。微量な試料の鑑定に使われるPCR増幅装置は1997年に導入され、2001年に更新されていた。

　現代的なDNA鑑定で使用されているフラグメントアナライザーは、**図 2** （60頁）のように2001年12月に導入された。

　それまでの電気泳動法から革新的な進歩であった。それまでに比べて、鑑定の能力は上り、効率的な運用が可能になったに違いない。PCR増幅装置の更新と併せて、全国のDNA型データベースをめざす一環で更新されたものと思わ

## 図1　PCR装置　電気泳動装置

様式第5

| 物　品　保　管　書 | | | |
|---|---|---|---|
| 品　目 | PCR装置 | 分類Ⅱ | 警察装備用品 |
| 規　格 | PCR サーマルサイクラー TP480 | 番　号 | 8-~~12~~ 44 |
| | | 取得年月日 | 9. 9. 26 |
| 保　管　者 | 年　月　日 | 受領印　摘 | 要 |
| ■■■■■ | 12. 4. -1 | ■■ | |
| | | | |
| | | | |
| | | | |
| | | | |
| | | | |
| | | | |

様式第5

| 物　品　保　管　書 | | | |
|---|---|---|---|
| 品　目 | 電気泳動装置 | 分類Ⅱ | 警察装備用品 |
| 規　格 | バイオクラフト BE-620 | 番　号 | 8-~~77~~14 |
| | | 取得年月日 | 11. 2. 25 |
| 保　管　者 | 年　月　日 | 受領印　摘 | 要 |
| 山口弘信 | 12. 4. -1 | ㊞ | |
| 野上　勉 | 18. 3. 24 | ㊞ | |
| | | | |
| | | | |
| | | | |
| | | | |
| | | | |

4　DNA型と血液型　59

## 図2　フラグメントアナライザー

様式第5

### 物　品　保　管　書

| 品　目 | フラグメントアナライザー | 分　類 II | 警察装備用品 |
|---|---|---|---|
| 規　格 | アナテック ABIPRISM | 番　号 | 8 - ~~105~~ 94 |
|  |  | 取得年月日 | 13.12.18 |

| 保　　管　　者 | 年　　月　　日 | 受領印 | 摘　　　　　要 |
|---|---|---|---|
| 山口弘憘 | 13.12.18 | 印 |  |
| 野上　勉 | 18.3.24 | 印 |  |
|  |  |  |  |
|  |  |  |  |
|  |  |  |  |
|  |  |  |  |
|  |  |  |  |

別紙

データ解析ソフトウェア一式内訳　（H17.9.8　854,320円）入れ替え

| 品　　目 | 規　　格 | 数　量 |
|---|---|---|
| 310 Data Collection ソフトウェア ver3.1 | アプライド バイオシステムズ社　4327421-20IDXP/PO | 1 |
| Sequencing Analysis ソフトウェア ver5.2 | 〃 | 1 |
| SeqScape ソフトウェア ver2.5 | 〃 | 1 |
| GeneMapper ID ソフトウェア ver3.2 | 〃 | 1 |
| コンピュータ | Dell GX280 | 1 |
| モニタ | Dell UltraSharp 1703FP | 1 |

### 表2　DNA型鑑定の実施事件数と実施比率（全国）

| 年 | DNA型鑑定実施数 | 関連犯罪認知数 | 鑑定実施比率 |
|---|---|---|---|
| 2000年 | 517件 | 20368件 | 2.5% |
| 2001年 | 639 | 23808 | 2.7 |
| 2002年 | 762 | 24787 | 3.1 |
| 2003年 | 1159 | 26692 | 4.3 |
| 2004年 | 2338 | 25410 | 9.2 |
| 2005年 | 5751 | 23445 | 24.5 |
| 2006年 | 11819 | 22056 | 53.6 |

れる。このフラグメントアナライザーのソフトは、2005年にデータベースと共通のSTR型15座位に対応するデータ解析ソフトへ更新されたことも図2の物品保管書の別紙に記載されていた。さらに前述の県議会で知事説明にあったものか、2010年初頭に最新のものが導入されていることも分かった。

　こうした機器の導入経緯からすると、2002年1月では全国の都道府県警察本部と同様に、DNA型鑑定はPCR増幅技術を用いた上での「MCT118」型検査と、「HLADQ*a*」型検査、「TH01」型検査、PM検査の4種類の鑑定法が実施可能であり、2001年12月に導入されたフラグメントアナライザーを使用して、マルチプレックスSTR法による9座位のSTR型も鑑定可能であったのである。

　3）カネ（薬剤、消耗品）

　科捜研においてどのような規模でDNA型鑑定が実施されたのかを知るには、使用された検査キット、薬剤の購入量から明らかになる可能性がある。そこで、2011年9月にDNA型の検査キットの購入に関する物品取得書を開示請求した。同年11月に開示が決定された物品取得書は5年前までの120枚ほどで、2007年以降の検査キットの数であり、その5年前を類推することはできない。そこでDNA型鑑定の実施件数については、富山県警の統計資料に載った各年度の実施件数を開示請求した。

　4）運用実績

　全国の警察におけるDNA型鑑定の実施は、おもに凶悪犯罪（殺人、強盗、強姦、放火）と風俗犯罪（強制わいせつ、公然わいせつ、賭博）の捜査で行われてきた。2008年の警察白書のDNA型鑑定の活用状況には、1989年に導入されて以来のDNA型鑑定を実施した事件数が図中に記載されている。また、警

4　DNA型と血液型　**61**

**表3　富山県警のDNA型鑑定の実施数と実施比率、対全国比**

| 年 | DNA型鑑定実施数 | 関連犯罪認知数 | 鑑定実施比率 | 対全国比 |
|---|---|---|---|---|
| 2000年 | 7件 | 95件 | 7.4% | 2.9倍 |
| 2001年 | 11 | 169 | 6.5 | 2.4 |
| 2002年 | 13 | 184 | 7.1 | 2.3 |
| 2003年 | 25 | 143 | 17.5 | 4.0 |
| 2004年 | 31 | 147 | 21.1 | 2.3 |
| 2005年 | 66 | 142 | 46.5 | 1.9 |
| 2006年 | 90 | 119 | 75.6 | 1.4 |

察庁の統計資料「平成19年の犯罪情勢」から、刑法犯のうち凶悪犯および風俗犯の認知件数の合計を関連する犯罪の認知数として、鑑定実施比率（％）＝100×DNA鑑定実施数／関連犯罪認知数を求めた。**表2**にその概要を示す。なお、実施数はDNA型鑑定を実施した事件数であり、鑑定の件数はこの数倍となる。

　警察庁は2004年12月から、犯罪現場に遺留した血こん等のDNA型を登録・検索する遺留資料DNA型情報検索システムの運用を開始した。2005年9月から、犯罪捜査上の必要で被疑者の身体から採取された資料のDNA型の記録を登録の対象とするDNA型記録検索システムの運用を開始し、データベース化している。これに伴い、実施件数は凶悪犯、風俗犯に限らず、遺留資料と比較して個人を識別する手段として、2005年以降、DNA型鑑定を実施する件数は急増している。

　氷見事件が発生した2002年当時の富山県警察本部におけるDNA型鑑定の実施数と関連犯罪の認知数に関する統計資料は、情報公開の請求当時ではすでに閲覧期間を過ぎていた。そこで、情報公開条例に基づく公文書の開示を請求し、DNA鑑定実施状況の資料と関連する犯罪の認知件数の資料の開示を求めた。

　このようにして開示された資料から、全国の場合と同様にDNA型鑑定の実施比率を求め、**表3**「富山県警のDNA型鑑定の実施数と実施比率、対全国比」を作成した。各年の富山県の実施状況を全国と比較するために、対全国比＝富山県の実施率／全国の実施率 を求めて、記載している。

　**表3**から、DNA型鑑定の実施比率は、富山県警は全国平均に比べて多く行われてきたことが分かる。2002年の前後2年にあたる2000年から2004年の5年

間では、2.3～4.0倍の鑑定が実施されている。最も低い2002年でも全国平均に比べて2.3倍の鑑定が行われ、凶悪犯（殺人、強盗、強姦、放火）と風俗犯（強制わいせつ、公然わいせつ、賭博）の総認知事件数に比べ、7.1％の事件についてDNA型鑑定が実施されていたのである。

　以上のように、全国的にみれば富山県警はDNA型鑑定を先進的に実施してきたと言える。富山県警・科捜研は、DNA型鑑定の実施に必要な機器を保有し、技術吏員は唾液に含まれる口腔細胞や毛髪などから、DNAを抽出し、PCR増幅して、DNA型検出する鑑定技術に習熟していたのである。

　これらについては、富山（氷見）冤罪国賠を支える会の磯部、高木、土屋の３名が「調査報告：平成14年当時の富山県警におけるDNA型鑑定の実施状況」をまとめた。国賠裁判のなかでDNA型鑑定の議論が進んだ第16回口頭弁論で、裁判所へ提出した。

　富山県警・科捜研は、DNA型鑑定を行っていたし、必要があれば実施が可能な状態であったことは明らかである。

## ⑷　柳原氏から試料採取について県・国の主張の矛盾

　柳原氏が任意取り調べの末、逮捕された２日後、４月17日に警察官に、「今からDNAの鑑定をするから」と言われ、毛髪20数本、口腔内細胞、陰毛が採取されたという。柳原氏の記憶では、毛髪を力任せに取られた痛みで頭痛がおさまらず、取調べ警察官に訴えて市民病院で受診したこと、そのことを国選弁護人と面会した際に話したことなどからすると、４月17日より後のことではない。証拠採用された国選弁護人Y弁護士の接見メモにも柳原氏の話がメモされていたと聞く。また、口中の唾液などを綿棒などで採る、口腔内細胞の採取は、一般にDNA型鑑定のために行われる。遺留資料との対照のために、警察官は血液型、DNA型鑑定の試料を入手していた。もし、被害者や犯行現場に残された残留物のDNA型鑑定が早い時点で行われ、柳原氏のそれと一致しないことが明らかになっていれば、早い時点で冤罪を防ぐことができたはずだ。

　しかし、柳原氏の刑事裁判にはDNA型鑑定に関する証拠が一切提出されていない。DNA型鑑定の結果、柳原氏と犯人を結びつけることができなかったため、捜査当局が無実を証明する決定的証拠を無視、隠匿したとも考えられる。国賠裁判の始めから、この疑問点について論争があった。

　国賠裁判の訴状において、「DNA型鑑定に使用するための被害者側の鑑定資料及び原告の鑑定資料が捜査機関によって採取されていたことは明らかである。

4　DNA型と血液型　**63**

……DNA型鑑定が行われていたとしか考えられない」と主張している。その隠匿や隠滅行為は違法であることは論ずるまでない。

　富山県は、「富山県警では、被害者方から領置していた未鑑定の毛髪とのDNA型鑑定を念頭において、原告から髪の毛や唾液、血液を採取し、対照鑑定を実施した」（県第2準備書面）と国賠裁判の当初で主張していた。その裏付けとした「鑑定書」（乙A31号証）には被害者宅で採取（1月15日）された毛髪類と柳原氏から採取（4月25日）された毛髪、陰毛、血液の対照鑑定の結果が示された。鑑定事項は、両者の異同識別と、血液型及びDNA型の異同識別と記載されている。しかし、被害者宅の毛髪25本と柳原氏の毛髪35本は形態学的に類似するものが認められず、血液型及びDNA型検査は実施しなかったと結論付けている。指定された鑑定事項にある「血液型及びDNA型の異同識別」は実施されなかった。鑑定嘱託を受けた科捜研が鑑定しないことを決めることが可能とは信じがたい。県が主張したDNA型鑑定を念頭に採取された「唾液」に関する鑑定書はその後も明かされていない。

　国（検察）は、県（富山県警）とは異なり、「鑑定書」（乙A31号証）のとおり、採取した試料は頭髪、陰毛、血液であって、口腔内細胞は採取していないこと、採取は4月25日に行われたと主張している。

　そして、県、国とも「DNA型鑑定は、同一性を確認すべき対照資料が揃った時点で鑑定を行うこととなっていた」と繰り返し主張する。「同一性を確認すべき対照資料」とは、被害者や現場に残された残留物と、被疑者とされた柳原氏から採取した試料であり、2002年4月に揃ったことになる。しかし、この時点で、被害者から採取された犯人に結び付く可能性のある残留物はすでになくなっていたというのだ。

　国賠裁判で開示された鑑定書によると、氷見1月事件の被害者から直接に採取された綿棒、被害者が付けていた下着、3月事件被害者から採取の綿棒は、ことごとく、なくなっていたことになっている。綿棒は血液型鑑定で全量消費され、下着は被疑者本人へ氷見警察署から返還されていたのである。

　他方、現場の室内から採取された多数の毛髪について、DNA型鑑定は行わなかったと県・国は主張する。「形態学的検査を実施して」部屋から採取した毛髪のうち人毛以外を除き、柳原氏の毛髪と形態学的異同識別したところ、類似したものがないことから、血液型、DNA型検査を実施しなかったとされている。

　前述の科捜研の技術吏員4名連名による「ISOHAIRによる毛髪からのDNA

抽出とAmpliType PM+DOA1検査キットによるDNA型検出」は毛髪からDNA型検出した結果を報告したものである。毛髪からのDNA型鑑定は富山県警科捜研の「得意技」であったはずだが、氷見事件では冤罪捜査に加担したことになった。

## ⑸　血液型検査で全量消費された残留物鑑定

　氷見1月事件の被害者から採取された、綿棒に付着させた精液様のものが全量消費された経緯をもうすこし詳しく検討したい。強姦事件の直接証拠となる可能性が高い試料であり、再度採取できない試料として慎重に取り扱うべきことは当然であった。

　県も国も「警察で遺留試料のDNA型情報検索システムが運用されたのは、2004年12月以降であり、2002年当時、遺留資料のDNA型情報のデータベース化は行われておらず、2002年当時のDNA鑑定は、同一性を確認すべき対照資料が揃った時点で鑑定を行うこととなっていた」と主張し、あたかも2004年以前の事件当時は、DNA型鑑定が個人識別の手段とは言えないかの主張を繰り返している。しかし、それは誤りであり、冤罪を起こしてしまった責任を逃れるための詭弁に過ぎない。

　たとえば、1997年12月に日本DNA多型学会とDNA鑑定検討委員会が策定した「DNA鑑定についての指針（1997）」は、その原案に記載された活用の目的として、「従来のABO式などの血液型鑑定と併用して実施することにより、個人識別精度を高めるように配慮する」と述べていた。また、本文の「2．一般的注意」の「5」再鑑定への配慮」として、「再度採取ができない資料の場合には、可能な限り再鑑定の可能性を考慮してDNA未抽出の資料の一部が保存されることが望ましい。資料の全量を消費する場合、鑑定人がそうせざるをえなかった状況を含め鑑定経過を詳細に記録するよう努めるべきである」としている。また、この指針と併せて発表された「DNA鑑定についての指針（1997年）決定に至る経過」は、1996年以来のこの指針をめぐる科学警察研究所の委員などとの遣り取りがあり、当初の"検査の再現性の保障"が"再鑑定への配慮"と後退させられた経緯が記載されている（参考文献4）。

　その後、「DNA鑑定についての指針（2012）」へ改訂された。その「3．法医資料の鑑定　1)資料の取り扱い(2)DNA抽出部位の選別と再鑑定への配慮」には、「再度収集可能なものを除き、原則的にDNA未抽出の資料につき再鑑定可能な量を残す。また、資料をすべて消費する必要があるときには、その必要性

を説明し、鑑定結果として提示していない実験結果も求めがあれば開示できるようにしておく」と、記載されている（参考文献５）。

このように鑑定の実施にあたり、その信頼性を確保するため、再鑑定分を残すことが基本原則となっている。これらはDNA型鑑定に従事する技術者にとって基本的な考え方と言えよう。

ところが、氷見１月事件の被害者から、綿棒に付着させた精液様のものを、科捜研の大橋技術吏員が行った鑑定では、血液型鑑定を試みて全量消費された。鑑定書にはDNA型鑑定の実施や再鑑定についての考慮は全く見当たらない。５年前に策定されていた上述の指針の考え方や、県が主張する「対照資料が揃った時点で鑑定」を行うためそれまで保存する方針は無視されたのである。確かに鑑定事項は「人精液か否か、人精液ならばその血液型」、また、「人精液混在の有無、混在していればその血液型」と記載されている。捜査現場からの依頼は犯人特定のための血液型である。鑑定の専門家である科捜研の技術吏員が、鑑定事項の記載内容を理由に、DNA型鑑定の注意義務に反して全量消費することは許されない。無実の冤罪被害者が被った被害の甚大さからして、到底、納得が行かない。

念のため再度、大橋「鑑定書」（2002年１月24日甲42号証）の記載にそって、実際の鑑定実施を振り返りたい。まず、精液の予備検査としてSMテストが実施され、「疑陽性を示した」ほかは、血清学的検査を実施して陰性、精子観察も陰性であった。そして、資料の一部を使って顕微鏡検査をしたが精子は観察されなかった。その後に鑑定資料の措置として、全量消費したことが記載されている。

大橋氏は、1993年に「PCR法による人唾液（斑）中に含まれる口腔内細胞からのDNA型検出法」の表題で日本法医学雑誌に論文を発表している。いわばこの道のベテランである。ごく少量の試料からPCR増幅してDNA型検出を実施した経験があり、血液型の鑑定ができないのであれば、当然にDNA型検出の可能性が頭に浮かんだはずだ。

私たちが2012年１月に筑波大のH教授を訪ね、面談した折に、「もし、血液型がだめでも、DNA型鑑定はできたはずだ。やったに違いない」との感想をうかがった。その時、情報公開で明らかになった当時の富山県警科捜研の装置の一覧表も見て頂いた。その中にフラグメントアナライザーを見つけ、「当時実施されていた４種類のDNA型鑑定はもちろん、より進んだ鑑定も可能な設備で、現在のSTR法も可能な最新のもの」とのコメントがあった。

大橋氏の鑑定実施は、2002年1月15日から1月24日までの期間であり、このフラグメントアナライザーが取得された2001年12月18日から1か月後のことである。それまでのDNA電気泳動装置に比べて格段に進歩した装置の導入であり、それらを使った鑑定に早速取り組んだのではとの想像を禁じ得ない。

　なお、氷見3月事件の被害者から、同じように綿棒に付着させた残留物を、科捜研の高木貴志技術吏員が血液型鑑定を試みて全量消費されていた。未遂事件ではあるが犯人の唾液が付着した可能性もある。

　今となっては取り返しようのないことだが、DNA型鑑定に関しては、冤罪を早期に防げなかった氷見警察署、富山県警本部の責任回避を図る何らかの隠ぺい工作があるのではないかとの疑念を払拭できない。

## (6)　不自然なパンティなどの返還

　氷見1月事件の被害者の様々な着衣やタオルなどの鑑定は、高木技術吏員が担当した。鑑定書によるとそれらのうち、付着物や血液様のものの付着が認められたのはパンティのみであった。明らかな精液様のものの付着物はみとめられなかったとも鑑定書に記載されている。次項において鑑定内容について述べるとして、その鑑定資料であるパンティは他の衣類などと併せて氷見警察署に返却している。高木氏の鑑定実施は、2002年1月15日から2月19日までであった。後に国賠裁判の最終段階で公開された書証「還付請書」によると、2月27日に被害者に返還されている。これで再鑑定することは不可能になった。大橋氏、高木氏による残留物の全量消費といい、氷見警察署から鑑定資料の被害者への返還といい、犯罪の直接証拠としてDNA型鑑定に用いられる機会が失われた。科学的な直接証拠による真相究明の機会が絶たれたことになる。富山県警本部の科捜研に期待される役割とは全く逆に、真犯人を取り逃がし、冤罪被害者の雪冤の機会を奪ったことになる。

　冒頭で述べた再審裁判における重要証拠の一つは、石川県警の津幡署管内で2002年5月に発生した強姦事件で残されたヒト精液のDNA型と真犯人O氏のDNA型が一致したことであった。石川県警では2002年の事件で残されたヒト精液の資料が保管され、5年後の2007年にその時点で通常に用いられていたSTR15座位によるDNA型鑑定が石川県警科捜研において行われた。他方、富山県警に勾留されていたO氏のDNA型鑑定が富山県警科捜研で行われ、両者が一致した。このDNA型の一致により再審裁判において柳原氏の無実が明らかになり、無罪判決が改めて言い渡される重要な証拠となったのである。もし、こ

4　DNA型と血液型　**67**

の試料が石川県警で全量消費され保管されていなかったらどうなったことかと、恐ろしくなる。

### (7)　精液を含む混合試料の血液型鑑定の問題

　高木技術吏員作成の血液型「鑑定書」（2002年2月19日乙A30号証）について、詳細に検討したい。この鑑定書の鑑定事項は、「人精液付着の有無、付着していればその血液型」と記載されている。前述の被害者に残留していたものを採取した綿棒の鑑定には併記されていた「人精液混在の有無、混在していればその血液型」の記載はない。

　この鑑定は、1)資料概見、2)検査経過　ア精液予備検査としてSMテスト、イ精子検査（顕微鏡検査）、ウ血清学検査として抗人精液沈降素血清を用いた沈降反応重層法、エ血液型検査として吸収（吸着）試験法及び解離試験法が行われた。鑑定書には試料である衣料などの写真とアの検査結果の写真とイの顕微鏡写真が添付されている。筑波大学H教授によると「この検査方法から、考えられるのは、最初から精液による鑑定を狙っていたことは明らか」とのことであった。

　この鑑定書は、衣類5点、タオル、毛布7点を鑑定したが、概見検査及びSMテストでパンティのみに弱い反応がでたとされている。その3カ所を切り取り、前処理をして顕微鏡検査と血清学的検査を行った。その結果は、精子が認められたが、血清学的検査では陰性とされた。エの血液型の結果は、A型であった。鑑定結果の概要を**表4**にまとめる。

　パンティの付着物は、顕微鏡検査で「おそらく被害者に由来すると考えられる大型の細胞などが観測されたことから、本血液型検査の結果は被害者の血液型の影響がある」と判断され、他方、顕微鏡で精子が確認されているが「精液

**表4　パンティの切り取った部分の鑑定結果の概要**

| 検査方法 | 検査結果 | 写真 |
|---|---|---|
| 資料概見 | 灰白色の付着物あり明らかな精液の付着物は認められない | あり |
| 予備検査（SMテスト） | 弱い陽性 | あり |
| 顕微鏡検査 | 精子の確認 | あり |
| 血清学的検査 | 陰性 | なし |
| 血液型検査 | A型 | なし |

の付着量は少量である可能性が高いこと」を量的な根拠を示さずに推定している。被害者の体液と男性の精液の混合試料である可能性が高く、血液型検査は両者が合わさった結果である。しかし、鑑定は、被害者の血液型はA型であり、他方、顕微鏡検査では精子の数が少なく、血清学的検査も陰性、予備検査（SMテスト）でもヒト精液の付着は少量と推定されるとした。そして、被害者の影響が強く、付着の精液が少量であることから、精液の血液型は不明であると結論したのである。

鑑定書には、「被害者の既知の血液型がA型であり、付着精液が少量である可能性が高いことも併せ、本血液型検査の結果から、付着すると推定される人精液の血液型のみを判定することはできず、不明であった。」と記載されている。

鑑定書には次のような問題がある。

ⓐ　検査結果の写真には、予備試験、顕微鏡の各写真があるが、血清学的検査と、血液型検査の結果の写真がない。

ⓑ　精液が少量で血液型の判定に影響しないとの根拠は示されていない。血清学的検査の反応を示す最低量が示されていない、また、検査に使用した血清の力価（能力）も示されていない。

ⓒ　SMテストで発色した3つの部分を切り取って純水に浸出させ、沈殿物を染色し顕微鏡で精子が確認された。他方、対照として発色していない部分では顕微鏡で精子が確認されていない。すなわち、SMテストにより精液が確認できたことは明らかである。精子確認に使用した浸出液の上澄み液を用いて血液型の検査を実施したのであり、精液の影響がないとの根拠はない。

ⓓ　精液が分泌型か非分泌型なのかも判別検査は行っていない。

なお、血液型を決定する抗原は赤血球だけでなく分泌液などにも存在する。分泌液は凝集素と反応するが、分泌液中の抗原の量は人によって異なる。抗原が分泌液に多くある場合を分泌型といい、少ない場合を非分泌型と言う。非分泌型の体液の血液型を調べるとO型と判定されることがある。非分泌型の可能性については、冤罪発覚後の2009年10月に作成された富山地検・中村浩太郎検事の「鑑定に関する報告書」に初めて記載されていた。血液型不明の理由の一つとされていた。

高木鑑定書の試料は前述のように混合試料である。精子も存在し、SM試験で弱い陽性を示している。被害者の血液型はA型であることは別の検査で明らかにされており、精液の血液型を絞るのがこの鑑定の目的であったはずだ。

**表5　5つのケースについて判定される混合試料の血液型**

| 被害者の<br>血液型 | 精液の<br>血液型 | 凝集素の反応 | | | 判定される混合<br>試料の血液型 |
|---|---|---|---|---|---|
| | | 抗A | 抗B | 抗H | |
| A型 | A型 | ＋ | － | ＋ | A型 |
| A型 | B型 | ＋ | ＋ | ＋ | AB型 |
| A型 | O型 | ＋ | － | ＋ | A型 |
| A型 | AB型 | ＋ | ＋ | ＋ | AB型 |
| A型 | 非分泌型 | ＋ | － | ＋ | A型 |

　精液の血液型がA型、B型、O型、AB型、非分泌型の5つのケースについて、抗A、抗B、抗Hの凝集素の一般的に想定される反応と、そこから判定される血液型を**表5**に示す。なお、凝集素の反応ありを（＋）、反応なしを（－）で示す。

　高木鑑定書に載っている血液型検査成績表ではA型と判定されており、パンティに付着した精液の血液型は、A型、O型、非分泌型のいずれかであって、B型、AB型ではない。定量的な根拠を示さず、単に「被害者がA型と判定されており」、「精液が少量である可能性が高く」、精液の血液型のみを判定できず不明とした鑑定結果は間違っている。

## ⑻　鑑定が引き起こした重大な問題と残った疑惑

　国や県が主張するように、氷見1月、3月事件捜査において、直接証拠となる可能性の高い被害者や現場に残された残留試料のDNA型鑑定が行われていないことは信じがたい。DNA型データベースが本格的に運用される3年前であっても、富山県警にはDNA型鑑定を実施する能力はあった。科捜研には必要な装置があり、習熟した技術吏員もいた。富山県警は全国平均の数倍の件数のDNA型鑑定を実施してきた記録がある。それなのに何故この事件では行われなかったのか、国賠裁判に取り組む当初からの疑問であった。結局のところ、実施しようとすればできたのだが、行わなかったとの言い訳しか聞けなかった。

　被疑者が浮かび上がって対照資料がそろうまでは実施しないという規定があったと国や県は主張するが、それ以前に血液型鑑定のために全量消費され、また、精液が付着したパンティは被害者へ返還されてなくなっていた。DNA型鑑定による個人識別で冤罪が明らかになるチャンスは、このように富山県警により奪われたのである。隣り合う石川県警で保管されていた残留試料の

DNA型鑑定により、真犯人が特定され、柳原氏の再審無罪の証拠の一つになった。

　情報公開を通じてDNA型鑑定を実施することができたはずといえる裏付けはいくつも明らかになった。しかし、それには限界があり、残った課題を挙げてまとめたい。

　①　再び収集できない試料を鑑定する場合、再鑑定可能な量を残すことを基本として鑑定を実施しなければならない。もし、全量消費する特段の理由がある場合はその必要性の説明を残さなければならない。理由なく全量消費した鑑定結果については証拠能力は認めるべきでない。全量消費して、再鑑定を不可能にする鑑定は、証拠を隠滅する行為と同様に、許されてはならない。

　②　常に再鑑定を可能にしてこそ、証拠能力をもつ鑑定とすべきである。

　③　鑑定に当たって、有罪方向の積極証拠をめざす判断が優先されることをなくし、無罪方向の消極証拠も客観的な事実として判断すべきことを再確認したい。

《参考文献》
1　富山県議会会議事録 http://sun1.pref.toyama.jp/cgi-bin/kaigiroku/index.html
2　岡田薫「DNA型鑑定による個人識別の歴史・現状・課題」レファレス、2006.1.
3　警察白書平成19年 https://www.npa.go.jp/hakusyo/h19/honbun/html/j1220000.html
4　押田茂實・岡部保男編著『Q&A見てわかるDNA型鑑定』現代人文社、2010.4
5　DNA鑑定についての指針 http://dnapol.umin.jp/contents/guideline-2012.pdf


# 5　似顔絵捜査と被害者

## ⑴　「警察はなぜ自分のところにきたのか」

　柳原氏が言い続けてきた疑問である。私たちも、その疑問を解くことで冤罪原因と責任の追及ができると考えてきた。警察官僚が、真実よりも事件解決に重きを置いて、「証拠なき確信」（浜田氏用語）に突き進む、それに批判的な意見を述べる人が組織内部に一人もおらず、無責任体制が底なし沼のように拡がっている。それは分かった。

　だが、もっと具体的に、初期捜査の実態を知りたい。何がきっかけで柳原氏が容疑者として浮上したのか。それは偶然なのか、それとも何がしかの悪意を

含んでいるのか。

　国賠をとおして、被告・県（警察）は、あからさまに、柳原氏が自白したから警察は引きずられてしまったと主張し続けてきた。警察を引きずるほど柳原氏は巨大な力を持っていない。彼はそれこそ「赤子の手をひねる」ようにして自白させられたのだ。自分たち警察の間違いを、冤罪被害者のせいにする、これは本末転倒も甚だしい悪質な姿勢である。

### (2)　冤罪のきっかけ

　警察は、ともすれば、被害者女性二人が、犯人は柳原に間違いないと言うから警察もそれを信じてしまったのだと言い訳してきた。これも酷い話で、私たちはそんな言い訳を決して信じなかった。むしろ私たちは、被害者女性の立場尊重を、少なくとも内部で（弁護団とともに）確認し続けて国賠の６年間を闘ってきた。冤罪作りのきっかけは、被害者女性にも何がしかの落ち度があると言われたのでは、彼女たちはあまりにも気の毒だ。

　ほんとうにそうなのか。私は、真剣にそれを考える。

　彼女たちは、犯罪の被害を受けたうえに、間違った犯人識別供述をしてしまったという一種の汚名をきせられ、二重の被害を受けてしまった。その名誉回復のためにも、警察は、県警内部の組織的責任を徹底的に洗い出し、警察官個人個人のやりかたの決定的なまずさ、個人の責任も明らかにして、被害者女性二人に謝罪すべきである。

### (3)　柳原氏は真犯人Ｏ氏と似ているか

　被害者女性二人は、同じ真犯人Ｏ氏によって被害を受けた。今や、それは揺るぎようもない事実である。

　Ｏ氏は、面長で、柳原氏よりも背が高い。柳原氏の身長は160.4cmで、Ｏ氏のそれは166cmである。５cm以上違う。一見して柳原氏は小柄な印象だ。そして柳原氏は面長ではない。警察が言うとおり、目が大きめという特徴は共通とも言えるが、二人は全然似ていない。混同は起きにくい二人である。

　2007年にＯ氏の刑事裁判が始まったとき、柳原氏の兄たちは、Ｏ氏の裁判傍聴に行ったことが新聞に出ている。兄は警察から弟の浩と犯人Ｏ氏は似ていたから間違えられたとの説明を受けていたので、それを確かめに来たと言い、「顔の印象も全然似ていない、背も（弟より）高かった」と話したという。これは柳原氏の親族としては、ごく自然な感想である。顔は似ていないし、身長も違

うのである。

　私たちは、O氏の顔写真は、富山でも放送されたテレビで見た。柳原氏とは全然違う印象である。誰が見ても違うのに、どうして「似ている」という話になってしまったのか。

　富山の他のテレビ局は、柳原氏の写真と、捜査に使われた似顔絵の1枚を同一画面に並べて、このために間違えられたと放送していた（テレビ画面の写真参照）。しかしこれは、よく考えると非常に悪質な世論誘導である。そのテレビ局が、捜査に使われた似顔絵をどこから入手したのか、推測はつくがここでは入手経路は問題にしない。

　本人と、その本人に似ている似顔絵を並べて見せれば、誰だってなるほど、これだけ似ていれば警察が間違えるのも無理ないと思うであろう。

　もう1枚の似顔絵を、どうして放送しないのか。それを見れば、柳原氏とは全然違うことが一目瞭然なのに。

### (4)　二枚の似顔絵

　つまり、「氷見1月事件」の被害者女性（以下「V1」とする）の話を聞いて、そのV1の記憶に基づいて、ベテランの似顔絵捜査員（島田稔久・県警本部鑑識）が絵に描いたものがあるのである（1月事件、3月事件、8月事件それぞれの似顔絵の図版参照）。

　V1の記憶にもとづく似顔絵は、確かに真犯人O氏に似ており、面長に描かれている。このV1の似顔絵と柳原氏本人を比べて見れば、誰もが似ていないとの印象を受けるであろう。ところがテレビは、V1の面前で作成されたという似顔絵を放送しないのである。

　放送で使った似顔絵は、「氷見3月事件」の被害者女性（以下「V2」とする）の記憶を聞き出して、同じ似顔絵捜査員（島田稔久・県警本部鑑識）が描いたものということになっている。

　テレビ局に言わせれば、裁判記録の入手先は取材源の秘密であり、証拠の目的外使用は禁止されている、だから放送に使った似顔絵（「1月」でなく「3月」のもの）は裁判記録そのものではなく、その似顔絵に似せてテレビ局が描き直したものだ、と説明するであろう。確かに、放送された似顔絵は証拠の似顔絵とは微妙に異なっており、テレビ局が描き直したものとわかる。だが一見したところは、証拠の似顔絵とほとんど同じなのだ。

　ここまで裏の経緯をたどって推測してみると、いよいよ放送による悪質な世

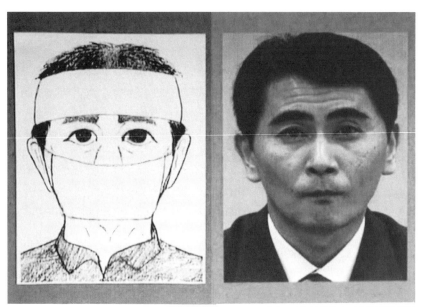

上は、並べて放送されたテレビ画面
『犯人にされた男』北日本放送（2008年7月6日）

下は、警察が作った写真帳15枚のうち被害者が選んだというNo.10写真

論誘導だと考えざるを得ない。この「3月」似顔絵（に似せた似顔絵）と柳原氏を並べて見れば、誰だって似ているとの印象を持ち、だから警察が間違えたのも無理ないとなる。これは良くない放送だ。せっかく入手したのであれば、もう1枚の、「1月」の似顔絵も放送して、どうして同じ真犯人O氏を描いて、こんなに違う絵ができるのか、その疑問を提起してほしかった。

　おわかりのとおり、「氷見3月事件」の被害者女性・V2の話を聞いて、そのV2の指示に従って島田稔久・県警本部鑑識が描いたとされている似顔絵こそ、柳原氏にそっくりなのである。本当にV2の言うとおりに、V2の記憶に基づいて描いたものなのか、もしかして、後で描き直した別ものではないのか、この謎が氷見事件最大の謎として、今もなお残っている。

### (5)　似顔絵に関する前提

　考えてほしいが、警察が作る似顔絵とは、被害者や目撃者に描かせるのではない。専門の絵心のある警察官が、それなりに研修を受けて、被害者・目撃者から言葉による説明を聞いて、描いた警察官が、それを被害者・目撃者に見せて、また意見を聞いて絵を修正する、それを繰り返して、被害者・目撃者が「似ている」と言うか「こんなものでしょう」というか、いずれにしろ完璧ではないのを承知のうえで、完成させるという、はなはだ迂遠な、写真とは全く異なる、感覚的というか、頼りないというか、本来は単なる参考資料にすぎないようなしろものなのである。いわば、江戸時代の「人相書き」と同じ捜査方法なのである。

　人相については、これまたパターン化した言葉がある。警察用語になっている言葉もあるだろう。丸顔とか鼻すじが通るとか、垂れ目とか切れ目とか、眉毛が濃いとか薄いとか、どれだけ豊富な言葉を使っても、それらの言葉は、相対化したイメージの代替表現の羅列にすぎない。普通の人に比べて口が大きかったという言葉が出たとして、普通の大きさとはどの程度なのか、人により違うのが当たり前である。しかも、その被害者・目撃者が人相についての日本語に堪能な人とは限らない。自分の記憶にあるイメージを、言葉の断片にして出した途端に、イメージはやせ細ってしまうかもしれないのだ。

　そうした前提ぬきに、似顔絵について語ったり論じてはいけないほど不確かなものなのだ。それが、氷見事件では、まるで正当な捜査の端緒であるかのように語られてきた。

## ⑹　大きなマスク

　Ｖ２の供述に基づいて描いたとされている似顔絵は、柳原氏に似ているのだが、それは目の感じと顔の輪郭が似ているからと思われる。ところが、この似顔絵には鼻と口を全面的に隠して大きなマスクが描かれている。こんなに大きなマスクが顔を隠している絵を、似顔絵と言えるだろうか、その人物が昼も夜もマスクをしたままという特殊な人だというのであれば、この似顔絵も役に立つかもしれない。

　しかし、Ｖ２の供述調書によると、玄関を入ってきた犯人は、顎のあたりに下ろしたマスク（少し黄ばんでよれよれとした）をピョンピョンと伸ばしながら、追われているから助けてくれと言ってきたという。少なくともその時には、鼻と口も見えていたのだ。しかも、Ｖ２が立会人になって作成された実況見分調書（自宅の中で行なわれた犯行を、犯人役の男性警察官と被害者役の女性警察官が再現ドラマ風に演技するところを写真撮影した記録）で、犯人役はマスクを顎に引っかけているところが撮影されている。明らかにＶ２がその説明をしたからマスクを顎に下ろしたのである。

　ところが絵を描いた島田稔久・県警本部鑑識が国賠で証人になったとき、マスクはもっと下のほうというＶ２の修正はかからなかったのか？　という弁護士の尋問に対して、修正はかかっていないと述べ、マスクを描いているときにＶ２は一言も喋っていないのか？　という尋問には、言っていないから描いてないと証言した。マスクを鼻や口辺りから外すことはなかったのかとＶ２に質問しなかったのか？　に対して、「していると思います」と述べ、どう答えたか？　に対して、「どう答えたかまでは分かりませんけれど、説明がなかったので描いてないです」とふてくされたような証言を行なった。明らかに不自然な証言だった。

　もしこの絵がＶ２の面前で描かれた当初の似顔絵であるならば、本来Ｖ２の供述調書の記載を踏まえて、捜査幹部は描き直しを指示すべきだったのではないか。何者かが、大きなマスクの似顔絵を見て、これでいいと、島田と示し合わせたのではないかと考えざるを得ない。


## ⑺　根本的な疑問

　似顔絵は、エンピツで描かれている。むろん被害者・目撃者の指示・感想により消したり書き足したりするものだからエンピツで描くのは当然だ。その完成したもののコピーが、証拠の原本だという。

Ｖ１の似顔絵は、探り探り描いたように細い線の集合で描いてあるのに比べ、Ｖ２の似顔絵は、黒々と太い線で自信たっぷりに一気に描いてある。イメージを探っていくのではなく、決まっているお手本を、そのまま描いたという感じなのである。筆致が違う。

　さらに驚くべきことは、Ｖ２の似顔絵には顔の下の<u>のど</u>の部分に、<u>のどぼとけ</u>がはっきりと描かれている。Ｖ１の似顔絵にはのどぼとけが描かれていない。そして、島田が似顔絵の余白部分にＶ２が言った人相をメモしたところに、いろいろと特徴が書いてあるが、<u>のどぼとけ</u>のことは何も書いてない。その点を尋問された島田は、男性ということを表わすために<u>のどぼとけ</u>を描いたと証言した。Ｖ２が言ってもいない<u>のどぼとけ</u>を、男を示す記号として描き、マスクと言われれば、マスクそのものの特徴（新しいか古いかなど）を確かめるでもなく、鼻と口の全体を大きく覆うようなマスクに描く、そんな恣意的なやりかたで、似顔絵を描くなどということが許されていいはずがない。

　島田証言は、総じて人をバカにしたような証言だった。Ｖ１の似顔絵は当然男だが、<u>のどぼとけ</u>はない。しかも、警察がだいぶ前の交通事故（物損）の際に入手したのではないかと思われる柳原氏の顔写真（写真帳に貼って被害者に見せた）には、はっきりと<u>のどぼとけ</u>が写っているのである。

　島田証言は、全くあてにならない。ときには薄笑いを浮かべながら証言した島田は、不名誉な疑いから県警を守るのは自分だと言わんばかりの態度であった。島田は、誰も質問していないのに、Ｖ２の似顔絵のほうが真犯人に似ているでしょう……などと言い放った。裁判長をはじめ法廷にいた全員が、一瞬何を言い出したのか分からないという場面だった。

### ⑻　似顔絵捜査

　「フォーラム市民の目」の原田宏二氏（元北海道警釧路方面本部長）は、そもそも似顔絵捜査は危険なので、警察幹部としては、ほかに手段がないときになって使うべきものだと言っておられた。それだけ間違いが起きやすい捜査方法ということである。氷見事件の場合、富山県警がそれを意識していたかどうかも明らかではない。

　似顔絵捜査は、富山県警の得意分野で、似顔絵の描き方の研修が行なわれていることを紹介するテレビ番組があった。富山県警は似顔絵捜査に力を入れており、それだけ、似顔絵についての原則的な警戒心が緩んでいたとも考えられる。

絵ではなく写真であったとしても、捜査員が、「この人に心当たりがありませんか」と聞き込みに回るとすれば、それなりの慎重な扱いをすべきであろう。氷見事件の場合、強姦および強姦未遂が昼間に起きているから、非番がある仕事に目星をつけるのは当然として、それは交通関係に絞っても、鉄道・バス・タクシーもあるだろうが、氷見漁港に出入りする船員も対象になっておかしくない。病院など多くのサービス業も入るかもしれない。

　そもそも、「1月事件」の際にも似顔絵捜査を行なったのかどうか、そうした基礎的なデータは何もないのである。

　「1月事件（既遂）」の捜査中である3月13日に「3月事件（未遂）」が起きて、靴から同一犯人と考えられていた、その3月25日に、運転代行業の女性社長が、似顔絵を見て、この似顔絵に似ている元従業員がいる、それは柳原氏だということになったというのである。都合がよすぎる。

　どうして運転代行なのか、むろん運転代行など夜の街での仕事は、何かと警察のごやっかいになることもあり、警察も情報を取りやすい関係なのかもしれない。女性社長は、長能とは旧知の間柄との情報もある。それにしても、ただ似ているに飛びついて、それで柳原氏を容疑者にしてしまった、何というあやふやな捜査であろうか。

### (9) 写真面割りの不思議

　そうして、3月29日には、柳原氏の、のどぼとけのある写真を入れた15枚の写真帳を作成し、それで4月1日には二人の被害者に写真面割りをさせ、二人が二人とも柳原氏の写真（No.10）を選んだというのだ（No.10写真参照〔74頁〕）。

　それは決して偶然ではない。そのNo.10を選ぶに際しては、警察は二人の被害者を大いに誘導したに違いない、誘導してNo.10を選ばせたに違いないとは言えるし、弁護団も国賠裁判でそれを主張した。しかし、具体的にどのようにして誘導したのかとなると、詳細はあまりはっきりしていないのである。

　まさか目くばせをしたとか、あからさまにNo.10ではないのかとにおわせたとか、二人がNo.10を選ぶまでしつっこく何遍でもそのページを見せたとか、そんな露骨なやりかたはしなかったかもしれない。いや、したかもしれないのだ。そもそも、15枚の写真のなかで、なんとなくNo.10の写真は、他の写真と違っており、いかにも新たに加えた写真はこれだということがわかってしまう状態だったともいえる。

　それら全ての可能性を総合して、再度、写真面割りという捜査方法について

の、すでに確定している一般的知見に目を向けてみたい。

　世界の心理学者は、写真面割りという捜査方法に対して、これだけは配慮しなければならないという基準マニュアルを作っている。その基準の第1は、写真面割りを実施する係官は、捜査に従事していて容疑線上にあがっている人物が写真帳に含まれていることを知っている者であってはならないという原則（厳則）なのだ。いくら細心の注意を払ったとしても、容疑者を知っている係官が写真面割りを実施すれば、ほんの小さな行動、あるいは目の動きひとつでも、被害者・目撃者は、係官の真意を察してしまうものだということが過去の実例、実験により明らかなのである。目撃者の場合、自分の目撃により事件解決となるかもしれないという、捜査協力へのバイアスが強くはたらくことも知られている。

　そして、もう一つの重要な基準・厳則は、写真面割りを開始する前に、係官は必ず、「この写真帳には、容疑者（ターゲット）の写真は含まれていないかもしれない」ということを告げなければならないとされている。このことを「ゼロ回答告知」という。氷見事件の場合、その告知義務を守ったかどうか、Ｖ１とＶ２の写真面割り後の供述調書には、その告知についての記載がない。その調書を作成した女性警察官・中越由起子は証言の際に、告知はしたと証言したが、調書に記載がないから信用できない。しかも中越は、写真面割りを行なう前に刑事課の警察官から、No.10が容疑者だということは教えられていたと証言した。

　氷見事件捜査は、二つの基準ともに違反していたことが明らかである。

　この他、写真を何遍も見せてはいけないとか、「似ている」という指摘は「違う」という意味に分類すべきだとか、写真を一瞬見せて「この人だ」との回答がある場合だけを採用すべきだなど、いくつかの基準があるのだが、ここでは省略する。


## ⑽　性犯罪捜査員

　中越由起子巡査は、「性犯罪捜査員」に指名され、研修を受けたという。この制度は1996年からあるというのだが、氷見事件の場合いわゆるセカンドレイプを防止するという目的・建前をほとんど裏切って、冤罪作りに役立ったとさえ言える。

　中越は、普段は交番勤務で、性関連犯罪が起きると呼ばれて女性被害者から調書を取ったり、さまざまなケアに当るという。氷見１月事件が起きたときも

5　似顔絵捜査と被害者　79

刑事課長からの電話指示によりＶ１宅に向かった。

「１月事件」は、2002年１月14日午前８時すぎに発生した。９時ころに犯人は、被害者Ｖ１に対して「100数えているあいだに逃げる」「警察に言うなら殺す」などと言い残して出ていった。Ｖ１は、当然ながらどうしようかと悩んだ。警察への通報は、母親が正午ころに行なったと記録されている。

警察官が駆けつけることになったが、Ｖ１は「強盗」だったと説明したらしい。

何か取られたかというと、何も取られていないという。警察は「強盗」を疑って、氷見署の刑事課長・横山和春警部までＶ１の家に出向き、両親立ち会いのもとＶ１から事情を聴取したが、「強盗」以外の話にはならない。そこで警察は、Ｖ１を警察署に呼んで、「性犯罪捜査員」中越および男性捜査員・須加茂巡査部長がさらに事情聴取を重ねた。ここで、Ｖ１は、「強姦」だったことを明らかにした。

この経緯をみても、Ｖ１がどれだけ悩み、苦しんだか、同情に値する。「性犯罪捜査員」制度は、このケースでは完全に無駄というより逆の結果となった。確かに中越由起子はそこにいたが、交番の巡査と刑事課の巡査部長刑事・須加茂とでは、Ｖ１に対してどのような効果をもたらしたか、想像にあまりある。Ｖ１は、ほとんど容疑者扱いの取調べを受けたのと同じ状況に置かれたとみていい。Ｖ１にとって、この屈辱は忘れられないものとなったに違いない。

日本刑法では、男性の性器が女性の性器に挿入されたかどうかが「公然わいせつ」と「強姦」を分けるとされており、罰条・量刑が違ってくる。そのあたりをこまごまと尋問されたのでは、普通の女性は答えようがなくなる。だからセカンドレイプと呼ばれるのだ。それをなんとかしようとして、女性警察官を「性犯罪捜査員」に指定したはずだが、氷見１月事件では須加刑事が前面に出て、制度の主旨を完全に破壊した。

氷見事件は、「１月」「３月」「８月」と続き、隣接する石川県津幡で「５月」「６月」が同じ真犯人によって起こされている。その石川「５月事件」について北国新聞（金沢）2002年５月６日付け記事に、＜会社員宅で強盗未遂／何も取らず逃走＞というのがある。ここでも「１月」と同様の悲劇があったことになる。だからこそ、富山県警は「性犯罪捜査員」をもっと実質的に権限を持たせ優遇し、男性刑事を前面に出すようなことを一切しないで、Ｖ１から女性の「性犯罪捜査員」にゆっくりと事情を聞かせる配慮をすべきだった。

かくしてＶ１は相当のトラウマを抱えて、その後の「犯人識別捜査」にも「協

力」を強制されることになる。警察に行くのもいやだったに違いない。「犯人」
の顔・姿を見るのもいやだったであろう。

### ⑾　写真面割りの実態

　4月1日には15枚の写真帳による写真面割りが行なわれた。実施したのは中
越である。V1もV2もそろってNo.10（柳原氏）を選んだという供述調書を中
越が作成している。場所は、V1は祖母宅、V2は自宅である。

　ところが中越証言よると、被害者宅に行くのに車の運転を、須加巡査部長が
してくれたというのである。またしても須加である。「性犯罪捜査員」が、男
性捜査員と一緒に行って写真面割りをやることが、しかもV1の供述が「強盗」
から「強姦」に変わるときの調べをした刑事が自宅に来ることが、V1にとっ
てどのような効果をもたらすのか、想像するだに恐ろしい。V1に対して強い
誘導効果となったであろうことが推察できる。

　中越は、写真帳を見せる前に、あなたは犯人の人相・特徴について、事件後
の供述調書で、このように話していたねと、調書に書かれた犯人の特徴を確認
することから始めたという。写真面割り後の調書にそれが記載されている。こ
れ自体余計な先入観を強制することになるわけで、やってはいけないことを中
越はやっている。

　通常、この種の犯罪が起これば、なるべく早く被害者から事情を聞き出して、
捜査に入るのが常識であろう。そのため、被害者調書はなるべく早い段階で取
ることが望ましい。現に3月事件では、V2の調書は事件2日後に取られてい
る。ところが1月事件では、V1の被害調書は、なんと8日後の1月22日となっ
ている。8日間も調書がないなど、あり得ないことだ。

　私たちは、その間に別の調書があって、それは犯人の精液の付着状況および
処理、医者の診察に関する調書であることを推認していた。DNA型鑑定の問
題にからむので、調書が存在していることを隠していると考える。この初期調
書は、結局開示されないまま終わった。

　中越証人は、1月22日調書の前の調書については口を濁して存在について曖
昧な答えに終わった。

### ⑿　単独面通しの実態

　4月1日の写真面割りの後、警察は4月6日には氷見の駅前で客待ちしてい
る柳原氏をV2に警察車両の中から見せる単独面割りを実施した。この際も中

5　似顔絵捜査と被害者　**81**

越が同行したが、結果についてのＶ２供述調書はない。Ｖ２は、警察が期待した反応を示さなかった可能性が高い。だが中越の「報告書」は存在しており、Ｖ２が「目の辺りが良く似ている、身長も同じくらい、体型も似ている」と述べたように報告している。報告自体が誘導的である。

写真面割りで柳原氏の写真の顔を見てしまった被害者に、今度は本物の柳原氏を単独で見せるのは、記憶の混同・汚染が起きやすく、非常に危険なやり方であることは、心理学上確立した原理であると言える。にもかかわらず、氷見署は平気で単独面通し（取調官・長能に調べられている姿）を実施する。

４月８日は、柳原氏の最初の任意取調べだが、この日Ｖ２は再度警察に呼ばれて、多分取調室のハーフミラー越しに柳原氏の単独面通しをやらされている。この時もＶ２供述調書はない。中越の報告書もない。Ｖ２は、よほど警察を満足させなかったに違いない。

４月14日には、やはり取調室の柳原氏について、Ｖ１の単独面通しが行なわれた。このとき、ハーフミラー越しの隣室には、３月からの刑事課長・藤井実も入っていたという。中越が取った調書によれば、Ｖ１は、「よく覚えており見ればわかります。あの男の、大きな目、輪郭、高い鼻、声の感じ、口元、ほぼ間違いないと確信があります」と記録されている。この言い方には、何かその場にはいない真犯人をイメージして述べているようにも受け取れる言い回しである。最後のフレーズ「ほぼ間違いないと確信」の部分だけは、目の前の柳原氏と比較している様子であるが、曖昧だ。写真との記憶混同も懸念される言い方である。

藤井課長の証言によれば、Ｖ１は、その場で非常に強い言葉で「殺してほしい」とか言ったので、自分たちは柳原氏が犯人であることを確信したというように述べた。推測にわたるのはできるだけ避けたいが、Ｖ１は、警察に呼ばれてあれこれ質問されること自体に拒否反応を示したのではないか、感情のままに、叫ぶように言葉を出したのではないかと考えざるを得ない。本当に「殺してほしい」と言ったかどうかの裏付けは何もない。中越が取った調書にも「殺して……」の言葉は書いてない。被告・県の最終「第７準備書面」は、藤井証言を踏襲している。

Ｖ１にしてみれば、「もうかかわりあいになりたくない、何遍も警察に呼ばれるのはいやだ、早く犯人が決まって、早く忌まわしい記憶を忘れたい」という気持ちが強かったであろう。少なくとも、そうしたバイアス傾向を警察が利用したと言える。

以上の経過で、Ｖ１とＶ２の犯人識別手続きは終わっている。とても正当な捜査とは言えない。第一、結果として氷見署の犯人識別捜査は、完全な間違いに終わっているのだ。これをどのように言い訳しようにも逃れられない。総じて完全な誘導によって被害者・Ｖ１とＶ２は、警察の餌食にされたのだ。

## ⒀　記憶喚起の心理学と取調べ

　犯罪被害を受けた被害者が、警察の捜査に協力して、犯人の人相・特徴についての記憶を喚起し、そのイメージを言葉に置き換えて説明する、その全過程を心理学的に分析することは可能であり、その分析を踏まえることなく、被害者から出た言葉を捜査に直接利用することは避けるべきであり、本来一般的な心理学基準に則して慎重に事を運ぶべきである。

　犯罪に遭遇した被害者の記憶は、鮮明なものだけとは限らない。モヤモヤしている部分もあるのは当然だ。それを、まず自分で喚起する過程もあるだろう。警察官の要求に応じて、喚起させられるという過程もある。その後、喚起した記憶のイメージを説明する、つまり言葉に置き換える過程があり、それは言葉に置き換えさせられる過程にもなる。反問され、再度記憶を喚起し、再度別の言葉に置き換える。その行ったり来たりの繰り返しが、結果として「供述調書」になる。だから内容が「私はそのとき……」と書いてあっても必ずしも「供述者」の正確な意識（意図）が反映されるとは限らない。

　被疑者であっても被害者であっても「供述調書」は一種類である。明治時代から続く、お上の取調べ「調書」なのである。参考人であろうと被害者であろうと、お調べの対象なのだ。

　Ｖ１もＶ２も、上述の原則のなかに、否応なく呼び込まれたのだ。

## ⒁　中越ら捜査員の言葉による誘導の痕跡

　中越は、氷見事件の「１月」と「３月」を通じてさまざまな捜査に関与し、かつ「８月」でも捜査に関与し、複数の供述調書・報告書などを作成している。

　「１月」「３月」に関して、Ｖ１とＶ２それぞれの、犯人についての主として人相が、どのように取調べられ、記録されているかをみてみると、そこには明らかな誘導の痕跡がある。つまり、もしかすれば、中越自身は意識せずして、上述の心理過程を分析することなく、被害者の記憶を誘導する役割を演じてしまっているのかもしれないが、それは本来許されることではなく、「性犯罪捜査員」としては失格と言わざるを得ない。

5　似顔絵捜査と被害者　83

まず、Ｖ１。

　事件当日須加刑事と中越の二人でＶ１と対峙、Ｖ１は犯人について、「面長、ヤセ型」と述べた（この「報告書」は須加作成・中越立会い）。中越は、やはり当日、似顔絵の島田とともにＶ１から聴取、犯人は、「目大きく二重、鼻高い、顔細長く、肉付き普通、眉普通、日焼けしていない、髪黒色、普通にしていれば美男子」となっている（島田メモ）。同日の「本部長指揮事件指揮簿」には「おも長、目がキョロっとして、やせ型」と記載（中越・須加などからの情報による）。事件８日後のＶ１「供述調書」の記載、「目は大きくはっきりしている、がっしりした体格ではない」とし、面長が消える。写真面割り後の「供述調書」の記載、「顔の輪郭や鼻筋の通った高い鼻、目がぱっちり」、ここでも面長はない。単独面通し後の「供述調書」の記載、「大きな目、輪郭、高い鼻、声の感じ、口元」、と、面長はない。

　次にＶ２。

　事件当日、似顔絵の島田に対し、「中肉、髪黒色、ボリューム有、ボサボサ、目大きく、優しい感じ、二重、眉太い、口と鼻はマスクで隠す、顔肉づき少ない、やせた感じ、顔色やや浅黒」（中越立会い）。中越の「供述調書」の記載、「目が大きくて、ぱっと見て優しそうな男」。写真面割り後の「供述調書」の記載、「目がぱっちり、輪郭が細く、鼻筋の通った高い鼻、輪郭もあごの感じが良く似ている」と、大きなマスクをしていたとすれば見えないはずの鼻について矛盾する指摘。写真面割り後の中越「報告書」の記載、「目のぱっちりしているところ、輪郭の顎の感じ、鼻筋の通った高い鼻」。いよいよ「大きなマスク」とは矛盾する報告となっている。次の単独面通しでは調書も報告書もなし。面通し後の「本部長指揮事件指揮簿」の記載、「この人だとまでは言い切れないが、顔の輪郭、背丈等から犯人と似ています」と述べた、となっている。

　以上の言葉だけをみれば、Ｖ１とＶ２の印象には、共通の真犯人を想定しての特徴指摘もうかがえる。しかし、これだけのデータとしてみた場合、当初に強調されていた「面長、やせ型」はＶ１、Ｖ２に共通して写真面割りの段階から消えて行き、「目ぱっちり」の傾向に統一されていくのである。これは、中越も捜査幹部も無意識・有意識に陥った思い込み、あるいは願望を反映しているとみることができる。つまり、柳原氏が容疑者として浮上した後は、どんどん「面長」が無視され、「目ぱっちり」になだれ込んでいく現象と言えるのである。こうした捜査側の思い込み意識が、被害者にも反映、つまり誘導ベクトルとなって被害者供述を牽引していったと認識していい。

## ⒂ 氷見8月事件の中越

柳原氏の刑事裁判が始まったばかりの8月19日、氷見市内で同じ真犯人による「8月」事件が起き、中越はこのときも被害者から事情を聴取し、あまりにも「1月・3月」と手口が似ていることに気が付いた。

似顔絵は、本部の島田ではなく、氷見署鑑識係・西野友章が描いた。その似顔絵は国賠の最終段階で開示された。慣れていないのか、エンピツの細めの線で探るように描かれているが、全体の雰囲気は、やせ型、面長の感じで、「1月」の似顔絵と共通性をもっている。少なくとも、「3月」の似顔絵とは違う（8月事件の似顔絵参照）。

やはり、「3月」の似顔絵だけが、面長でもやせ型でもなく、柳原氏に似ており、エンピツの線が太く、イメージを探るのではなく、決まっているイメージを写し取っているように見える。

富山県警本部では、8月事件発生当初、「本部長指揮事件指揮簿」の書式と似た書式で、「捜査報告」というものが作られた。それを作成した捜査一課課長補佐・澤田章三は、その書類作成は私のミスだったと証言した。どこがミスなのかまでは明らかにならなかったが、ともかく8月事件発生で、普通なら「本部長指揮事件指揮簿」とすべきところを「捜査報告」とするなど、混乱があったことを澤田自身が認めていた。事件発生4日後に澤田は、氷見署の附木係長をつれて石川県警本部と津幡署に行き、石川5月・6月事件の資料をもらい受け、氷見8月事件と比較して、それぞれ別の犯人であるという虚偽の報告をして氷見1月・3月事件が冤罪であることを隠ぺいした（本部長指揮事件指揮簿に添付の一覧表図版を参照）。

## ⒃ V1とV2の犯人識別記憶の確かさ

V1とV2が、結局誘導されてしまったのは、実は彼女たちは、玄関から入って来た犯人を短時間しか見ていない、「顔を見たな」と脅され、刃物を突きつけられて、犯人の顔を覚えてはいけないと思い込まされ、目隠しをされたりして、恐怖のパニックに陥り、犯人の顔をちゃんと記憶することができなかった、つまり記憶が曖昧で、よく覚えていないから、あとでは警察の誘導に乗ってしまったのだ、と説明するしかない、そう説明したほうが裁判所に対しては、分かりやすいと言う弁護士もいた。

だが私はそうは思わない。記憶が薄いから誘導されたという解釈は、分かりやすいかもしれない。だが、実際は違っていたのではないか。誘導されたのは、

1/14. 強姦

乙C34号証（本部鑑識島田稔久1月14日作成）
**1月事件**

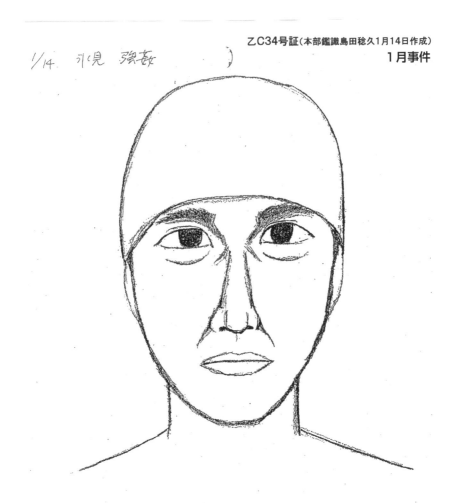

30歳位, 身長170cm位, 体格普通, 白色無地タオルを頭に巻く
目大きく二重, 鼻高い, 顔細長く肉付き普通, 眉普通, 日焼けしていな
髪黒色だと思う
深緑系(?)のジャンパー.　普通にしていれば美男子

65%

乙C47号証（本部鑑識島田稔久3月13日作成）
**3月事件**

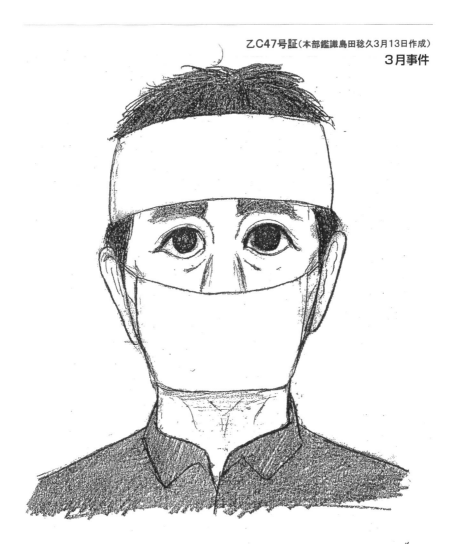

年齢35才位. 身長165cm位、中肉、頭に白色無地のタオルを巻く
髪（黒色、ボリューム有）、 目大きく優しい感じで二重、眉太い
  ボサボサ
口と鼻はマスク隠す. 顔肉づき少ない、顔色やや浅黒.
           (やせた感じ)
紺色作業服                3/13. 氷見  強制わいせつ  80

5 似顔絵捜査と被害者　87

甲115号証（氷見署鑑識西野友章8月19日作成）
## 8月事件

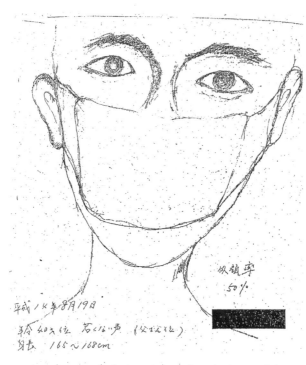

彼女たち自身にも要因があったのだという考えは、警察の言い訳のストーリーを強化するだけで、そもそも間違っている。

　彼女たちはむろん、冷静でいられたのではなかったであろうし、ゆっくりと犯人を観察する余裕はなかったであろう。だが、犯人とは30分くらい、あるいは１時間くらい、対峙していた。緊張もしていたであろう。しかし、自分にとって重大な出来事であり、会話も交わしたのだから、それなりの印象は持ったに違いない。Ｖ２は、犯人に対して抵抗し、犯行を途中でやめさせ、自首してくれと犯人を説教した。犯人は自分の身の上話のようなことも喋ったということだ。その相手を、簡単に忘れたり、間違えるわけがないとさえ言える。

　彼女たちは、供述調書に記録されるため、正確に話さなければならないと分かってはいても、人間誰しもあることだが、突差に質問され、ニュアンスの違うことを言ってしまうこともあったかもしれない。前言と矛盾する発言もあったかもしれない。だが、記録された証拠を整理して読み込めば、大部分は正しい印象であり、正しい記憶だと了解できるのだ。

　Ｖ１は、犯人の身長について、「自分より高く、父親よりは低い」と、非常に冷静に供述した。タオルで目隠しをされたにしろ、その前には玄関で顔を合わせて短時間ながらも犯人の顔を見ているし、犯人とは一定時間を過ごす経験もしている。また、人相についても、<u>面長、やせ型</u>など、的確な観察もしている。

　だから私は、記憶が曖昧だから誘導されたという考え方に賛成できず、前述したとおりの心理と経緯があった……、したがって、記憶の点で彼女たちには劣るものはなかった、にもかかわらず、間違った識別の記録を残しているとすれば、それは記録した警察のほうがおかしいのであり、私たちとしては、むしろ警察の強引な誘導の存在こそを糾弾しなければ、事件の謎を解明できないと確信する。

　Ｖ２にしても、前述したとおり、あるべき供述調書を残さず、中越をはじめ警察をさんざん困らせたのである。そこに着目すれば、彼女への誘導の、本当の意味での悪質さが浮かんでくる。Ｖ２は、柳原氏が犯人だとは一度も言っていないと考えられる。にもかかわらず、Ｖ２の指示で描かれたという似顔絵が、柳原氏に似ていることが、そもそも奇っ怪であり、３月事件の似顔絵は真正に作成されたものではないと、私は確信する。

⒄　Ｖ１、Ｖ２の証人請求

　捜査の端緒への大きな疑問および被害者による犯人識別供述の根本的な間違いについて、さらなる確証を得るべく、国賠訴訟の後半段階になり、弁護団は、Ｖ１およびＶ２の証人を検討し、裁判所に請求した。

　弁護団の度重なる要請（陳述書作成）を拒否し続けた運転代行業の女性社長も証人請求の対象だった。ところが、捜査に関与した警察官のうちぜひ証人喚問してほしい者も多数おり、被告側からも捜査幹部数人が証人請求されており、当然個人被告の長能取調官および松井検察官も喚問する必要があり、人数制限を受けて、難しい局面を迎えた。

　せめてＶ２だけでも、似顔絵作成と写真面割り、単独面通しの経緯だけに尋問事項を絞り、非公開の場で証言を得たいと弁護団から裁判所に「証拠申立書」を提出したが、裁判所は結局Ｖ２の証人を採用しなかった。柳原氏が犯人だと述べたことはないという彼女の真意を、国賠裁判の記録に残し、警察の杜撰な言い訳を否定するチャンスが失われた。残念なことである。


⒅　**法廷の中越**

　中越由起子・性犯罪捜査員が証人として法廷に来たとき、弁護士の尋問に対して次のとおりに述べた。

　本件の真犯人が別に逮捕されたことを聞いたとき？

　「ただびっくりしました。その話を聞いたときには本当に」

　また、３月事件の被害者から話を聞いた状況として、

　３月事件被害者が、（犯人は）マスクをピョンピョンしたので、顎とかこの辺が見えていた？

　「はい」

　この辺というのは、口とか顎の辺りということ？

　「そうだと思います」

　どこを指して？

　「結局、マスクをしていたから見えていないんじゃないのかということを、私確認したんです。そうすると、ピョンピョンとしているから見えてますよ、と言われたんです」

　手をこうして？

　「そうです、こうした」

　顎とか口の周りを？

**90**　第３章　国賠で分かったこと・分からないこと

「こう円を描くようにして」

　円を描くように？　被害者がここ見えてましたよって言った？

「そうです」

　中越は、犯人がマスクをつまんだ様子を、Ｖ２がやったことを再現して、自分の手を自分の顔の前に伸ばして回すしぐさをしてみせた。

　この点で中越は、島田よりもずっと真相にせまったやりとりをＶ２とのあいだで行なっている。島田のウソを示す中越証言だった。

　中越は、「８月事件」の際に、手口があまりにも「１月・３月」と似ているので、その旨刑事課の係長に報告したところ、「１月・３月」は、「もう行ってしまった」のだから解決済みだと言われたとも証言した。これも、氷見署内の雰囲気を端的に示しており、興味深いところだった。しかし中越は、組織に縛られて、内部告発者になることを、自ら押さえ込んだ。

　中越は、自分が取った調書や自分の報告書については非常に口が硬く、県警の訴訟代理人たちとのあいだで、さんざん証言の練習をやってきたことをうかがわせた。自分は「ニュートラル」な立場で、書類はすべて供述者が言うとおりに記録しただけだと強調し、供述の際の周辺事情については、一切喋ろうとしなかった。

　証言が終わったとき、役目をうまく果たすことができたかどうか、余計なことを述べたりしなかったかを、反芻するように緊張した表情で立ち上がった中越は、顔も手も真っ白で、コチコチの状態だった。

# 6　原告証言と PTSD

## (1)　損害論主張と原告

　氷見国賠裁判の第９回口頭弁論（2011年４月20日）において、原告弁護団は準備書面16を提出し、損害賠償の主張をおこなった。その中で、「逮捕・勾留・服役と不当に身体を拘束されたため、その間、職につくことができず、収入を得ることができなった」ことにくわえ、「違法な刑事手続を受けたことにより不当な身体拘束をされたことに甚大な精神的被害」を受けたことを強調した。

　柳原氏が、違法な取調べと身柄拘束、被告長能ら捜査機関の心ない言動を受け、家族・友人との断絶を余儀なくされ、捜査から裁判、刑務所において、真実の声を押し殺して犯罪者を演じ、判決や刑を受け入れざるをえなかったことで甚だしい心の傷を負った。こうした冤罪被害は無罪判決によって容易に消え

るものではなく、就労の困難さも引き起こしていると指摘し、逸失利益にくわえ、冤罪によって現在まで続く精神的被害に対する慰謝料を請求した。

2011年11月9日の第12回口頭弁論において提出された準備書面24では、身体拘束期間、身体拘束以後の裁判、服役、出所後について、具体的に精神的ダメージをどのように受けてきたか、それによって労働能力が失われ続けている実態を指摘し、逸失利益の算定の基準になる期間として、逮捕時から刑務所を出所するまでの1005日間の身体拘束期間のみならず、身体拘束以後、現在に至るまでを含めるべきであるとあらためて主張した。

また、被告県が身体拘束期間を他事例と比較して原告の賠償額を過大だとする主張に反論し、慰謝料の判断においても、柳原氏が、被告の違法行為によって人生の中核である40歳前後を失っただけでなく、その影響を現在も受け続けている深刻な状況が存在することを考慮しなければならないと主張した。

## (2) 原告の PTSD についての専門家の意見書を提出

2013年12月16日の第23回口頭弁論において、原告弁護団は、柳原氏が冤罪事件によってPTSD（心的外傷後ストレス障害）の症状があることを指摘する東大病院精神科医師による「診断書」（甲139号証等）、心理療法士による意見書（甲142号証）とを提出した。これまでの原告の主張を裏付けるものであった。

柳原氏は上京後も取調べのフラッシュバックや不眠を訴え、弁護士の紹介を受けて2011年5月から東大病院精神科に通院するようになり、投薬などの治療を受けていた。支援者とともに仕事探しもしたが就労困難な状況が続いていた。東京大学医学部付属病院の医師による診断は、強い苦痛を体験した取調べの場面が、苦痛な思いを伴って、目の前にはっきりと見えるような形で想起されていて、それが睡眠中にも繰り返されるなどの再体験症状があること、人が集まっていると自分のことを言われているのではないかと感じて避けて孤立を感じてしまい物事を楽しめないといった回避症状、脅されている場面の夢を見続けて睡眠が取れないなどの過覚醒症状が継続しているとして心的外傷後ストレス障害（PTSD）と診断する、投薬などの治療を続けているというものであった。

さらに、EMDRという心理療法をおこなう臨床心理士を紹介されカウンセリングを受けるようになった。これら3名の臨床心理士による意見書は、柳原氏と20回におよぶ面接をおこない、柳原氏からの聴き取りと並行した心理検査、心理療法をふまえて、PTSDの原因にもふみこんだものであった。その概要を紹介する。

当初の面接で取調べ場面が突然頭に浮かんだり、夢に出るという柳原氏からの聴き取りがあったことから、トラウマ研究を専門とする臨床心理士による心理検査がおこなわれ、PTSD（心的外傷後ストレス障害）の症状が確認された。この心理検査で、東大病院の診断と同じ「再体験症状」「回避・感情麻痺症状」「覚醒亢進症状」が確認され、社会機能の障害は重度と診断された。

　その後、トラウマに焦点をあてた心理療法（EMDR）がおこなわれ、「取調室の場面」の記憶については、想起しても不適応症状が起きないように軽減されたが、そのほかの解決されていない記憶については、身体の不適応症状が現れ、それ以上治療できなかったという。意見書は、こうしたことをふまえ、「今後、証人尋問等によって過去の記憶に直面させられた際には、PTSD症状の悪化が十分に予測される」と指摘している。

　問題はこうした現在まで続くPTSD障害の症状の原因である。意見書は、面接における聴き取りから、とくに逮捕前の3日間の取調べの酷さを指摘する。「被害者は犯人は死んだ方がいいと言っている」「お前は死んだ方がいい」などと警察官から言われたこと、亡母の写真を見せられ「やっていないと言えるか」「天国の母は泣いている」などと問い詰められたこと、子どもの頃から世話になり信頼している姉が「間違いないからどうにでもしてくれと言っている」と警察官に言われたこと、これらの警察官の言葉に大きな衝撃を受け、「家族に見捨てられた」という思いから絶望感に支配されたこと、こうした取調べの後に、犯行を認める虚偽の自白を始めている。

　さらに、逮捕後の取調べで虚偽の自白をさせられ、それを維持し続けなければならなかったこと、国選弁護人が無実を信じてくれず、賠償金を払うことをすすめたこと、誰も信じてくれる人がおらず孤独感を深めたこと、判決後も弁護士から刑務所に行くよう言われたこと、「自分は罪を犯した人間として刑務所に行くしかない」と言い聞かせて服役したこと、逮捕後に父が亡くなったことを告げられたこと、再審無罪後に警察に騙されていたことを知り、一層不信感を強めたことなど、冤罪によって柳原氏が受けた外傷体験を指摘する。まったく関係のない犯罪を認めさせられ、罪を犯した人間になりきるしかなかった苦痛の大きさははかりしれない。

　こうした外傷体験が原因となって、2007年の再審無罪後のころから、原告は取調室の様子や取調官の声や顔、逮捕される場面などが突然頭に浮かぶようになり、2010年に上京してからもフラッシュバックが続くようになる。

　意見書は心理検査の結果をふまえて、大きなストレスを体験した人に見られ

6　原告証言とPTSD　93

る解離が柳原氏に見られることも指摘している。実際におこなった行為の一部や全部を覚えていないことや、もう一人の自分がいて頭の中でその声が聞こえる、周囲が実感をもって感じられず、自分の体が自分のものでないように感じるといった傾向である。

そして、みずから冤罪の責任を問うために起こした国賠裁判の過程で外傷体験の2次被害を受けていると指摘している。被告である警察、検察の対応に怒りがこみあげ、真相を明らかにするべく開示された書類がほとんど黒塗りであったことなど不信を募らせ、弁護士からの聞取りや陳述書を書いたりするときに、取調べ場面が再体験（フラッシュバック）されるなど、「外傷体験の二次被害としてのさまざまな傷つきを経験している」と意見書は指摘したうえで、「今後、証人尋問などの手続きが行われる中で、その緊張やストレスが繰り返されるおそれが強い」と述べている。このことは後述するように原告の証人尋問の際に実際に現れたのだった。

臨床心理士3名の意見書は、原告が虚偽自白をさせられ、無実の罪で服役させられた過程で、集団からの威圧、暴言、理不尽な扱い、周囲に助ける者がいない孤立等の外傷体験を受け、その影響によって、原告の症状はPTSD（心的外傷後ストレス）であり、それを現在もなお抱え、生活全般に多大な影響が生じていると結論づけた。

原告が通院した東大病院の医師の診断書、臨床心理士の意見書のいずれも、冤罪による精神的ダメージが現在も続いているという原告の主張を専門家が裏付けるものであった。

### (3) 原告、証人尋問で体調を崩す

2013年10月21日、第22回口頭弁論で原告本人の証人調べが始まった。柳原氏に対する被告側の意地悪で酷い反対尋問が予想された。柳原氏が証言するというので、足利事件の菅家氏、志布志踏み字事件の川畑幸夫氏も傍聴にかけつけていた。菅家氏も、再審の法廷で取調べテープの再生がおこなわれたときなど、法廷に出るだけでも体調が悪くなることがあった。柳原氏も国賠裁判が始まった当初、そもそも法廷に出ることじたいがつらいと語っていたが、ウソの供述をさせられ、誤った裁判で有罪判決を受けた法廷に二度と立ちたくないというのが冤罪被害者の気持ちであろう。

原告弁護団の主尋問の後、被告県（警察）代理人の弁護士からの反対尋問が始まった。反対尋問は、取調べを受けた当時（2002年4月）の柳原氏の記憶に

ついて執拗に質問を繰り返し、記憶があいまいではないか、陳述書に書かれていることは記憶にもとづいて書かれたものなのかと問い詰めるものであった。11年前の記憶であり、その後の冤罪被害を考えれば、義姉への電話の内容や国選弁護人とのやりとりについて、人はどれほど正確な記憶を保持しているだろうか。任意の取調べ段階で柳原氏はアリバイを主張していなかったということを被告側は言いたいようであったがそもそも意地悪な追及だ。被告県（警察）代理人の弁護士は、同様の質問を繰り返し、これは本当に覚えているのか、陳述書は記憶にないことを書いたのかと問い詰めた。おまえの言うことは信用できないと責め立てるような尋問であった。昼の休憩をはさみ午後の法廷再開後すぐに柳原氏はどす黒いような顔色となり、苦しそうに「今は具合が悪い」と述べて、裁判長が裁判所内の医務室で休むことを許可し、休廷した。体調は戻らず、裁判長もストレスによって過呼吸がおきてあのような状態になると述べて、反対尋問を次回期日に延期することを決めた。

　延期された反対尋問が予定された2013年12月16日の第23回口頭弁論において、原告弁護団は、裁判所と被告らに対して、前記の東大病院医師の診断書と臨床心理士の意見書を提出するとともに、前回の口頭弁論で原告が体調を悪くした症状が精神的なものであり、PTSDの症状が出た可能性が精神科医師やカウンセラーから指摘されたことを伝え、原告の本人尋問に際して、配慮するよう求める要望書を事前に提出した。柳原氏は、前回の尋問で体調を悪くしたとき、被告側の尋問が取調べとよく似た状況になったと証言した。

## ⑷　被告側が PTSD 診断を否定する意見書を提出

　専門家による診断書、意見書の指摘、実際の法廷での原告の体調悪化は、過酷な取調べ、虚偽自白の強要、冤罪による服役という外傷体験を受け、その影響によって、原告がPTSD（心的外傷後ストレス）に罹患し、それを抱え続け、生活全般に影響が生じていることは明らかであった。ところが、被告側は、原告がPTSDとした東大病院の医師の診断を否定する医師の意見書を提出してきた。2014年7月の第26回口頭弁論において提出された富山県心の健康センターの医師の「医学意見書（乙A第80号証）」は、東大病院の医師の診断の根拠となった基準に原告の症状は合致していないという形式的なものであった。たとえば、原告の受けた体験はPTSD診断基準にある「実際にまたは危うく死ぬまたは重傷を負うような出来事を、1度または数度、あるいは自分または他人の身体の保全に迫る危険をその人が体験し、目撃し、または直面した」とはいえないな

6　原告証言とPTSD　**95**

どというものである。意見書を書いたこの医師は原告から直接取調べや獄中での体験を聞いたわけではない。原告の体験を「取調べで拳を突き付けられたという態度での暴力的行為」と限定し、基準に合致しないというのだ。原告の受けた取調べでの過酷な体験は、たとえば被害者が死ねと言っているといわれるなど拳を突き付けられただけではないし、原告は任意の取調べ段階から服役後まで自殺を図ったりしていることもこの意見書は触れていない。冤罪被害者の心の傷はこうした取調べの体験にとどまらない。不本意な虚偽自白をした自分を責める冤罪被害者もいる。さらに原告は冤罪によって性犯罪者というレッテルをはられて服役までしているのだ。被告側の医師の意見書は、取調べの過酷な実態や原告の体験をまったく無視した不当な内容であった。こうした意見書を提出して原告の受けた被害、損害を否定しようとする被告側の姿勢こそ指弾されなければならない。

　原告弁護団は、PTSDの診断をした東大病院の医師による反論の意見書を同年9月、最終準備書面とともに提出した。東大病院医師は、原告に対して通院治療をおこない、原告の体験と現在にいたる症状を丁寧に聴き取ったことをふまえて、原告の症状がPTSDの診断基準のいずれにも合致していることを詳細に指摘し、被告側意見書に反論した説得力のある意見書であった。

## ⑸　違法捜査による原告の PTSD を認めた国賠判決とその後

　2015年3月9日、富山地裁の国賠判決は、「本件訴訟に提出された証拠によれば、原告は、捜査が違法となった日から刑執行終了日まで就労することができず、また、被告県の国賠法上違法な捜査によりPTSDに罹患したものと認められ（る）」として、逸失利益に、刑執行後から本件訴訟提起日前日までの期間について、基礎収入のPTSDによる労働能力喪失率0.35を掛けた分を加えた。また、「原告は、被告長能の違法な取調べにより虚偽の自白を余儀なくされ、これに基づき無実の罪で約2年1カ月間服役した。また、原告は、刑の執行終了後も家族や周囲から排斥され、十分な労働の機会を得ることもできず、再審無罪判決の確定後も、以前の有罪判決や服役の影響が完全に消失せず、周囲からの好奇の目に耐えかねて富山県内に住めなくなり、現在もPTSD症状に苦しんでいる。」（判決要旨）と認定し、慰謝料1500万円を損害額に加えた。冤罪を生む取調べ、誤った裁判が大きな心の傷を当事者に残し、無罪判決後も容易に消えないという原告側の主張を裁判所が認めたことは大きな意味があるだろう。

## ⑹　氷見事件から学ぶ〜無罪判決で終わらない冤罪被害

　柳原氏は、国賠判決後も仕事を転々とすることを余儀なくされたが、氷見に戻り、苦労しながらなんとか安定した生活を確立しようと努力している。

　国賠判決は警察の違法行為による精神的ダメージを含む冤罪被害が無罪判決後も続くことを認めたが、柳原氏本人がこれを乗り越えながら、2009年5月の国賠提訴から6年近くの裁判を闘ってこれたのは、弁護士と支援者、そして同じ体験をした冤罪被害者の仲間の存在があったからだといえよう。

　柳原氏は、国賠裁判の当初、富山で一人暮らしをしながらの裁判闘争中に一時、志布志で生活をさせてもらうなど、志布志事件で国賠裁判を闘う原告団や住民の人権を考える会の支援者との温かい交流が大きな支えとなっていた。上京後も就労や受けた心の傷に悩み、「いつまで裁判は続くのだろう」としみじみ語っていた。そのようなときに、足利事件で無罪をかちとった菅家利和氏は柳原氏が一人暮らしをするアパートを訪れ一緒に鍋を囲んだりしていた。

　氷見事件の国賠裁判には、菅家氏をはじめ、布川事件の桜井昌司氏、志布志踏み字事件の川畑幸夫氏、国賠弁護団の野平弁護士や原告団長の藤山忠氏らも裁判傍聴や支援集会に参加された。そうした支えや支援と弁護団の活動があって国賠裁判を最後まで闘うことができた。

　アメリカにおける冤罪救済の運動を紹介した『無実を探せ！　イノセンスプロジェクト』（現代人文社、2009年）に「世間というものは、誤判を受けた人々をすぐに忘れてしまうものである。世間はまた、犯罪被害者を長い間待つということもしない。収監者が身の潔白を証明して帰宅するとき、カメラが1〜2日はつきまとう。その後はいなくなる。犯罪被害者や自由の身になった収監者はまた再び自分一人だけになり、往々にして何もかも失う」というイノセンスプロジェクトのメンバーの言葉が引用されている。この本の監訳者である指宿信・成城大学教授は解題で、冤罪から救われた受刑者の支援を見逃された重要なテーマと指摘している。冤罪被害者が長期にわたる獄中生活期間中、積み立てていなかったとして年金を受給できない問題もある。身柄拘束、人権を無視した取調べ、圧力の場でしかない裁判に苦しんだ冤罪被害者は、無罪で終わらないさまざまな問題をかかえつづけることを忘れてはならない。権力犯罪の被害者に対する物心両面の保障と修復を制度としても考えなければならないと痛切に感じる。氷見事件の国賠裁判は、その意味でも大きな教訓を残したといえるのではないだろうか。

## 第4章

# 国賠裁判の歴史と氷見国賠判決批判

## 1　国賠法の成立とその後の冤罪国賠

　柳原氏は2009年5月14日、国家賠償法に基づく損害賠償を求める訴訟を提起した。国賠法は第1条に公務員の故意・過失による違法行為で損害を受けた者には国家が賠償する、と明記している。第二次世界大戦直後、日本は占領軍の支配下に置かれ、「民主国家」への転換をめざす憲法草案が提示された。この草案が第1回国会で審議されたが、このとき、各政党の提案によって、この草案にはなかった国家賠償の責任が盛り込まれた。これが国家賠償法であった。戦前・戦中の天皇を中心とするこの国では多くの弾圧が行なわれ、多くのひとびとが迫害されきた。この時代、迫害されたひとびとが国家へ損害賠償を請求することは「国家無答責」の法理があるとして排除されてきた。その過去の反省にうえに立って、国賠法は成立した。

　しかし、国賠法が成立以降も多くの冤罪事件が生まれたが、（経済）大国に復活するとともにこの国の司法はますます後ろ向きになり、冤罪事件での国の責任を追及することはますます難しくなっていく。戦後の松川事件、芦別事件などでは、刑事裁判の無罪がつづき、その後の国賠では、冤罪やでっち上げを許さないという下級審の"勝訴"判決もあったが、多くは最高裁でひっくり返されていく（まとめ「これまでの主な国賠裁判」を参照）。そのなかで松川事件（国は上告せず東京高裁確定）のみが画期的な勝訴を勝ち取ってきた。同事件判決は、公訴の提起と公訴維持の違法を明確化したうえで、警察の捜査については違法性を検討するまでもないと厳しく批判した。さらに諏訪メモなど重要証拠の隠

**98**　第4章　国賠裁判の歴史と氷見国賠判決批判

匿を図った検察官の「真実義務」違反を鋭く指摘している。その後、鹿児島の鹿屋（夫婦殺し）事件では、最高裁が刑事事件の段階で有罪判決をくつがえし、逆に冤罪事件判別の基準や検察の警察に対する捜査指揮の怠慢を許さない基準も示し、差戻し審の無罪確定後の国賠でも原告側を勝訴させた。判決では、検察官が、警察官の違法な取調べなどに対して、積極的に捜査指揮権を発動するなどして、これを阻止しなかった不作為を違法と断定した。国と県は上告できず判決が確定した。

　その後は逆風がつづく。弘前大教授夫人殺害事件や松山事件の再審無罪国賠は「再審無罪判決を前提とする国賠訴訟は、逮捕、起訴などの時点に存在した資料に基づき、当時の視点で判断すべきである」として原告敗訴が続いた。弘前大事件では、刑事裁判で懲役15年の有罪が確定し、その後、真犯人が判明し、再審にこぎつけたが、ようやく無罪を得たものの、国賠では原告敗訴となった。検察は、根拠もないのにあくまでも真犯人を認めないスタンスをとった。再審無罪国賠は、さらに高いハードルが続いている。

　そして筆者らの1970年代には、警視総監公舎事件、土田邸・日石・ピース缶事件、沖縄ゼネスト警官死亡事件の冤罪事件が起きた。これらの刑事裁判はいずれも無罪を勝ち取ったが、国賠では警察の一部違法（警視総監公舎事件、土田邸・日石・ピース缶事件）を認めただけで、実質敗訴した。沖縄ゼネスト警官死亡事件の国賠は東京地裁では検察官の起訴は「予断と偏見に基づいたもので違法」とし勝訴した。東京高裁でも勝訴したが、最高裁で差戻し判決、東京高裁の差戻し審では請求棄却の判決、そして上告棄却判決により確定し最高裁の厚い壁を突き破ることはできなかった。警察の違法はある程度は認めても、検察の起訴違法は認めないというのが、最高裁のスタンスであった。その流れ（判決）は現在も続いている。「国賠ネットワーク」を立ち上げたのもこの時期、国賠法の形骸化を許さず、この流れを阻止していこうと設立された。

# 2　職務行為基準説が足枷

　松川事件（無罪）以後、芦別事件（無罪）、弘前事件（再審無罪）の国賠は一審勝訴判決であったが、ここから検察の巻き返しが始まり芦別も弘前も国賠二審で全面敗訴し、最高裁で確定してしまった。職務行為基準説での巻き返しである。芦別国賠最高裁判決（昭和53年10月20日判決）から沖縄ゼネスト国賠最高裁判決（平成元年6月29日判決）を経て職務行為基準説が定着（結果違法説は論外と

される）し警察官、検察官の違法を免罪する論理ができてしまった。検察では「自白が存在する限り起訴は違法でない」ということが芦別国賠以来の国賠に対する姿勢（請求排斥）となった。再審無罪国賠に対する最高裁の姿勢は、さらに厳しく、再審の門を開いた段階で「再審は認めるが、国賠までは認めない」ことが前提にあり、再審国賠では、裁判官の責任（誤判）が、より一層問われるはずであるが、最高裁の姿勢は断じてこれを認めようとしない（次頁の「これまでの主な国賠裁判」参照）。

　氷見国賠は再審無罪国賠であるが、この壁（職務行為基準説の定着）にどう風穴を開けていき突破していくか、大きな課題であった。氷見国賠では職務行為基準説の一見明白説（行き過ぎ）、合理的理由欠如説（有罪判決を得る合理的根拠が欠如）を主張していくことになるが、他の再審無罪国賠と異なり、氷見国賠では「真犯人登場」により検察官自ら「再審請求」を行い、当初から検察・警察とも「謝罪」するという異例の経緯をたどってきた。氷見国賠は有利な地位を占めていたのだ。検察・警察は柳原氏が完璧な冤罪者であることに、異議を申し立てる余地がなく、満期に近い服役までさせられたのだから国は柳原氏の怒りに抗弁できない。賠償請求額を1億円の大台に乗せたのも強姦犯の汚名を着せられ服役までさせられてからの国賠は前例がなく、奪われた時間、奪われた名誉、破壊された人生を取り戻すことはできないという象徴的な意味もあった。勝算は十分にあり職務行為基準説に風穴を開けることができると判断した。布川事件国賠でもそうであるが国は恥も外聞も面子も捨てて、すでに無罪確定がなされたにもかかわらず有罪説にしがみつき、裁判所に救いの手をさしのべるという"悪態"は通用しないはずであった。

　無罪国賠では新しい動きもあった。厚生労働省の文書偽造事件で無罪が確定した元局長村木厚子氏は不当な逮捕・起訴で精神的苦痛を受けたとして、国と前特捜部長大坪弘道被告（＝犯人隠避罪で起訴）、主任検事を務めた前田恒彦被告（＝証拠隠滅罪で起訴）、取調べを一時担当した國井弘樹検事の3人に国賠を提訴していたが、被告国は、実質審理をしないまま、訴えを認める「認諾」で終結させた。「真相究明」は闇のままで、早期幕引きを図ろうとしたのであろうか。

　氷見国賠は国賠の重い歴史を背負いながら2015年3月9日判決を迎えた。

## これまでの主な国賠裁判

### ■松川事件
〔刑事裁判〕 1949年発生の東北本線松川駅付近で起こった列車転覆事件。乗務員3人が死亡した。国鉄や東芝の労組幹部ら20人が関わったなどとして逮捕、起訴された。一審では全員が有罪判決を受け、うち5人が死刑判決だった。だが1963年、被告のアリバイが証明されるなどして、最高裁で全員の無罪が確定。
〔国賠裁判〕 冤罪無罪国賠。1969年国賠一審（東京地裁）、1970年二審（東京高裁）で原告全面勝訴、二審の確定判決は公訴の提起と公訴維持の違法を明確化したうえで、警察の捜査については違法性を検討するまでもないとした。検察は上告せず確定。諏訪メモなど重要証拠の隠匿を図った検察官の「真実義務」違反を鋭く指摘。歴史的金字塔。

### ■芦別事件
〔刑事裁判〕 1952年発生。国鉄根室本線の鉄道線路がダイナマイトで爆破されたという事件。第一審は一部無罪、被告人・検察が双方控訴。控訴審は、「本件にあっては、その組立てられた証拠関係において、人的な面からも、また、物的な面から数多の疑問に逢着する」としてすべて無罪。
〔国賠裁判〕 冤罪無罪国賠。一審で札幌地裁は捜査から公訴提起・追行に至る違法を指摘、原告全面勝訴。同二審は逆転敗訴となり、1978年最高裁は上告を棄却。原告逆転敗訴。

### ■弘前大教授夫人殺害事件
〔刑事裁判〕 1949年青森県弘前市で起きた殺人事件。那須氏は逮捕、起訴されたが終始無実を主張。仙台高裁が1952年、懲役15年の判決、確定し服役。その後、1971年真犯人が名乗り出る。仙台高裁へ再審請求、一度は棄却。1976年7月13日、再審開始決定。1977年2月15日仙台高裁、完全無罪の判決。
〔国賠裁判〕 再審無罪国賠。1981年4月、青森地裁弘前支部は再審無罪では初めての国家賠償を認めるが、裁判官の過失は否定、9700万円の請求に対し960万円の低額支払い判決。1986年11月28日、仙台高裁、原告勝訴部分も取り消し控訴棄却。1990年7月20日最高裁、上告棄却。原告逆転敗訴

### ■沖縄返還協定批准ゼネスト警官死亡事件
〔刑事裁判〕 1971年11月10日、沖縄で返還協定批准に反対するゼネストが行われ、そのデモの渦中、ひとりの警察官が死亡。松永氏は殺人罪で逮捕、起訴されたが、5年間の刑事裁判の末、福岡高裁那覇支部で無罪確定。
〔国賠裁判〕 冤罪無罪国賠。東京地裁の一審判決（1979年6月）は、謝罪広告は認めなかったものの、「検察官の起訴は予断と偏見に基づいたもので違法」とし勝訴。東

京高裁（1983年10月）も勝訴。しかし最高裁（1989年6月）で差戻し判決。東京高裁の差戻し審では、1992年3月26日請求棄却の判決。直ちに上告。1993年10月8日、上告棄却判決により確定。最高裁の厚い壁を突き破れず。原告逆転敗訴。

## ■鹿屋（鹿児島夫婦殺し）事件

〔刑事裁判〕 1969年、鹿児島県鹿屋市で夫婦殺害事件発生。被害者らの知人が、詐欺で別件逮捕。その後、長期間の身柄拘束の末に犯行を自白。起訴。第一審・二審において懲役12年の有罪判決。最高裁判所が法令違反及び重大な事実誤認を理由に判決を破棄し、第二審の福岡高等裁判所に差戻し。1986年、判決差戻審判において無罪判決・確定。福岡高裁は、「別件逮捕、拘置中の取り調べは任意捜査の限度を超え、自白調書に証拠能力がない。アリバイも成立する」と判断。

〔国賠裁判〕 冤罪無罪国賠。東京地裁に国賠提訴（請求額6100万円）。1993年、一審で警察官及び検察官の捜査追行上の違法を認定し鹿児島県と国に対して約3900万円の支払い命令。福岡高裁は1997年、国と県の控訴を棄却、賠償額を増額して認容。判決では、検察官が、警察官の違法な取調べなどに対して、積極的に捜査指揮権を発動するなどして、これを阻止しなかった不作為を違法と断定。控訴審判決に対して、国と県は上告できず判決が確定。原告は国賠控訴審中に死亡し遺族が承継。原告勝訴（1997年）。画期的な判決。

## ■ピース缶爆弾事件

〔刑事裁判〕 1969年から1971年にかけて、いわゆる土田邸・日石・ピース缶爆弾事件発生。刑事公判は、一審無罪、二審は途中検察の控訴取り下げで無罪確定。

〔国賠裁判〕 冤罪無罪国賠。一審判決は検察側元証人Kの偽証を認め、200万円の支払命令。しかし国、都そして検察、警察の個人責任はすべて却下。控訴棄却。更に上告するもこれも上告棄却、確定（2000年2月29日）。一部勝訴/実質敗訴。

## ■松山事件

〔刑事裁判〕 1955年に宮城県松山町で一家4人が殺された「松山事件」で死刑が確定、再審で無罪。

〔国賠裁判〕 再審無罪国賠。一審・二審とも棄却。請求棄却の理由として「再審無罪になり捜査機関、裁判所の行為が誤りだったと評価されても、当時疑いを抱かせる証拠が多くあり、逮捕、起訴などが違法だったとはいえない」として一審の地裁判決を支持、控訴を棄却。また判決理由で「再審無罪判決を前提とする国賠訴訟は、逮捕、起訴などの時点に存在した資料に基づき、当時の視点で判断すべきである」とした。原告敗訴（2001年）。

## ■名古屋窃盗指紋誤認冤罪事件

〔刑事裁判〕 1999年7月、名古屋市緑区の被害者宅に犯人が侵入、鏡台内の現金45万

**102** 第4章 国賠裁判の歴史と氷見国賠判決批判

円が盗まれた事件。指紋が一致したため電気工事業を営む青山さんが住居侵入・窃盗で逮捕。否認し、3年前に現場でエアコン取付工事をしており、そのときに油やパテの付いた指で付着させた可能性があると主張。2000年3月、無罪。検察は控訴できず確定。

〔**国賠裁判**〕 冤罪無罪国賠。2004年3月、一審勝訴。控訴判決は、ほぼ一審を踏襲。金額にわずかな変更があっただけで、国は上告せず確定。検察官は指紋が3年前のものである可能性を排斥しうる合理的根拠が客観的に欠如しているにもかかわらず、捜査を尽くさず、あえて公訴提起したとして起訴違法を認定。裁判所に対し保釈請求に関する準抗告と指紋に関する証拠保全の申立てを却下したことの違法を問うのに対しては、裁判官が付与された権限の趣旨に明らかに背いて権限を行使したと認める特別の事情は認められないと認定。裁判官の違法に関する違法性判断基準を示し、悪意や特別の意図はなかったとし、弘前大事件の最高裁判所例を踏襲した。原告勝訴（2007年）。

## ■宇和島冤罪事件

〔**刑事裁判**〕 1998年10月、愛媛県宇和島市の民家から預金通帳が盗まれた事件が発生。被害女性の知人の男性が逮捕・起訴。公判では全面否認。判決直前、別の事件で逮捕・取調べ中の被疑者が自供。判決予定日の4日前に釈放。判決は、借金返済のためという動機など自白を裏付ける捜査が行われなかったことを指摘、捜査を批判。無罪が確定。

〔**国賠裁判**〕 冤罪無罪国賠。自白を強要した捜査、捜査結果の矛盾を無視して起訴を強行した検察の違法を主張し逸失利益・慰謝料計1000万円の支払いを求める国賠提訴。2006年の松山地裁判決は、「自白を強要した事実は認められず、原告に対する疑いがあると判断する合理的理由があった。真犯人判明後の釈放が遅れたともいえない」と原告主張を全面的に退け、請求を却下。控訴審は高松高裁の強い勧告に基づき、2008年4月双方が和解案を受け入れた。和解金は国が100万円、県が500万円の計600万円。前文で「国と県が本件を真摯に受け止め、今後は警察権、検察権の適正な行使に務める」との文言が盛り込まれた。原告側は、被告側の違法性が推認できる金額と判断して合意。一審原告敗訴から、冤罪国賠ではほとんど前例のない実質勝訴といえる和解が成立。めずらしい和解国賠。

## ■郵便不正厚労省冤罪事件

〔**刑事裁判**〕 2009年。障害者団体向けの郵便割引制度を悪用し、企業広告が格安で大量発送された事件で大阪地検特捜部は2009年、自称障害者団体に偽の証明書を発行したとして厚労省の村木厚子元局長らを虚偽有印公文書作成・同行使容疑で逮捕・起訴した。大阪地裁は昨年、村木元局長に無罪を言い渡し、無罪判決が確定した。

〔**国賠裁判**〕 冤罪無罪国賠。郵便不正事件で無罪判決が確定した村木厚子氏が大阪地検特捜部による違法な逮捕・起訴で精神的苦痛を受けたとして国賠提訴。国側は休職中の給与分など約3800万円について、訴えを認める「認諾」で終結。「真相究明」は闇のままに。勝訴。「真相究明」は闇。

## 3　氷見国賠判決の概要

　2015年3月9日、氷見冤罪国賠の一審判決（富山地裁・阿多麻子裁判長）は、国と検察官・警察官の個人に対する請求は棄却したが、警察官の捜査における違法を一部認定した。

### (1)　県の違法認定は一部のみ

　判決は被告富山県の捜査の違法を一部のみ認定した。①犯人識別供述。任意捜査の段階で、客観的証拠はなく、積極証拠は各被害者の犯人識別供述であったが、その識別供述は誤識別を招く要素があり、高い信用性を置くことはできないものであったが、警察官らは1月事件被害者の面通しによる供述によって、原告を「犯人」とみなし、以後、強い心理的圧迫を加える取調べを行い自白させた。②「確認的取調べ」。逮捕当日の引き当たりで被害者宅を指示することができずに、警察官の誘導でようやく6軒目にして実際の家にたどりついたという事実。犯人の足跡痕から特定されたコンバースの靴の処分について、原告の供述が理由もなく三転したうえ、その裏付けもとれなかった事実。これらを過小評価して消極方向の検討を怠り、原告に「確認的取調べ」（警察官が自分の意図する答えが被疑者から返ってくるまで、同じような形の質問を続けて確認を求める手法）を行うことにより、被害者供述や客観証拠に合致する内容の虚偽自白をさせた。捜査は合理的根拠が客観的に欠如していたことは明らかであり、裁量を逸脱、濫用、国賠法上も違法であると判断。一方、アリバイを示す通話記録の見落としや血液鑑定の不十分さなど、原告が犯人ではないとする決定的証拠を検討しなかった点については違法ではないとした。

### (2)　国の違法性はなし

　検察官の取調べや公訴提起の違法については、警察官調書の内容を前提として「犯行状況」を確認するのは仕方のないこと、自白を信用し被害者の識別供述を信頼できるとして起訴したことはやむを得ないこと、検察官に違法はなかったと判断した。

### (3)　個人被告の損賠は求めることができない

　被告長能（警察官）、被告松井（検察官）が賠償義務を負うかどうかについて

104　第4章　国賠裁判の歴史と氷見国賠判決批判

は国賠法第1条第1項は国または公共団体に責任を負わせるものであり個人の規定はないとして、損賠を求めることはできないと結論づけ、ほんの8行で触れるのみ。いわば門前払いである。個人被告については原告側も十分に法律的組み立て（争点づくり）をしてこなかったことも起因しているようだ。

### (4) 損害

総額で1966万7733円。逸失利益を1291万7733円と算定。注目すべき点は、刑の執行終了以降も就労することができなかったのは、警察官らの違法な捜査によりPTSDに罹患した結果であることを認め、本訴訟提起までの損害を認めたこと。慰謝料は1500万円、かなりの額だ。逸失利益1291万円＋慰謝料1500万＝2791万円から刑事補償1005万円を差し引き、弁護士費用180万円を加算した1996万円7733円が賠償金である。また、2002年5月24日（氷見1月事件起訴日）から支払い済みまで年5分の割合による遅延損害金の支払いを命じ、支払い総額は約3200万円であった。

## 4　判決の問題点

さらに判決内容を分析し問題点を指摘していく。判例時報№2261（平成27年8月21日号）に氷見事件国賠判決が特集されており、木谷明・前田裕司・北川鑑一・田淵浩二・小坂井久・丸山和大の各氏が論考を展開している。本書編者の前田裕司氏の「代理人による分析『氷見事件における刑事手続上の問題点』」は6年間の氷見国賠の経験を通しての鋭い分析が行われおり、是非、読んでいただきたい。

### (1) 捜査における「専門的な職務行為」と裁量の範囲があいまい

判決では「専門的な職務行為」と「裁量の範囲」という表現がよく使われている。これは芦別国賠最高裁判例などの「職務行為基準説」のコピーに過ぎない。「捜査とは流動的かつ専門的な職務行為」であり、捜査官の捜査の手段、方法には「一定程度の裁量が認められて」いるとしたうえで、違法となる条件を「当該捜査における事実及び証拠関係並びに被疑者の嫌疑等諸般の事情を総合的に考慮し、捜査官がその裁量を逸脱し、又は濫用した場合に、当該捜査はその職務上の義務に違反したものとして違法となる」と限定した。しかし、国賠法による違法はこれだけではなく更に「捜査官の行為が国賠法上違法とされ

る場合とは、当該行為時に収集した証拠資料を総合勘案して判断するにおいて、合理的根拠が客観的に欠如していることが明らかであるにもかかわらず、あえてその行為を行ったと認められるような事情がある場合に限られると解するのが相当である」という条件が必要という。捜査は「専門的な職務行為」であるという大前提にたつとすれば、この専門性がどのように発揮され、どのように事実や証拠関係、被疑者の嫌疑などが精査されたのかを裁判所が判断するということが、裁判においてなによりも検証されるべきこととなる。このことを裁判所が自覚していたことは当たり前のように見えるが重要なことである。そもそも「裁量」という概念それ自体があいまいであって、本判決においても、いったいどこまでが裁量の範囲といえるのかについて明確な判断を下しているとはいえない。言い換えれば、捜査の手段、行為の個別具体的な事柄について、裁判所が、なぜそのような捜査を裁量の範囲内としたのか、あるいは逆に裁量からの逸脱なのかということが明確にはなっていない。この点は違法性の判断の根幹に関わる重要な判断の基準をなすものだから、裁判所の判断の根拠が客観的に何人にとっても「合理的」なものと理解しうるものでなければならないが、本判決ではこの意味での説得力を持ちえているかといえば、大いに疑わしいのである。

## (2) 国賠法上の違法は故意が前提、過失は無視

国賠に関しては、単に裁量を逸脱、濫用したというだけでは違法とは言えず、証拠等の客観的判断において「合理的根拠」を意図的に無視したりねじまげたりといったことを行なう場合に違法となるという。しかし、そもそも国賠法では「国又は公共団体の公権力の行使に当る公務員が、その職務を行うについて、故意又は過失によつて違法に他人に損害を加えたときは、国又は公共団体が、これを賠償する責に任ずる」とあり、故意ではなく過失であっても賠償責任が生ずると明記している。ところが本判決では、過失による違法性をそもそも排除しており、国賠法の解釈自体に間違いがあり、被告側に有利な立場をとっていると言わざるをえない。本判決の論理では、国賠法にいう過失による違法性をそもそも判断できるような枠組を提示していない。そのために、違法な捜査とはもっぱら故意によるものであるという前提にたっている。しかし、捜査官が適法な捜査手法であると思い込んでいる場合について裁判で違法性を判断することは、犯罪捜査の違法性を判断する上でむしろ核心にある問題とされるべきである。

106　第4章　国賠裁判の歴史と氷見国賠判決批判

## ⑶ アリバイ捜査の不備を不問

たとえば、本件の場合、柳原さんの無罪を証明する決定的なアリバイとなる犯行時間の電話の通信履歴について、捜査官が見逃したという重大な争点がある。判決ではこの捜査官による見落としについて、「本件警察官らは、真犯人が逮捕されるまで、消極方向の観点から本件通話履歴を検討してこなかった」と指摘し、次のようにこの検討の不備を不問に付す判断を示した。「しかし、氷見事件の捜査期間中、原告が本件警察官らに対し、3月事件の犯行時間帯付近で自宅に電話をかけた旨のアリバイ主張をした事実が証拠上認められないこと、本件警察官らは、原告の任意取調べを始めた時点では、捜査目的に沿った検討を終えていたことなどに照らせば、本件警察官らが本件通話履歴を消極方向で検討しなかったことに、合理的根拠が客観的に欠けていることが明らかであるとは認められず、改めて精査しなかったことがその裁量を逸脱、濫用したとはいえない」。なぜ裁判所は柳原さんがアリバイを主張しなかった「合理的」理由を推測できなかったのだろうか。警察が一貫して柳原さんを犯人視し、アリバイについてきちんとした確認をするという捜査の初歩的な手続をとらなかったからではないかという可能性を否定できない。また「原告の任意取調べを始めた時点では、捜査目的に沿った検討を終えていた」という裁判所の判断はいったいいかなる根拠に基いて断定しているのかも不明だ。「捜査目的」とは一体何を意味しているのか明かではない。任意取調べという早い段階で「捜査目的に沿った検討」がすでに終結していたというのはどのようなことを意味しているのか。柳原氏を犯人とするどのような物証があったというのだろうか。このような裁判所の判断は、暗黙のうちに、柳原氏を犯人とみなす予断が捜査の最初からあったということを裁判所は言外に認めたということではないだろうか。もしそうだとすれば、こうした予断をもって被疑者を取調べることが「専門的な職務行為」を逸脱しているというべきではないだろうか。

## ⑷ 通話履歴の判断は重大な間違い

通話履歴についての裁判所の消極方向での検討についての判断には重大な間違いがある。通話履歴を警察が取得した目的は、被害者宅に柳原さんが電話をしたのではないか（犯人は、犯行前に、被害者が自宅に一人でいるかどうかを確認するために電話をして確認するという行動をとっている）と推測したからだが、通話履歴から柳原さんが被害者宅に電話をしていないことが確認されており、このことは、柳原さんが犯人ではないことを示す消極的証拠でもあるはずだ。捜査

官が通話履歴について合理的な判断をするためには、発信先の電話番号だけで
なく、通話日時もまた捜査官が関心をもつのが当然のことである。この点で、
通話履歴の日時を確認しなかったということは捜査における合理的な対応だと
はとうていいえず、むしろ明確な過失である。しかも、犯行日時は捜査官にとっ
ては重要な時間であって、この時間を通話履歴において見落すということは、
専門職としての捜査官としては、故意ではないとしても明らかな過失であろう。
そして、こうした過失をもたらした原因は、柳原さんを犯人であるという予断
をもっていたからであると考えるのが合理的である。言うまでもなく、素人の
先入見とは全く異なって、こうした予断をもって捜査を行うことは、捜査官の
専門的な職務行為とは本質的に抵触するものであって、絶対にあってはならな
いことである。

### ⑸ 「引き当たり」についての判断

　柳原氏が「自白」した後に、警察は被害者宅への案内を求めた。この引き当
たりについて、判決では以下のように述べている。「原告は、最初、本件各被
害者宅の所在地とは異なる地域に案内し、被告長能から所在地区を示唆されて
も、別の家を次々に案内したことから、被告長能は、方角や曲がる場所を示唆
して少しずつ原告を誘導し、原告は、5軒目にして、3月被害者宅にたどり着
いた」。この経緯について裁判所は、「余罪の隠蔽などの可能性を考えて本件引
き当たりの経過に対し消極的方向の検討をしなかった」と警察の対応を擁護し
ている。犯行を否認しているならいざしらず、「自白」しているわけだから、
犯行現場をあえて警察に秘匿しようとすることは行動としては明らかに矛盾し
ている。ところが裁判所は、余罪を隠蔽するために被害者宅を教えたくなかっ
たという警察の判断が合理的だという。すでに「自白」した事件の現場に案内
することと余罪とがいったいどのような関係にあるというのだろうか？　むし
ろ自然な解釈からすれば、自白の信用性に疑問があるという判断がなされる方
が合理的だとはいえないだろうか。捜査官長能は、自白に至る取調べがどれだ
け本人に対して精神的心理的な圧迫になっているのかを判断できたはずだ（そ
れが専門的な職能の意味だろう）。圧迫が強ければそれだけ自白の信用性にも疑問
が生じるのだから、引き当たりの失敗や物証が示している諸々の不整合から、
自白の信用性を再検討することは十分できたはずだ。にもかかわらず、こうし
た方向で自白について再検討しなかったのは、なぜなのだろうか。当該捜査官
が専門的な職能において著しくその能力が欠如していた結果としての過失か、

さもなければ、自白の信用性がどうあれ（柳原氏が真犯人でない可能性があったとしても）柳原氏を犯人にできるという故意の行動かのどちらかしかない。警察のヒエラルキーと組織的な権威主義をふまえれば、長能にとって、みずからが獲得した自白を、後にその信用性を自ら否定するようなことが果して長能自身の「利益」になっただろうか。むしろ、自白という手柄をなんとしても保持し、柳原氏を犯人にするということの方が長能にとっては「利益」になったのではないだろうか。自白の信用性に疑問の余地がないという「物語」がまず捜査官たちに共有され、物証をこの自白の「物語」を前提に構築する、このことで、柳原氏は深刻な犠牲を強いられるが、警察の誰が傷つくだろうか？　長能は、早い段階から柳原氏の自白の信用性に疑問をもっていたかもしれない。専門的な職能をもつ捜査官の長年の経験から、自白の信用性へのある種の「勘」のようなものがあっても当然だからである。長時間の取調べのなかで、柳原氏の性格や受け答えの傾向を把握することは決して難しくはないはずだ。だから、8月事件や以後の連続強姦・強姦未遂事件が起きたころには長能は多分柳原氏の冤罪をかなり確信していたのではないか。長能は、柳原氏が刑期を終えて出所した後も、面倒見のよさを発揮した。これは、長能が良心の呵責を感じていたからかもしれない。あるいは、柳原氏が冤罪を訴えないように彼を自分の側に引き寄せておこうという打算からの防衛行動だったかもしれない。

## ⑹　自白の強要の判断の矛盾

　裁判所による自白の強要についての判断は、本判決のなかでも最も問題の大きな箇所のひとつである。判決では次のように述べている。「被疑者に対する取調べは、単に被疑者の弁解を聞くだけでなく、取調べによって任意の供述を得、事案の真相を解明する目的で行われる。このため、当該被疑者に対して、取調べを実施するに足る嫌疑があり、その供述に不自然な変遷や不明瞭な点がある場合には、警察官が、被疑者に対し、ある程度強い口調で説明を求めたり、客観証拠や被害者等の供述との矛盾点を指摘して論理的に追及したりすることも、それが暴行、脅迫等の違法な方法にわたらない限り、警察官に認められた裁量を逸脱、濫用し、国賠法上違法になるとはいえない」。本判決は、いくつかの矛盾する前提にたっている。そもそも柳原氏について、「取調べを実施するに足る嫌疑がある」と断定しているが、いったいいかなる「嫌疑」があると裁判所は判断したのだろうか？　明確な物証もなく、被害者の証言については、「本件被害者は、原告が犯人であるという方向の示唆又は暗示を受けた可能性

4　判決の問題点　**109**

が否定できない」「目撃から面通しまでの期間が長い（中略）など、誤識別の危険性が相当程度高い」と判断しており、裁判所は柳原氏に嫌疑をかけるに足るものとは認めていない。柳原氏を犯人と強く推定するに足るいかなる根拠もないのであれば、むしろ、警察は、柳原氏については被疑者であるかどうかすら確定的とはいえないというスタンスで臨むべきであったというのが合理的な態度なのではないだろうか。「警察官が、被疑者に対し、ある程度強い口調で説明を求めたり、客観証拠や被害者等の供述との矛盾点を指摘して論理的に追及したりする」という裁判所の判断には、裁判所もまた柳原氏を犯人であると強く確信する警察の態度に同調しており、そもそも客観証拠や被害者の供述についての警察の専門的な職能に基く判断に瑕疵があった可能性についての合理的な判断をなしえていない。裁判所は、なぜ客観証拠からみて柳原氏を犯人とするには無理があることを前提とすべきという立場から警察の取調べの妥当性を判定しなかったのだろうか。また、裁判所が「客観証拠や被害者等の供述との矛盾点を指摘して論理的に追及したりすること」と指摘する場合の「論理的」な追及とは何を指しているだろうか？客観証拠は柳原氏が犯人ではない可能性を示唆するものばかりであり、柳原氏の自宅から押収したナイフや紐などの物証として警察が押収したものが被害者の証言と矛盾していたのは、警察が押収した「物証」と被害者の証言の間の「矛盾」であって、これは警察の捜査が事実と矛盾した「証拠」なるものを強引に事件の物証として組み立てようとした無理にもとづくものであって、この責任を柳原氏に帰して柳原氏を強く追及する警察の態度自体が不合理なものであるという判断がなぜできなかったのか。矛盾していたのは警察であり柳原氏ではない。この矛盾を更に深刻な冤罪へと発展させたのは、警察による威圧的な罵倒、恫喝であった。裁判所は、被告長能の取調べについて次のように認定している。「被害者の面通し後は、被告長能は、原告に対する嫌疑を強め、原告に対し、被害者が、原告が犯人に間違いない、死ねばいいのにと言っているなどと強い口調で追及し、また、原告の母親の写真を取り出させ、『今のあんたの姿を見てお母さんも悲しんでいるのではないか』などと追及した結果、原告は、同月15日朝、自白するに至った。また、原告は、同月16日の被告松井による弁解録取及び勾留質問、同月17日の弁護人との接見において犯行を否認したが、いずれもその後の取調べにおける被告長能の同様の追及により自白に戻った」。母親の写真を利用するなど心理的圧迫を加えていること、検事や弁護人に犯行否認したこと、しかし強圧的な取調べが継続するなかで自白にもどったことなど、当時の取調べの過酷さと柳原

**110**　第 4 章　国賠裁判の歴史と氷見国賠判決批判

氏の気持ちの揺れが如実に記述されている。しかし、こうした取調べについての裁判所の判断は、驚くべきことに違法とはいえないと断定した。裁判所は長能の態度が「罵倒、恫喝、暴行、脅迫、偽計などの手段を用いて自白を強要したとまでは認めることはでき」ないし、「原告が自白するまでの被告長能の取調べは、合理的根拠が欠如し、その裁量を逸脱、濫用するものであったとはいえない」と判断した。この判断は、刑法が犯罪としている暴行や脅迫だけでなく罵倒、恫喝、偽計などの強制的威圧的な取調べを違法と認定したものと解釈できる。しかし、長能の取調べはこれらには該当しないとしたのである。しかし、裁判での証言などをふまえれば、段るといった身体的な暴行がなかっただけであって、長能の取調べが罵倒、恫喝、脅迫、偽計を含むものであったということは十分明らかにされたとはいえないだろうか。そもそも、裁判所は、国賠法上の違法の判断の重要な基準として「罵倒、恫喝、暴行、脅迫、偽計」を明記したのであるから「罵倒、恫喝、暴行、脅迫、偽計」とはどのような行為なのかを定義しなければならないが、この点はあいまいなままで定義されておらず、裁判官の主観的な「感情」を事実上の判断基準にして、これらの違法行為はなかったと断定したのであって、裁判所の判断には客観的合理的な説明が一切見いだせない。従って、裁判所の判断は著しく客観性に欠け、警察の強圧的な取調べがもたらす人権侵害について余りにも寛容というしかない。裁判所もまた被告同様、被疑者の人権を軽視していることをこの判決は端的に示しており、繰り返される冤罪に裁判所が加担する構造の一端が図らずも露呈した。結果として、本判決は、警察による強圧的な取調べや自白の強要を招く精神的な圧迫を適法とし、被疑者の人権への配慮を著しく欠くことがあってもよいのだという立場にたってしまったといえる。これでは冤罪を防ぐことを裁判所には到底期待できない。

## (7) 「確認的」取調べは違法と判断

　他方で、裁判所は、「『確認的』取調べ方法」を違法と認定した。これは「警察官が、自分の意図する答えが被疑者から返ってくるまで、同じような形の質問を続けて確認を求める手法」である。柳原氏のばあいは、犯行を自供し、警察が描いたシナリオ通りの犯行に関する供述をするように執拗かつ強圧的に供述を強要したことがこれにあたる。裁判所は、「『確認的』取調べ方法」で得られた自供は「自発的に犯行態様の主要な部分について供述したと判断すべき合理性はない」と位置づけ、「警察官に認められた裁量を逸脱、濫用したものと

して、当該警察官調書等の作成自体が違法となるというべきである」と違法性を認めた。捜査官が当該行為時に収集した証拠資料を有し、この証拠に基づいて被疑者を論理的に追及することができれば「『確認的』取調べ」の手法はとられることはない。この点で、警察が得た物証と柳原氏から得た供述の間に合理的な因果関係を見出せていないにもかかわらず、あえて柳原氏を犯人と断定して自白を強要しようとしたことが「『確認的』取調べ」をもたらしたとみることができよう。そうであるとすれば、「『確認的』取調べ」の手法がとられたことは、捜査官の行為が国賠法上違法とされる場合に該当する可能性を示唆するものであるといえる。しかし、本判決は、「『確認的』取調べ」を「罵倒、恫喝、暴行、脅迫、偽計などの手段」と機械的に切りはなしてしまった結果、長能個人の行為を国賠法上の違法行為であるとする判断を回避した。言い換えれば、長能個人の犯罪を国賠法で認定しないためのトリックとして、「『確認的』取調べ」なる概念を構築したとさえいえる。言うまでもないことだが、取調べの実態がどのようなものであったのかが可視化されていれば、検察もまた起訴すべき事案であるのかどうかをその取調べの妥当性を含めて判断することができたともいえるのであって、取調べの妥当性が裁判において検証可能となったことは明らかであろう。逆に、可視化されていないために、裁判所は被告の言い分についての客観的な判断材料を持ちえないまま安易に裁判官の主観に頼ることになり、取調べの違法性が隠蔽されうることに裁判所が加担する構造的な問題が本件においても明らかになったといえる。

### (8) 因果の流れ――8月事件捜査の隠ぺい（工作）を擁護

原告側は「(1)引き当たりは消極証拠との評価も可能であり、靴のサイズ、処分変遷、靴及び燃焼物の未発見は消極証拠であったが、警察官らは過小に評価し、消極方向の検討をした形跡がない(2)1月事件が公訴提起された5月24日には、捜査は合理的根拠が客観的に欠如していたことが明らかであり、裁量を逸脱、濫用し、8月事件で再捜査しなかったことは違法である」と主張してきたが、判決では捜査の違法性（218頁）については「すでに5月24日時点で国賠法上の違法行為は成立している」「第一回公判（7月10日）で原告が全部認めたことは、氷見事件は解決済みと考えるのは通常であり8月事件、石川事件が浮上したとしても別の単独犯による事件と判断したことが合理性を欠くとはいえない」。5月24日の起訴までは捜査の違法を認定しつつ、それ以降は、「独立の違法行為とみることはできない」。5月24日以降の捜査は、通常起こりうる"因果

の流れ"であり違法ではないとする。この判決部分、どんでもない作文である。原告にも責任があるかのごとき内容で8月事件捜査の隠ぺい（工作）を擁護しているのである。この"因果の流れ"という表現、刑法学ではよく使うらしい。すべての事柄には原因とそれに基づく結果がある。これを因果という。そして、ある原因の結果は、また次の結果の原因となり、原因と結果は連続していく。これを"因果の流れ"というらしい。その因果の流れのうち、どこまでが責任の範囲なのか、これが問題らしい。5月24日の起訴後も同様の事件が多発し、社会的に不安を与えた捜査の責任、ここにこそ氷見事件の核心があるにもかかわらず、捜査の隠蔽（工作）を擁護した判決は厳しく批判されねばならない。

### (9)　PTSD認定

人権への配慮に欠いた裁判所の判断を如実に示しているのが、裁判所による柳原氏のPTSD認定である。取調べと服役がPTSDの原因であると裁判所が認定したことは画期的なことではある。しかし、PTSDが「『確認的』取調べ」の結果であるとは認定していない。他方で、PTSDを発症するほどの取調べがなされたにもかかわらず、裁判所は、取調べを罵倒、恫喝、暴行、脅迫、偽計などの手段によるものとは認定しなかった。言い換えれば、警察は、被疑者がPTSDを発症するような取調べをしても、それが「『確認的』取調べ」でなければ捜査官の裁量の範囲内であり、適法だというのに等しい。これでは、事実上、精神的拷問を裁判所が容認したといえるのではないだろうか。

### ⑽　判決総評

判決文の論理的破綻は明らかである。日本の司法の後退現象の表れでもあり、司法のレベルの低さを露呈してしまったようだ。法務小官僚（裁判長）の作文（悪文）は、最高裁判例に逆らうことなく従順になり「公訴提起の違法性」「捜査の違法性」など重要な争点、特に血液型鑑定及びDNA型鑑定、アリバイの見落としなどはなるべく避けるようにし、全体的には検察・警察の捜査、検察の公判活動の「職務行為」を擁護している。損害額（PTSDを認定）は1500万円とやたらに大きく、違法性については一部のみ認定したに過ぎない。

決まりきった「お涙頂戴」的なマスコミの報道、法曹からはいろいろな分析と批判がおこなわれているが、冤罪支援、国賠支援の運動を行なうわれわれとしては、われわれの視点から今後もこの判決文に向き合っていくしかない。そして布川事件（再審無罪）国賠をはじめ現在進行中の他の国賠とも連携しなが

ら氷見国賠判決の内容と課題（問題点）を生かしていきたい。

## 5　氷見国賠と志布志国賠の判決

　氷見事件冤罪公表後、2007年8月、最高検察庁報告書「いわゆる氷見事件及び志布志事件における捜査・公判活動の問題点等について」、2008年1月、警察庁報告書「富山事件及び志布志事件における警察捜査の問題点等について」が相次いで公表された。警察庁報告書では氷見事件について①アリバイの見落とし、②容疑者特定証言の過大評価、③不当な取調べ、④供述の裏付け不足、⑤不十分な捜査指揮、志布志事件では①不当な取調べ、②容疑性の検討不足、③供述の裏付け不足、④捜査態勢の不備、⑤踏み字行為、を指摘し捜査は適切ではなかったとしている。最高検も捜査・公判活動の問題点等を指摘し適切ではなかったとした。そして各報告書が指摘し適切ではなかったとした点についてはそれぞれの国賠でも争点になった。ふたつの国賠は、ほぼ同時期にスタートし判決もほぼ同時期、連携（証拠開示など）しながら闘ってきた。国賠と連動し国賠のほかにもいくつもの訴訟を提起し、重層的、複合的な国賠であることも共通していた（次頁からを参照）。国賠では、被告（国、県）は頑として「国賠法上の違法はなかった」とのスタンスを取り続けてきた。ところが判決はそれぞれ大きな違いをみせた。氷見国賠では警察捜査の犯人識別供述、確認的取調べの違法性のみを認定し全体として検察・警察を擁護した。一方、志布志国賠では虚偽の自白をつくり出した警察捜査の違法と検察にも注意義務違反があり公訴提起・追行は違法があったとした。志布志国賠は画期的判決であった。無罪国賠（志布志）と更にハードルの高い再審無罪国賠（氷見）との違いが具現したようだ。氷見国賠も「検察にも注意義務違反があり公訴提起・追行は違法」は明らかであるが、検察官自らが無罪のために再審請求を行い確定させたことで国は責任を果たし"免罪"されたとでもいうのであろうか、検察を擁護した氷見国賠判決は厳しく批判されねばならない。ふたつの国賠判決の問題点を今後どう運動につなげていくかがわれわれの課題でもある。

## 氷見再審無罪国賠・志布志無罪国賠の比較

### ■ 氷見国賠

〔**事件と国賠提訴**〕　再審無罪国賠。富山（氷見）冤罪（強姦・同未遂）事件は、真犯人が発覚後、犯人として逮捕・起訴され服役した柳原浩さんが、再審（検察自ら再審請求）で無罪となった後、警察・検察の違法捜査、公訴提起の違法などを明らかにすべく2009年5月に国賠を提訴。原告側の主張に対して被告側は逮捕・起訴については謝罪しながらも、原告が「自白」したから間違えたのであり、国賠上の違法性はないと主張。

〔**国賠判決**〕　2015年3月9日、国賠判決。警察官の捜査における違法を一部認定。国と検察官・警察官の個人に対する請求は棄却。国に対する責任を認めなかったことや、警察捜査の違法も一部のみ認定。極めて不十分な内容の判決であったが、警察官の「確認的取調べ」を違法と断じたことは評価されてよいであろう。今後の「密室の取調べ」にも影響を与えるかもしれない。富山県に対して約1966万円の賠償金支払いを命じた。

〔**国（検察）の違法性**〕　違法性はなし。検察官の取調べや公訴提起の違法については、警察官調書の内容を前提として「犯行状況」を確認するのは仕方のないこと、自白を信用し被害者の識別供述を信頼できるとして起訴したことはやむを得ないこと、検察官に違法はなかったと判断。

〔**県（警察）の違法性**〕　捜査の違法性を一部のみ認定。①犯人識別供述。任意捜査の段階で、客観的証拠はなく、積極証拠は各被害者の犯人識別供述であったが、その識別供述は誤識別を招く要素があり、高い信用性を置くことはできないものであったが、警察官らは1月事件被害者の面通しによる供述によって、原告を「犯人」とみなし、以後、強い心理的圧迫を加える取調べを行い自白させた。②「確認的取調べ」。逮捕当日の引き当たりで被害者宅を指示することができずに、警察官の誘導でようやく6軒目にして実際の家にたどりついたという事実。犯人の足跡痕から特定されたコンバースの靴の処分について、原告の供述が理由もなく三転したうえ、その裏付けもとれなかった事実。これらを過小評価して消極方向の検討を怠り、原告に「確認的取調べ」（警察官が自分の意図する答えが被疑者から返ってくるまで、同じような形の質問を続けて確認を求める手法）を行うことにより、被害者供述や客観証拠に合致する内容の虚偽自白をさせた。捜査は合理的な根拠が客観的に欠如していたことは明らかであり、裁量を逸脱、濫用、国賠法上も違法であると判断。通話記録の見落としや血液鑑定の不十分さなど、原告が犯人ではないとする決定的証拠を検討しなかった点については違法ではないとした。

〔**個人被告**〕　個人被告の違法性はなし。被告長能（警察官）、被告松井（検察官）が賠償義務を負うかどうかについては国賠法第1条第1項は国または公共団体に責任を負わせるものであり個人の規定はないとして、ほんの8行で触れるのみ。いわば門前払いである。

〔**職務行為基準説**〕　氷見国賠では一見明白説（行き過ぎ）、合理的理由欠如説（有罪

5　氷見国賠と志布志国賠の判決　**115**

判決を得る合理的根拠が欠如）を主張し、一部（警察）ではあるが違法を認めさせた。
〔国賠と連動した訴訟など〕 ①情報公開請求（富山県に対し開示請求、審査会） ②情報公開裁判（黒塗り減らせ第1次訴訟）一部勝訴 ③情報公開裁判（黒塗り減らせ第2次訴訟）控訴中 ④告発 判決前の2014年の11月26日、警察官4名を富山地検に虚偽公文書作成・同行使（刑法第156条・158条）と同4名のうちの2名を偽証（同169条）で告発。告発状は受理（2月24日付）されたが不起訴処分。⑤検察審査会 告発の不起訴処分は不当だとして検察審査に申し立てたが、2016年7月20日に全員を「不起訴相当」とする議決があった。

## ■ 志布志国賠

〔事件と国賠提訴〕 無罪国賠。2003年（平成15年）4月13日投開票の鹿児島県議会議員選挙（統一地方選挙）の曽於郡選挙区で当選した中山信一県議会議員の陣営が曽於郡志布志町（現・志布志市）の集落で住民に焼酎や現金を配ったとして中山氏やその家族と住民らが公職選挙法違反容疑で逮捕された事件。2007年10月19日、中山氏ら元被告人12名と公判中に死亡した男性の遺族5名が原告となり、国と鹿児島県を相手取って、違法な取り調べにより肉体的・精神的苦痛を受けたとして総額2億8600万円の国家賠償を求め、鹿児島地方裁判所民事部に、損害賠償請求訴訟を起こした。

〔国賠判決〕 2015年5月15日国賠判決。「虚偽の自白をつくり出した警察の捜査には違法があった。検察にも注意義務違反があった」として、国と県に賠償を命じた。判決確定。県と国に対し、連帯して原告17人に57万5000円～460万円をそれぞれ支払うよう命じた。違法な取り調べが行われた日時を起算点とすると、本件訴訟が提起された時点では消滅時効が完成している。しかし、県警の過失により違法な取り調べが行われ、自白が作出され、警察と検察の過失によって接見内容が調書化され、原告と弁護人の信頼関係が破壊された。県と国が消滅時効を主張するのは、無罪判決確定までの間に、原告の権利行使に著しい支障を生じさせておきながら、その行使が可能だと主張するに等しい。消滅時効の主張は権利の濫用であり、許されない。

〔国（検察）の違法性〕 原告らと弁護人との接見内容を聴取した取り調べは、県警と同様に違法である。原告の1人が公訴事実をいずれも否認し、原告らすべてが否認に転じてからは新たな自白が得られる可能性もなくなり、有罪を得られる見込みはなくなった。少なくとも5回目の起訴について、原告の一部を有罪と認める嫌疑があると判断したことは行き過ぎで、合理性を肯定できない。原告らがいずれも否認した段階で、4回目以前の起訴についても、公訴追行が相当か検討すべきだった。全証拠資料を勘案しても有罪判決を期待しえない状況で、職務上の注意義務を尽くすことなく、漫然と公訴を追行したといわざるを得ない。これは行き過ぎで違法であり、過失がある。自白維持していた最後の1人が2003年9月3日の公判で否認に転じてからは、検察官は裁判所に対し勾留の取り消しを請求するか、保釈を相当とする意見を提出すべきだった。これを怠ったのも過失である。

〔県（警察）の違法性〕 捜査の初期段階から、県警が非合理的な予断と偏見を抱いて

事情聴取を始めたという事実は認められない。取調べを拒否して志布志警察署を出た原告の1人を警察官2人が取調室に戻るよう説得したのは、任意捜査の限度を超えている。意に沿わない供述をした原告に対して、執拗に、本人や親しい者、さらには弁護士を逮捕するなどと、職権濫用となり得る虚偽事実を述べ、繰り返しの脅迫行為で自白を強要したことも許されない。長時間にわたり、執拗な重複尋問を繰り返して誘導し、供述を強制したことも許容されない。買収の会合があったとされる件についての原告らの自白は、供述の形成過程に疑義がある。体験していない供述をした可能性が高く、信用性が極めて低い。供述の裏付けも乏しく、虚偽の自白と言うべきだ。虚偽の自白の原因は2003年5月1日、署長らが捜査官同士の情報交換を禁じるかん口令を採用したこと。これにより、虚偽の自白の一致が形成される危険性が高まった。県警は容易に予見できたはずだが、これを怠り、この間、原告らの供述内容を警部が一元管理した。捜査幹部は誤った筋読みに沿う具体的な事実の聞き取りを指示した。体調不良を訴えた原告の帰宅を認めず、簡易ベッドに横になった状態で取り調べたことも、任意捜査では許されず、違法となる。かん口令を採用し、筋読みを誤った過失により、存在したとは通常考えられない被疑事実を認める自白をさせた。身柄を拘束するだけの嫌疑、必要性があると思料したのは行き過ぎで、合理性を肯定できない。原告らの弁護人が正当な弁護活動を超える活動をしていたことをうかがわせる事情は見いだせない。だが、県警と検察は取調官による相当程度の誘導に沿い、接見内容について70通以上の供述調書を作成した。これにより、自白を前提とした情状立証以外の弁護方針に対する拒絶感が原告らに植え付けられ、弁護人との信頼関係の構築が困難になった。このような弁護権侵害となる違法な捜査が行われなければ、早期の解決が図られた可能性もある。

〔**個人被告**〕 損賠の対象とせず

〔**職務行為基準説**〕 判決では「無罪判決が確定しただけで直ちに捜査機関による捜査活動が違法とされるわけではない」と結果違法説を否定。「検察官の公訴の提起や追行（公判の維持など）の違法性は、すべての証拠資料を勘案し、職務上の注意義務に違反するか否かで判断」。

〔**国賠と連動した訴訟など**〕 ①「たたき割り」訴訟 住民7人（取調べを受けるなどしたが、起訴はされなかった）が恫喝や脅迫などいわゆる「たたき割り」と呼ばれる過酷な取り調べで、うその自白を強要されるなど精神的苦痛を強いられたなどとして県に1人あたり330万円、総額2310万円の損害賠償を求めた訴訟。逮捕されるなどした原告3人について捜査の違法性を認め、計184万円の賠償を支払うよう県に命じたが、残る4人の請求は棄却した。115万円の賠償が認められた住民を除く6人が控訴、福岡高裁宮崎支部は一審判決を変更して捜査の違法性を広く認定、60万〜115万円の賠償を命じた（2016年8月5日、確定）。 ②「踏み字」損害賠償訴訟 缶ビール事件における取り調べに際し、捜査担当者から「踏み字」を強要されて精神的苦痛を受けたとして、ホテル経営者の川畑氏が県を相手取って起こした民事訴訟。2007年1月18日に鹿児島地裁で、捜査手法の違法性を認め、約60万円の賠償を命じる。県側控訴

断念により確定。③住民監査請求　志布志市在住の司法書士が、「踏み字」損害賠償訴訟判決により命じられた約60万円の賠償金について税金からの拠出は不当であるとして、元警部補本人に同額を負担させるよう、県の監査委員に対して住民監査請求。県警側は元警部補が在宅起訴されたことを受けて元警部補に全額の負担を求め、元警部補がこれに応じ50万円を拠出。司法書士はこの対応を評価し、残り10万円については当時の県警本部長や捜査責任者であった警部が負担すべきであるとの見解を表明したうえで、請求を取り下げた。④接見交通権侵害訴訟　勾留された被告人との接見時の会話を捜査担当者が供述調書記録した行為は接見交通権の侵害に当たるとして、弁護人11名が原告となって鹿児島地裁で起こしていた民事訴訟。2008年3月24日に捜査担当者の権利侵害を認めて国と県に550万円の賠償を命じる判決が言い渡された。この判決は国・県の双方とも控訴を断念し確定。⑤署長退職金返還訴訟　事件の当事者ではないが、屋久島町在住の行政書士が原告となり、2007年2月に定年退職した黒健治志布志署長（事件当時）の退職金を県に返納させるよう県警本部長に対して求めた訴訟。鹿児島地裁が2009年1月16日に「支払いが著しく妥当性を欠くとはいえない」として原告請求を棄却。

　なお、「踏み字」事件の元鹿児島県警警部補は特別公務員暴行陵虐罪で起訴。判決は懲役10月、執行猶予3年。

〈備考〉

○結果違法説：無罪判決が確定したり、不起訴処分がなされたりした以上、特段の事情がない限り捜査・訴追は国家賠償法上違法と評価すべきである。

○職務行為基準説：逮捕時、起訴時において嫌疑の有無にかかる判断過程に合理性がない場合にのみ違法となる。

○芦別国家賠償請求事件・最二小判昭53年10月20日民集32巻7月1367頁「刑事事件において無罪の判決が確定したというだけで直ちに起訴前の逮捕・勾留、公訴の提起・追行、起訴後の勾留が違法になるということはできない。けだし、逮捕・勾留はその時点において犯罪の嫌疑について相当な理由があり、かつ、必要性が認められる限りは適法であり、公訴の提起は、検察官が裁判所に対して犯罪の成否、刑罰権の存否につき審判を求める意思表示にほかならないのであるから、起訴時あるいは公訴追行時における検察官の心証は、その性質上、判決時における裁判官の心証と異なり、起訴時あるいは公訴追行時における各種の証拠資料を総合勘案して合理的な判断過程により有罪と認められる嫌疑があれば足りるものと解するのが相当であるからである」。

# 第5章

# 国賠訴訟の口頭弁論全記録

## 1　提訴──原告の思いは「なぜ、わたしのところに警察がきたのか」

　2009年5月14日、柳原氏は富山地裁に国賠を提訴した。2007年1月19日の富山県警本部による「A氏の無実の発表」以来、2年4カ月後の訴状提出であった。本国賠では被告として国、富山県、さらに公訴提起などを行った松井英嗣副検事、捜査官の長能善揚警部補の個人をも被告とした。請求額は1億440万3952円（起算は2002年4月8日の「任意同行」時から）。

　本国賠は「なぜ、わたしのところに警察がきたのか」（柳原氏）に応えるものであり、事件を「誤認」に終わらせるのではなく、「権力による犯罪」であることを明らかにし、「権力による犯罪」をつくりあげた検察・警察組織ばかりでなく、その犯罪に加担した個人（被告）の責任をも追及していくものとなった。

　事件の実態を知れば知るほど柳原氏が受けた屈辱、その無念さははかり知れないものがあった。特に初期捜査（DNA鑑定などの鑑識捜査）の段階ですでに警察は「柳原氏が犯人ではない」ということを把握しながら当初の「見込み」のまま突き進んでいったのでないかとの疑念があり、この初期捜査を含めた「事件の真相」（権力による犯罪）を明らかにし、柳原氏の「屈辱、無念」を少しでも晴らすものにしていきたいとの強い思いがあった。

## 2 第1回口頭弁論期日決定

### (1) 富山県警監察室のコメント

柳原浩氏は147名の大弁護団とともに富山地裁に国賠提訴。その後、マスコミ各社は被告国（富山地検）・県（富山県警）に対してコメントを求めた。そのコメントのひとつに注目すべきものがある。富山県警監察官室の「訴状の内容を見た上で誠実に対応したい」（北陸中日新聞一面）というもの。富山地検の「関係機関と協議の上、適切に対応したい」と通常なコメントに比較すると、この「誠実に」が目に光る。この意味するところは、何とも言い難いが、これまでにないコメントである。前例のない本事件と前例のない本国賠、今後の被告の出方として、①捜査、公訴提起は、すべて適法であり原告請求の棄却を求める。②原告請求の違法行為の故意部分は認めず過失（の一部）だけを認める。あるいは、③原告請求を素直に（「誠実に」）認め、請求を丸呑みする、のかの何れかであろうが、われわれは、被告が「違法性はなかった」というスタンスで「徹底抗戦」で臨んでくるという前提で本国賠を準備してきた。しかし、これまでの本事件の経緯からは被告（検察・警察）には「徹底抗戦」をするだけのスタンスを取り続けることはあり得ないはずだ。県警本部長の「謝罪」の記者会見をはじめ一連の「謝罪」は一体何だったのか、ということになり猛反発をくらうことは必至であろう。

この国の官僚答弁同様、とりあえず「誠実に」ということなのか、それとも……。その「本気度」が問われていくことになる。宇和島事件国賠、最近の国賠では珍しく裁判所の勧告により和解した国賠の例もあるが、本国賠では被告の出方をしっかり見極めながら全証拠開示による「事件の真相究明」の旗を降ろすことなく、「権力による犯罪」を明らかにし検察・警察の責任の徹底的追及を行っていく。

### (2) 全記録の任意提出申入れ

提訴前の5月8日に原告弁護団は「公判記録及び全捜査記録」の証拠提出を富山地検に申し入れたが、これに対する回答が一切ない。弁護団では第1回口頭弁論期日直前にも再度、記者会見（8月7日）を行い全記録の任意提出を迫った。最高検も再発防止のために本事件を検証するというなら全記録を任意で提出すべきとの弁護団の主張を再度、明らかにした。

# 3　ドキュメント国賠裁判

　国賠裁判がはじまった。その後、口頭弁論は27回（判決を含めると28回）。その間、原告準備書面は第1～27書面。被告国準備書面は第1～7書面、県準備書面第1～7書面が提出され個人被告の松井（検察官）が1書面、長能（警察官）第1～4書面を提出した。各準備書面では「証拠開示」、「違法性（故意・過失）」、「損害」などの激しいやりとりがつづいた。

## (1)　第1回口頭弁論（2009年8月19日）
**被告富山県は「謝罪と適正な賠償額の算定」を望むと表明。「真相究明」の闘いが始まる。証拠の全面開示を求める**

　残暑厳しいこの日、富山地裁3階法廷前は長蛇の列、約30の傍聴席を求めて整理券（77枚、競争率約2.5倍）が配布。地裁前、法廷内にも報道のテレビカメラ、ある種の緊張感が漂う。

　原告弁護団を代表して前田裕司弁護士（東京弁護士会）が意見陳述、中西祐一（金沢同）、竹内明美（東京同）両弁護士が訴状要約を陳述、そして柳原浩氏が意見陳述を行った。その後、被告らがすでに提出（8月10日、12日）していた答弁書の陳述（書面のみ）が行われた。

　前田弁護士は「この国の刑事司法にとってもこの裁判は大変重要であり、被告らは真相究明のためにも証拠の全面的開示をすべきである」と陳述、原告の柳原氏は「足利事件の菅家さん、志布志事件の中山さんらも警察・検察が隠している証拠の開示を裁判所に対して願っており、裁判所はわたしたち冤罪被害者の訴えを無視却下などしないよう強く願います」と訴えた。

　訴状提出後、被告国・富山県・起訴検察官松井英嗣・取調警察官長能善揚は、それぞれ8月12日付けで「答弁書」を提出した。

　被告国の代理人は、法務省大臣官房参事官新田智昭を筆頭に、法務省大臣官房民事訟務課から平野大輔以下6名、名古屋法務局訟務課から4名、富山地方法務局から3名、富山地方検察庁から2名、合計16名という霞ヶ関を中心とする陣容で臨んできた。被告国は「謝罪」の表明がないばかりか公訴提起等の違法性については「争う」と答弁。県は、認否に先立って「深く謝罪の意を表明」、「適正な賠償額が算定されることを望む」としたが、捜査、職務行為の違法性については「争う」と答弁。個人被告の松井および長能は、「国賠法は公務員

個人には責任を負わせないことになっている」、最高裁判例などを引用するのみで「主張自体失当」であるとし、事実関係については答弁を拒否した。

　これに対して原告側は、もっと具体的な答弁を出すように要求、裁判所は被告に追加の答弁を出すように指示した。

　氷見事件では警察庁や検察庁が、そろって「誤り」を認めて検証結果を公表（報告書）したのは異例なことであったが、その内容は捜査や起訴をなぜ間違えたのか、どこに真の問題があったかなどについて、まったくおざなりで、「いくつかの証拠を十分に吟味せず、担当者に対するチェック態勢が甘かった」という程度の言い訳に終始している。答弁書はこの報告書の内容を超えるものではない。原告は報告書に納得したわけではなく、いまも「なぜわたしのところに警察がきたのか」と問いつづけている。その真相究明のための国賠でもあった。原告の思い、事件への反省、何故このような失態を演じてしまったのについて被告らは再度、検証する必要があったのだが……。

　弁護団は、口頭弁論後、記者会見（富山県弁護士会館）。「最高検が再発防止のために本事件を検証するというなら全記録を任意で提出すべき」と改めて被告らに強く求めた。本件は検察による再審請求による無罪が確定した事件、にもかかわらず被告らは捜査、職務行為、公訴提起などには違法性はなく「適法」であったとの主張を繰り返している。全てが「適法」に行われたとしたら果たしてこのような事件が起きたであろうか。前例のない本事件、そして前例のない本国賠、いま重要なことは、すべての捜査記録の証拠を開示すること、そのことによって「事件の真相」に迫り検証も可能となり「責任の所在」も明確になるはずである。

2009年8月19日の初弁論後の記者会見（富山県弁護士会館）

## (2) 第2回口頭弁論（2009年11月20日）
**証拠開示の攻防——証拠の全面開示は？　これまでの謝罪、反省の弁は何であったのか**

　傍聴席は、ほぼ満席（36席）。被告国は「第1準備書面」（60頁）、県は「第1準備書面」（15頁）、松井は「準備書面」（2頁）を提出。それらの書面内容は、全面的な開き直りとしか思えないもので屁理屈を並べたてているだけである。

　2007年8月に最高検察庁名で公表された「いわゆる氷見事件及び志布志事件における捜査・公判活動の問題点等について」（最高検報告書）の内容とは明確に矛盾し、かつ大きく後退している。「真相究明」への姿勢が全く見られない。これまでの最高裁判例などに依拠して、本件のように前例のない冤罪（真犯人判明による検察官請求の再審無罪）という現実に起こった事態を無視、すべて「適法」に行われ「違法性」はない、と強弁した。被告国・県、個人被告松井英嗣は準備書面（いずれも10月30日付け）を提出、被告県能は答弁書を援用するとした。被告国は書証（乙C1～54号証）とその証拠説明書を提出。乙C54号証はDNA型の「鑑定に関する報告書」（次席検事中村浩太郎作成平成21年10月28日）、これは最近になって作成されたものだ。

　国の準備書面は60頁と長い。第1回口頭弁論での答弁書に続くもの。職務行為、公訴提起などには違法性はなく「適法」であったとの主張を繰り返している。証拠説明書では証拠の開示を行ったが開示は54点、証拠の全面開示には程遠いものであった。

　原告弁護団は準備書面1を提出、再度「公判記録及び全捜査記録」の開示を求めた。これに対して被告国は証拠開示については1カ月後に回答するとのことであったが……（その後、12月16日、被告国　刑事記録の任意開示を拒否する旨の回答）。

　最高検が再発防止のために本事件を検証するというなら全記録を任意で提出すべき」との原告弁護団の主張に被告は全く耳を貸そうとしない。被告は少なくとも原審、再審、O氏（真犯人）関係の各記録を進んで開示すべきであり最高検の「検証」（最高検報告書）の本気度はいよいよ疑わしくなってきたといえよう。真相究明という意味では非常に不十分であった最高検報告書よりも、今回の準備書面は完全に後退したものとなっている。証拠開示は本国賠の最大の争点、今後も攻防が続く。県の答弁書にいたっては、証拠の開示が一切ない段階で、何の証拠に基づいて作成されたものなのか全く不明、これが答弁書かと疑うほどひどいものである。

　国賠法の理念を骨抜きにするために長い間積み重ねられてきた最高裁判例な

3　ドキュメント国賠裁判　**123**

どに依拠して、本件氷見事件という前例のない冤罪で現実に起こった事態を無視して誤魔化そうとする、悪質極まりないものである。

### (3) 第3回口頭弁論（2010年1月21日）

　第3回弁論では、原告弁護団が前もって出しておいた「文書送付嘱託申立書」（1月14日付け）についての論争が行なわれた。送付嘱託というのは、裁判所に対して「検察庁が保管しているはずの公文書を取り寄せてください」ということで、裁判所がそれを認めれば、法的な強制力はないが、相手に対するプレッシャーにはなる。被告・国の代理人は法廷でも「裁判所が取り寄せを決めても出すのは地検高岡支部ですから出せないと断る可能性がありますよ」というようなことを述べて牽制した。県側は他人事のような顔。

　弁護団は、あくまでも原則的に検察および警察の側からすべての記録が国賠訴訟の法廷に証拠として提出されるべきであるとの立場を堅持してきた。すべての記録というが、分類すると次のようになる。

⑴　柳原氏の原審（有罪）裁判記録。①氷見1月事件関係　②氷見3月事件関係。①②は、裁判の公判記録（証言など）と証拠となった書証類に分けられる。

⑵　柳原氏の再審（無罪）裁判記録。③真犯人O氏関係の書証の一部（柳原氏無罪の証拠）および氷見1・3月各事件の①②以外の証拠（若干）

⑶　真犯人O氏が起訴された14事件の裁判記録。氷見の9事件（氷見8月事件を含む）および石川・鳥取両県の5事件

　上記の⑴⑵⑶はすでに裁判が終わっており、確定記録と呼ばれるものだ。この確定記録のほかに、未開示記録がある。(A)の確定記録のほかに、(B)いまだ開示されず、検察・警察の手元に存在する記録が重要だ。

　当然ながらこの「(B)」こそ、事件の真相究明のために最も重要なものと言える。原告弁護団がしつこく要求してきたのは、まず「(A)」を全部出させて、そのうえで(B)を全部出させようという作戦なのである。被告・国側の代理人である訟務検事は、2009年12月16日に裁判所を通じて、前回提出した54点の書証以外の証拠を任意に提出するつもりはありませんと、拒絶の通告をしてきていた。それを書面にはしないとのことである。

　その後、裁判官3人は合議に入り、弁護団「申立」のうち、原告・柳原氏に関する裁判記録（前記の①②③）およびその関係の捜査記録一切（①②③の(B)）について送付嘱託を「採用します」と明言した。国の代理人は、あわてたように「捜査記録といってもいろいろあって……一切といわれても……」となお苦

**124**　第5章　国賠訴訟の口頭弁論全記録

情を述べ立てるふうだったが、裁判官は「ともかく一切です」とさえぎった。

　ただし裁判所は、未開示記録については原告側でなるべく具体的に標目や日付をリストアップしてほしいと述べ、原告弁護団は2月1日までにそのリストを提出すると回答した。また裁判所は、前記の(Ⅲ)真犯人O氏の裁判記録については採用を「留保」するとした。前記の①②③についての決着がついたところで、その必要性を判断するということのようであった。

　被告4者、つまり県（警察）、長能善揚、国（検察）、松井英嗣からの「答弁書」および「第1準備書面」は、原告・柳原氏をターゲットになぜ捜査と起訴を間違えたかについて、全く答えることなく、むしろ国家賠償法が規定する「違法」には該当しないと開き直るものだった。国側が前回提出してきた書証（乙・C＝乙は被告側、Cは上記4者をABCDとしてのC）は54通で、そのうち53までは原告の原審刑事裁判および再審裁判ですでに出されてそれぞれの証拠となっているものであり、残る1通の乙C54号証だけが新しいものだった。C54号証は、DNA型鑑定につき事件当時の富山県警科学捜査研究所の吏員2人から、つい最近になって富山地検の検事が事情聴取をした報告書である。当時DNA型鑑定をやろうとしてできなかった、またはやったがうまい結果が出なかったと言いたいような曖昧極まる文書である。どうせ出すなら伝聞ではなく、その2人が作成した当時の鑑定書を提出すべきではないか。全く杜撰にも何か隠さなければならないことがあるに違いない言い訳である。この原資料は、いずれ提出させるべきだ。

## 1）送付嘱託が採用された意味

　これは、大きな前進と言える。すでに確定している「原審」および「再審」の裁判記録を取り寄せることは、ある意味では当然でもあり、たやすいことだ。ところが、「捜査記録の一切」となると、それを送付嘱託で検察が素直に出すという前例はあまりないだけに、相当の抵抗が予想されるし、出したとしてもなるべく無難なものだけに限定して「これ以上は存在しません」と言い出す可能性もある。だが、いずれにしても「捜査記録の一切」ということは、それをなるべく出さないように誤魔化そうとする相手にとって今後相当のプレッシャーとなるだろう。相手がその提出を拒む場合には、原告側は裁判所に対して「文書提出命令申立て」を行なうことになる。めんどうだが、そういう手順なのだ。

## 2）被告・国側の作戦

　国側は、これまでの国賠裁判と同じような作戦をたて、通常の検察官の職務

行為として故意・重過失はなく、よって国賠法上の違法性はなかったと主張することで、なんとか乗り切ろうとしてきた。これまでの国賠裁判の判例からすれば、その作戦で何とかなるはずだった。ところが、今回はそう安直には進行しなかった。なにしろ「未開示記録の一切」だから、検察にとっては生命線を破られかねないことになってきたのだ。

国側の「第1準備書面」は、氷見事件において、当時検察官は現に収集した証拠を総合判断することにより起訴したのであって、それは通常の検察官の職務として何の違法性もないとし、柳原氏の原審裁判と再審裁判で出された証拠の中から自分の主張に合うものだけを選んで、乙C1〜53号証を提出した。つまりもっとありていに要約すれば、原告・柳原が自白をしたのだから、検察官が間違えて起訴しても仕方がなかったのだ、いろいろ矛盾点はあったが全部原告・柳原が納得できるように説明してそれが調書になっている、問題の通話記録は、氷見1月事件の1月14日のために収集したので、3月13日の3月事件のアリバイになることに気付かず見落としたにすぎない、したがってそれを国賠法上の違法とまでは言えない——というわけだ。

ところが、原審裁判と再審裁判で証拠になっていたものの中で、今回の「乙C1〜54号証」に含まれていないものがある。つまり、国側の主張にはうまく適合しないために、国側が無視して外してしまったものがある。それはまさに国側の主張の弱点なのだ。どうせ既に出ているものだから、最初から全部出してしまえばいいものを、選んで出したために、みずからの弱点の存在を認め、さらけ出す結果になっている。

その弱点を分析するところから、原告側は、提出命令申立ての理由を導き出していくことになるだろう。

### 3）立証責任転換の論理

弁論では、証拠の送付嘱託をめぐる論争のほかに、原告弁護団からは次のとおり2つの主張が展開された（原告準備書面3・4）。

ひとつは、竹内明美弁護士がその要旨を陳述したもので、本件国賠訴訟における立証責任は、被告側にあるのが筋だという、立証責任転換の論理だ。

つまり通常の民事裁判は、訴えた原告に立証責任があるとされ、被告は防御反証をする原則になっている。ところが本件では、捜査記録、裁判記録のすべてを被告（検察・警察）が保持している（証拠の偏在）。しかも本件の場合は、捜査および取調べにおいて重大な間違いを犯し、柳原氏に「自白」を強要し、虚偽の調書を作出し、柳原氏にとって有利な証拠を隠蔽し、さまざまな矛盾を誤

魔化しの説明で押し通し、当初氷見3月事件で逮捕、勾留期限一杯で処分保留として1月事件で再逮捕、そして1月事件で起訴し、その後何ら新しい証拠がないまま3月事件でも起訴してしまった。まして柳原氏の原審裁判の途中、2002年8月に氷見市内において全く同じような強姦事件が発生したにもかかわらず、警察・検察はその事実を押し隠し柳原氏を有罪判決に追い込んだ。起訴の前から、あるいは逮捕直後から、柳原氏が犯人ではないことを解っていながら、捜査・起訴・裁判追行の権力を行使したのではないか——そうであるに違いない。したがって、本件国賠訴訟の立証責任は当然被告側にあり、合理的根拠に基づくもので違法性はなかったと主張したいのであれば、その立証を被告が行なうべきである——というのが原告側の論理である。こうした立証責任転換の論理は、製造物責任や原発の危険性裁判などでも、原告側から主張され採用されている。

### 4）個人被告の責任追及

もうひとつは、国賠訴訟において、県（警察）・国（検察）の組織としての責任が追及されるのは当然として、公務員個人（警察官・長能善揚、検察官・松井英嗣）の責任も裁判において認定されるべきだという論理で、代理人の一人である石田純弁護士が法廷で熱弁をふるった。

被告側は、これまで積み重ねられてきた最高裁判例に依拠して、公務員個人の責任は、国・自治体が賠償するからそれでいいのだ、個人に責任を負わせると公務員が萎縮してしまう、公務員は国家のためにやっているのだから例え間違っても罰してはいけない——というのだ。これでどれだけ多くの人が泣かされてきたことか、国家は全て正しいという理屈になりかねない。この論理を打破しなければ、この国の民主主義はダメになってしまう。公務は、公共性をもっているがために、なおのこと公務員の責任は重いはずだ、公務員を守ってばかりいたら間違いの再発を防ぐことはできない。国賠法はそもそも戦後の新憲法が生まれたときに、それまでの「国家無答責＝官吏は天皇にのみ責任を負う」という論理に対する反省として立法されたはずである。国賠法には「重大な過失があるときは、個人に対し求償権を有する」との規定もあるが、国・自治体がその権利を行使したことはなく（犯罪事件は別として）、公務員は守られ過ぎてきたと言える。時代は変化しており、変化すべきだ。

## ⑷ 第4回口頭弁論（2010年3月11日）
### 裁判所の「捜査記録の一切の開示勧告」に対して抵抗を続ける被告国・県

傍聴席（34席）は満席。傍聴抽選を求める列には足利事件の菅家氏、布川事件の桜井氏、志布志事件の藤本・川畑氏。菅家氏は列に並ぶのも傍聴するのも初めてという。傍聴席最前列に「冤罪被害者」が見守るなか奥村弁護士から「氷見国賠訴訟裁判は全国的にも注目され、本日この裁判には冤罪被害者が遠方から傍聴にかけつけている」、冤罪被害者の事件名とひとりひとりの名前が紹介され、法廷は緊迫、開廷した。

## １）抵抗を続ける被告

　前回の口頭弁論で裁判所は原審・再審公判記録及び捜査記録一切の送付嘱託を採用、開示するよう勧告したが被告国は第４回口頭弁論直前の３月８日、原審・再審公判記録と捜査記録の全部ではなく一部を開示、一部開示のなかにはこれまで未開示の鑑定書、写真撮影報告書などもある。以下、法廷でのやりとり。


　　**原告弁護団**：裁判所からの提出要請のうち、提出しなかった資料があるのかどうか、あるとすればそれは何か。
　　**被告国代理人**：自分は国の指定代理人で、実際に資料提出の作業をしたのは地検高岡支部なので、自分は知らない。
　　**原告弁護団**：あなたたちで打ち合わせて提出しているのではないのか」「この法廷に高岡支部の検事もいるのではないか。


　被告はしぶしぶ提出資料のリストを認めざるを得ない。被告は原告・弁護団が求め裁判所が勧告した捜査記録の一切ではなく「小出し」にし、なおも醜い抵抗を続けている。「捜査記録の一切」とは「未開示記録」を含む捜査記録の一切であり、「事件の真相」を明らかにするためにも本国賠裁判の生命線であり、被告国・県（検察・警察）は事件を本気で検証したいのであれば裁判所の勧告に従うのは当然であり隠さなければならない理由はないはずだ。

　原告弁護団の未開示記録の開示の求めに対して被告国代理人は、「原告側の主張に反論したい」と再び抵抗、裁判長は「被告側から提出されていない資料について調べる。氷見（１月・３月）事件についてはすべての資料を提出してほしい」と再勧告。被告国代理人は「反論の余地を与えずに提出せよとのことか」と抵抗するも、原告弁護団からは「提出の是非については前回の弁論の場で被告は意見を述べているではないか」と突っ込まれ、被告国代理人は返す言葉もなく沈黙するのみであった。

2）傍聴席からも抗議の声

 合議のための休廷。被告側が開示した資料の範囲について被告側が明確な返事をしなかったことを受けて、傍聴席から支援者、桜井氏らが被告国らに対して怒りの抗議、廷内は一時、緊迫した。

3）裁判所は真犯人O氏の公判記録及び捜査資料も採用・開示勧告

 前回、原告弁護団が送付嘱託申立てし留保されていた真犯人O氏の公判記録及び捜査資料についても裁判所は採用し、原告弁護団に開示リストと補充書の提出を促した。原告弁護団は氷見1月事件・3月事件、原告が公判継続中に発生した8月事件、更には石川事件、鳥取での事件、全部で14の事件についての開示請求リストを提出予定。

 裁判所は原告弁護団に対して原告が起訴された事件以外のO氏の事件について何故開示を求めるのか、の質問に対して、①原告逮捕以降もそれ以前とほぼ同様の手口で強姦事件が繰り返されてきたこと、個々の手口に共通した特徴があるだけでなく、全ての事件に共通して用いられている可能性（犯行車など）があり、真犯人の他の事件についての捜査資料を知ることで解明できること③連続強姦事件は広域捜査の対象になるのではないか、そうだとすれば、手口、指紋やDNA、血液型情報なども共有されていた可能性があること④原告逮捕後の氷見で起きたO氏による強姦事件は氷見の二つの事件を担当した同じ捜査官、手口が酷似、共通する証拠がある事件が原告逮捕後も続いているとすれば、公判中であっても、逮捕・起訴が間違いであったことを警察が気づいた可能性が極めて高く、冤罪を防げた可能性があること、⑤そうならなかったのは警察、検察が故意に真実を隠蔽しようとしたのではないかという疑いが生じることになること、などその理由を述べた。

2010年3月11日、富山県弁護士会館での合同記者会見。左から奥村弁護士、桜井氏、菅家氏、柳原氏、藤山氏、川畑氏、前田弁護士。

## ⑸ 第5回口頭弁論（2010年6月2日）

### 富山地裁が氷見8月事件（原告の公判中に発生した事件）記録を開示勧告

　傍聴を求める列は定員（34席）内で今回は抽選はなし。傍聴席は、ほぼ満席。布川再審事件の桜井氏も東京から駆けつけ傍聴した。前日には金沢市内（北尾法律事務所）で原告・弁護団による記者レクチャー会見、地元報道各社のほぼ全社が会見に参加した。

　証拠開示をめぐる攻防が続いた。富山地裁（田辺浩典裁判長）は前回、前々回で「開示勧告」した氷見1月・3月事件の原審・再審、真犯人O氏の公判記録及び捜査記録の開示勧告に続き、氷見8月事件のO氏の公判記録及び捜査記録についても「開示勧告」を行った。原告弁護団が求めていた真犯人O氏が起訴された14事件のすべての公判記録、捜査記録の開示については氷見1月・3月・8月事件のみの開示勧告となり、その他の事件については現時点で却下するとの決定を行った。一方、裁判所の開示勧告に対して被告国・県はこれまでと同様に抵抗し続け、提出したのは原審・再審の公判記録と公判未提出の捜査記録の一部のみ。原告弁護団が要求し裁判所が「勧告」した内容とは程遠く、しかも開示されたものは黒塗りで隠された部分が多すぎ、これではほとんど未開示状態である。これに対して原告・弁護団は、恣意的に行われている黒塗りは「真っ黒だと証拠として使えない。消すところは必要最低限にしてもらわないと意味がない」「マスキングを見直してほしい」などと抗議するが、被告はこれまでの姿勢を変えるつもりはないらしい。今後は勧告ではなく強制力のある文書提出命令も検討していくことになった。

　また、贄田健二郎弁護士が準備書面5を陳述。「立証に必要な刑事記録はすべて被告側が保持しており、証拠の偏在がある。被告側にも立証責任がある」との"立証責任転換論"を主張、記録の一層の開示を求めた。更に、吉田律恵弁護士が送付嘱託の採用を求める意見、奥村弁護士が求釈明への回答を求める意見を述べた。

　これまでの証拠開示の攻防で少なくとも公判記録等は揃った。今後は具体的な事実主張を、9月以降の口頭弁論で展開していくことになる。また証拠開示についても、まだまだ未開示のものがあり、より具体的な形での開示を求めていくことになる。

### 1）氷見8月事件の開示勧告の意義

　富山地裁は氷見8月事件の開示勧告を決定した。柳原さんが公判審理中に起きた同じ手口の事件だ。8月事件の被害者調書、実況見分調書を作成したのは

1月・3月事件を担当した捜査官らである。この時点で氷見署は同様の手口の「犯行」事件として把握し別に真犯人がいることを"確信"したはずである。捜査の見直し、公訴提起の間違いを認識し"決断"すべき時期でもあった。何故に隠蔽しようとしたのか、その「真相」は今後の法廷で明らかにされるであろう。

 2）捜査指揮簿などの求釈明——釈明

　法廷では捜査指揮簿の開示めぐり激しいやりとりが行なわれた。捜査指揮簿の開示は後に大きな前進をみることになる。以下は主なやりとり。

　　**裁判長**：原告の県への求釈明（捜査指揮簿など）について、口頭で補充することはありますか。
　　**奥村弁護士**：いわゆる捜査指揮簿というものは、捜査の過程でどういう資料が現れてくるか明らかになるものであり、県で所持しているか確認してほしい。
　　**被告県代理人**：捜査指揮簿は保管している。
　　**裁判長**：提出する予定は？
　　**被告県代理人**：ない。
　　**中北弁護士**：官公庁が保存する文書は、提出する義務がある。個別具体的な弊害が明らかにされない限りは送付嘱託に応じなければならない。個別具体的な判断をするにあたっては、証拠のリストが明らかにされないといけない。弊害の有無の判断はできない。求釈明で求めている通り証拠を出さないのであれば、リストを出すべきだ。
　　**奥村弁護士**：真犯人O氏事件関係の書類については裁判所の判断をいただいてから、求釈明で述べようと思っていた。捜査においては通常、作成される証拠はわかっている。その証拠についてリストを作成して提出した。リスト掲載の証拠について、存在しているかどうか答えていただきたい。O氏の氷見1月・3月事件の記録について、開示されたものはほとんど真っ黒。一体何を隠しているのか。なぜ、これだけ真っ黒なものが出てくるのか。
　　**裁判長**：捜査指揮簿、情報公開できる文書ですが、その辺は検討しておられるか。
　　**奥村弁護士**：捜査資料の一環として出していただきたい。
　　**裁判長**：富山県で他に言うことは？
　　**被告県代理人**：指揮簿は捜査に密着したものである。代理人として提出は

難しい。情報公開室とも協議して、書面で回答したい。求釈明のリストのうち、第1の1、第8の5が県が保管しているもの。捜査指揮簿、留置簿の具体的な必要性について、書面でまとめて出してほしい。留置簿については、必要な点について指摘してほしい。

**奥村弁護士**：今の点については、全ての資料をみて裁判所が判断されるべきだと主張しているつもり。現段階では十分だと思っている。

**裁判長**：どういうことが書かれているかはわかるかもしれないが、県はどういう必要性があるかという点を説明してほしい、と言っている。

**奥村弁護士**：捜査指揮簿は、どうして原告が犯人として疑われていって、逮捕されたのかが明らかになると考えている。最も重要な証拠の一つなので、開示してほしい。捜査指揮簿の中身については、県が一番わかっているはず。

**被告県代理人**：書面については、出してほしい。

**奥村弁護士**：送付嘱託の判断を待ってから判断したい。

——**合議**——

**裁判長**：捜査指揮簿は情報公開条例で開示できるのであれば、対象にならないか。県にも検討していただくと同時に、原告で理由について補充すること。氷見8月事件については採用。その余の石川、米子については、現時点では却下します。


## 3）証拠開示攻防の経過

・2010年1月21日、第3回口頭弁論、原告・弁護団は①原審記録、②再審記録、③原審捜査資料、④再審捜査資料、⑤真犯人O氏公判記録及び捜査資料を裁判所に送付嘱託申立。裁判所はこれを受けいれ被告に①②③④を開示勧告、⑤は留保。

・2010年3月8日、被告国は原審・再審公判記録と捜査記録の一部開示、公判提出記録3冊と公判未提出記録1冊（155枚）を提出。被告県は何も提出していない。

・2010年3月11日、第4回口頭弁論。裁判所は真犯人O氏の公判記録及び捜査資料について一部採用し、原告・弁護団に開示リストと補充書の提出を促す。

・2010年3月24日、原告弁護団、真犯人O氏の公判記録及び捜査資料に関わる証拠リスト提出。

・2010年4月1日、原告弁護団、O氏事件に関する送付嘱託補充書を提出。

・2010年4月30日、原告弁護団、求釈明申立書を提出。被告が提出した公判未提出記録は原告弁護団が求めた開示リストのどれに該当するかなど求釈明。
・2010年6月2日、第5回口頭弁論。裁判所はO氏事件関係送付嘱託申立に対し8月事件のみ開示勧告。

## (6) 第6回口頭弁論（2010年9月9日）
### 富山地裁が捜査指揮簿を開示勧告！

傍聴を求める列は定員（34席）内で整理券発行のみ、抽選はなし。「踏み字」国賠（勝訴確定）・志布志事件国賠原告の川畑幸夫氏も鹿児島から駆けつけ傍聴。前日（同月8日）、金沢市内（北尾法律事務所）で原告弁護団による記者会見、記録の「真っ黒」開示に対して抗議声明、その後記者レクチャー、地元報道各社のほぼ全社が会見に参加した。

2010年9月9日の口頭弁論終了後、「真っ黒」開示に抗議する原告弁護団（富山県弁護士会館）。

### 1）画期的判断──捜査指揮簿などを開示勧告

捜査指揮簿とは、県警本部、県警が捜査方針や捜査状況を詳しく記した資料と私たちは考えていた。支える会は前回口頭弁論直後、県警本部に赴き県情報公開条例に基づき捜査指揮簿などの開示を請求した。その後に開示された文書から分かったことだが「捜査指揮簿」ではなく、「事件指揮簿」と総称すべき文書だった。詳細は本書第7章1で述べる。県は本部長指揮事件指揮簿などを一部開示したものの黒塗り部分が大部分。捜査指揮簿には原告のアリバイを示す通話記録やDNA鑑定の結果などが書かれているはずであるが黒塗りのため読むことは不可能。そのため原告弁護団が富山地裁に捜査指揮簿などの送付嘱託を請求。今回、富山地裁はこれを採用した。富山地裁は今後、原告・弁護団

に代わって被告側に提出を求めることになる。なお、原告の留置人出入簿、診療簿については被告県が任意で提出することになった。以下、開示攻防のやりとり。

**奥村弁護士**：氷見1月、3月事件に関する送付嘱託で送られてきた資料がある。全面真っ黒状態、コピーするのが勿体ないくらい。正直に言って、裁判所、原告を馬鹿にしている、きわめて不誠実。誠実に訴訟追行をしてほしい。裁判所からも国にきちっとしたものを出すように言ってほしい。

**前田弁護士**：国は刑事訴訟法47条を理由にしている。被害者のプライバシーの観点は理解できるので、一定の部分についてのマスキングは許容できる。真っ黒は理解ができない。

**裁判長**：裁判所からは、氷見8月については、マスキングを控えてほしいと連絡。1月、3月事件についても、マスキングを控えたものを再送付してほしいと連絡。

**被告国**：保管検察官の判断がある。

**裁判長**：マスキングの必要性について説明は？

**被告国**：求釈明の点については、口頭で回答するつもり。

**裁判長**：県については、送付嘱託補充書を提出。

**多賀弁護士**：（送付嘱託補充書5の陳述）

**裁判長**：留置人診療簿、出入簿について補充は？

**多賀弁護士**：診療簿については、原告が診療を受けているはずなので記録があるはず。出入簿については、長時間の取調べの事実が判明するはず。

**裁判長**：出入簿について存在は明らかにしてもらったが、診療簿については存在するか？

**被告県**：診療簿は存在する。出入簿は提出予定、捜査指揮簿については、捜査手法が判明することで公共の安全に影響するので、提出する予定はない。

**奥村弁護士**：今回は捜査手法自体が問題になっている。納得できない、任意提出すべき。

**中北弁護士**：県の代理人の主張は、きわめて抽象的。証拠開示の問題については、必要性と具体的弊害について判断するという確立された判例の傾向にも反する。きわめて遺憾。まさに暗黒裁判、速やかに提出してほしい。

**多賀弁護士**：強姦事件で血液検査等がされるのは公知の事実。速やかに提

134　第5章　国賠訴訟の口頭弁論全記録

出されたい。

**裁判長**：出入簿、診療簿については任意提出ということでいいか。

**被告県**：多少のマスキングがあるかもしれないが提出する。

**裁判長**：捜査指揮簿について合議する。

**（合議）**

**裁判長**：合議の結果、捜査指揮簿についての文書送付嘱託について、県警本部で保管しているのか？　送付先を県警本部に口頭で訂正したうえで、採用。出入簿、診療簿は県が任意で提出、捜査指揮簿は採用。

### 2）違法性の具体的立証を展開

今回から原告・弁護団は被告の違法性・違法行為の具体的立証に入った。前田弁護士が公訴提起の違法性（総論）、竹内弁護士が被告長能の取調べの違法性、贄田弁護士が公訴維持の違法性の各準備書面６・７・８の要旨を口頭で陳述。以下は準備書面の要旨である。

### 3）公訴提起の違法性（総論）──準備書面６

原告は、氷見１月事件及び氷見３月事件の被害者らと何のつながりもなく、事件とは全く無関係。被害者らと面識を有しておらず、被害者らと会話をしたこともない。被害者らの着衣を知ることもなければ、被害者らの自宅へ立ち入ったこともない。犯人の残した痕跡は原告と結びつくはずはなかった。それにもかかわらず、事件の経緯が詳細に書かれた原告の「自白」調書が存在している。被害者宅を見たこともなく、被害者らと会ったこともない原告が、まるで犯行を行ったかのような内容の調書が作成されている。これら「自白」調書の存在自体でも、すでに、虚偽内容の証拠作出という、警察及び検察の違法行為は明白である。検察官は、「自白」調書を含め、原告と犯人を結びつけると主張して、虚偽内容の証拠を多数、裁判において提出している。そればかりでなく、客観的証拠である靴、使用した凶器、被害者を縛ったもの等についての評価を誤り、また、原告が３月事件の際に自宅から電話していた通話記録の検討を怠るなど検討するべき証拠の検討をしなかった。松井は、「公益の代表者」たる検察官が通常の判断能力に基づき、各種の証拠資料を総合勘案して、合理的な判断を行えば、原告には有罪とし得るだけの嫌疑がなかった、にもかかわらず、公訴提起したのである。検察官の職務行為の違法性について、被告国自ら引用する、職務行為基準説・合理的理由欠如説を採用したとしても、検察官の公訴提起は明らかに違法であり、国賠法上の違法性が認められる。

### 4）被告長能の取調の違法性——準備書面7

長能は、氷見1月事件、氷見3月事件の捜査において、原告の取調べを担当、自白を強要、罵倒、恫喝、暴行、脅迫、偽計などあらゆる手段を駆使して追いつめ、なんら犯罪行為を行っていない原告に精神的・肉体的苦痛を与えた。

### 5）被告松井の公訴維持の違法性——準備書面8

氷見8月事件は、白昼堂々、少女1人しかいない家を狙って侵入し強姦するという、凶悪重大事件、氷見1月事件、氷見3月事件に引き続く、これらと似通った手口の強姦事件。連続強姦事件として、当時の捜査機関内部でも注目された事件。先行した氷見1月・3月事件は、富山県警の本部長指揮事件。このような凶悪重大で、かつ、連続性が疑われた事件であれば、発生した時点で、管轄する検察庁にも当然報告しているはず。明らかに同一犯というほかない事件が、犯人であるはずの原告の公判の途中に発生したという、捜査機関にとって見過ごしてはならない重要な事実が判明。真犯人が別にいるとすれば、捜査機関が無実の者を起訴したという重大な過ちを犯したことになり、その後の公訴維持にも関わる極めて重要な事実である。松井は、公判の途中において、原告が無実であり自らの起訴が誤りであったことを認識していた。公判の途中において被告人が無実であることが判明した場合は、公判担当検察官としては、公訴を取り消し、あるいは無罪の証拠を提出して無罪の論告をすべき義務がある。「公益の代表者」たる検察官の職務の性質からして当然。しかし、松井は、公判の途中において原告が無実であることを認識していたにもかかわらず、あえてその事実を無視、公訴を維持し原告を有罪とし、刑務所に服役させたのである。

## (7) 第7回口頭弁論（2010年12月8日）

### 捜査指揮簿などの開示攻防

第6回口頭弁論では原告弁護団が捜査指揮簿などの送付嘱託の申立てに対して、富山地裁は合議の上、これを採用するという画期的判断を行った。今回の口頭弁論ではこの「開示勧告」を受け被告側が何をどこまで、どう出してくるか、注目された。結果は県情報公開で開示されたものと全く同一、マスキング部分までが同じものを提出してきた。原告弁護団はこれには断固抗議。裁判所も情報公開の部分的開示では不足だと判断し、送付嘱託を採用したはずであったが被告の対応は許せるものではない。原告弁護団は同じものを出した理由、マスキングの根拠の釈明を被告に求めた。被告は次回弁論までに回答すること

になった。

　事件発覚直後、公表された最高検報告書では盛んに本事件の「検証」の必要性を強調していた。原告弁護団はその「検証」のためには、あらゆる（捜査）記録の開示があればこそ可能であると主張してきたが、検察の「検証」への姿勢は何処へ行ってしまったのであろうか。何故、「国賠」になるとこうも被告国らは「小官僚」的に構えてしまうのであろうか。

### 1）本格的な違法性の立証へ

　原告弁護団は 準備書面9・10を陳述。被告県は第2準備書面を陳述、書証として乙Ａ1〜36号証を提出した。被告国は第3準備書面を陳述。それぞれ前回までの原告準備書面に対する反論であるが、内容はほとんどが"弁解"。次回以降、原告弁護団は反論準備書面を提出予定。

　原告準備書面9は被告長能及び被告県の捜査の違法性について展開。被害者の面割りという極めて証拠価値の低いもの以外はなく、原告と犯人を結び付ける客観的証拠は一切ない。足跡（靴）、サバイバルナイフ、チェーン、指紋、精液、唾液、毛髪等、犯人性を否定するものばかり。通話記録などアリバイを証する証拠まで確保していたにもかかわらず虚偽証拠を作出し犯人に仕立てあげていった、と被告県の違法性を追及。

　原告準備書面10は被告松井及び被告国の捜査の違法性について展開。被告松井は、被告長能が作成した「自白調書」が虚偽であることに気付いていたか、あるいは当然気付いた状況であったがこれを無視、被告長能が作成したものと同じ内容の虚偽自白調書を作成。更には、「自白」と他の証拠の矛盾を隠蔽する内容の調書をも作成、積極的に原告に虚偽自白をさせている。原告は、被告長能によって自白を強要された恐怖心から取調べに対しては取調官の言われるままに調書に署名指印、被告松井はこのような原告の心理状態に乗じて虚偽の自白調書を多数作出。最高検が2007年8月に公表した報告書の6頁（甲4号証）においても「検察官がA氏（原告）を誘導することにより供述を得ていたことが窺われる」とされている。取調べ及び検察官調書の作成に際し、ストーリーを原告に押し付け、積極的に虚偽の自白を作出、故意又は過失が存することは明らかである、と被告国の違法性を追及。

### 2）原田宏二氏が傍聴、記者会見、そして勉強会

　市民団体「市民の目フォーラム北海道」代表でもある原田宏二氏（元北海道警釧路方面本部長）が札幌からかけつけ傍聴。弁論後の記者会見にも同席、会見・勉強会では「捜査指揮簿は捜査全体の動きが分かる。指揮簿をきちんと読んで、

組織としてどこに原因があるか解明していかないと冤罪はなくならない」と指摘、捜査指揮簿などの開示の必要性を訴えた。また、本事件前からあった富山県警の隠蔽体質にも触れ「富山県警には、この事件指揮簿をめぐって苦い思いがある。氷見事件が発生する数カ月前、元県警本部長、元刑事部長等幹部多数が関与した覚せい剤事件のもみ消し事実が発覚（もみ消しは1995年5月当時の事件）、U元警察本部長とT元刑事部長が虚偽の事件指揮簿を作成、2002年4月11日に有罪判決を受けている。富山県警が柳原さんを誤認逮捕したのはこの4日後のこと。このもみ消し事件では警察大学の同期で1年間同室だった元富山警察署長O警視正が自ら命を絶っている。有罪判決を受けたU警察本部長の後任者で氷見事件の指揮を執ったのがS本部長である。S本部長は、1975年4月、北海道警察から警察庁に出向、彼は警察庁長官秘書室長を務めたほどの人物で、富山県警本部長のポストはノンキャリアの中では異例の出世。ただし、富山県警の不祥事の後始末といった点を除けばである。連続強姦事件（氷見）、現地ではかなり力を入れて対応した事件のはず（そうしていなければおかしい）、被害者宅への出入り関係の捜査、裏付け捜査など、さまざまな捜査項目。毎日、捜査項目にしたがって一定の捜査官を配置。それに基づいて報告を上げ、成果があがらなくても"何もありませんでした"という捜査報告書があるはず、その記録の全てを開示すべき」と強調。勉強会には弁護団・支援者20名が参加した。

### 3）県情報公開条例と開示

捜査指揮簿などの開示請求に対して富山県はその一部を開示、しかし、マスキング（黒塗り）部分がほとんど、この部分公開に対して異議申立てを行っていたが富山県公安委員会から県の情報審査会へ非開示理由説明書が届いた（2010年12月10日）。それへの反論を提出（2011年1月21日までに）後、情報公開審査会が開催される。また、石川事件についても捜査指揮簿の開示を石川県に対して同県情報公開条例に基づき開示を求めていく（第7章1「情報公開請求と黒塗り減らせ訴訟」を参照）。

## (8) 第8回口頭弁論（2011年2月23日）
### 違法行為の本格的立証つづく

傍聴（整理券）には18名が並んだ。ちょっと少なめ（30名満席）。NZ地震の影響（地元・富山外国語専門学校生が被災、一刻も早い救出を）でマスコミの取材記者もいつもより少ない。左陪席交代（山口貴央裁判官）のため弁論の更新が行われた。この日から被告長能にも代理人（弁護士）がついた。

138　第5章　国賠訴訟の口頭弁論全記録

原告側からは「面割・被疑者特定」の警察捜査の違法についての準備書面11、起訴の違法性についての準備書面12、被告県第2準備書面・被告国第3準備書面への各反論、マスキング理由への反論などを陳述。県第2準備書面で展開している内容のその根拠となる「証拠等提出要求書」、そしてО氏（真犯人）の石川5月及び6月事件捜査記録等の「送付嘱託申立3」とО氏事件担当弁護人が保管する記録の「送付嘱託申立4」を提出した。新たに被告県が第3準備書面、被告国が第4準備書面を陳述した。

### 1）原告準備書面11

　贄田弁護士が要約陳述。「被告は被害者や関係者等による犯人識別供述を、捜査の端緒等と主張、捜査は極めて問題の多い、違法・不当なもの」「数次の犯人識別供述等が存在、①1月事件被害者及び3月事件被害者の目撃とその供述、②似顔絵に作成する過程、③似顔絵を用いての聞き込み捜査の過程、④似顔絵を示された者による識別供述、⑤写真面割、⑥人物の面通し。このなかで写真面割手続及び面通し手続の両方で暗示的誘導的な手段を用いた点、及び捜査手続全般を通して各被害者に対して、犯人が原告であると教唆していた点等、違法・不当な手段である。似顔絵を利用したという聞き込み捜査等も科学的な捜査としての前提すら欠いている。各被害者の供述調書に証拠能力がない」

### 2）原告準備書面12

　多賀弁護士が要約陳述。「公訴提起の違法の判断基準としては①虚偽内容の証拠を作出、検察官の違法行為が明白、②後に判明した事実や証拠をも踏まえて、結果として証拠評価を誤り、検討するべき証拠を検討せずしてなされた場合をいう」

　「被告松井の氷見1月事件の起訴（2002年5月24日）は、①ナイフやビニール紐、コンバースの靴について、誘導により矛盾を糊塗・隠蔽する虚偽内容の調書を作出、②真犯人はО氏であり、事件に原告は一切関与していなかった事実を踏まえると、真実でない各"自白"調書の証拠評価、被害者の犯人識別供述の信用性という証拠評価、アリバイを含む消極的情況の各証拠評価を誤り、血液型検査やDNA型鑑定結果の検討も怠った。

　氷見3月事件の起訴（2002年6月13日）についても、①氷見1月事件と同じく誘導で虚偽内容の調書を作出、②結果として、供述証拠の評価を誤り、アリバイ含む消極的情況証拠の評価を誤り、その検討も怠って公訴提起、氷見3月事件の公訴提起も違法である」

「職務行為基準説・合理的理由欠如説を前提にしても違法、"公訴提起時において、検察官が現に収集した証拠資料及び通常要求される捜査を遂行すれば収集し得た証拠資料を総合勘案して合理的な判断過程により有罪と認められる嫌疑がないのになされた公訴提起が違法"であるという説をとったとしても、公訴提起は違法である」と詳細に展開。

## (9) 第9回口頭弁論（2011年4月20日）

**石川5・6月事件の送付嘱託も採用！　石川5月事件は再逮捕前後、同6月事件は起訴後、そして氷見8月事件は公判中、同一犯人（同一手口）による事件が発生していた**

傍聴（整理券）には19名が並んだ。東京からは8名が傍聴。NZ地震後、この国を襲った3.11大震災と津波、そして原発による汚染、この国は一体、何処へ向かおうとしているのか。地震の影響で布川事件の再審判決は5月24日に延期、本国賠裁判でも県から地震による被災地応援のため準備書面の提出を延ばして欲しいとの申し出があったようであるが、当日の口頭弁論は予定通り行われた。

口頭弁論後、「支える会」は県の情報公開の経緯について記者会見。県の情報公開審査会が「警察が公開の対象を一部捜査資料に限定したこと は不適切、部分開示を行った捜査資料に加えて、その他の資料についても開示請求の対象にして改めて開示するかどうか判断すべ き」と答申したことを踏まえ、公安委員会の今後の対応に注目して欲しい、との会見を行った。

### 1）「送付嘱託」採用の意義

裁判所は石川5・6月事件の送付嘱託も採用。別の事件の開示を求めることは異例であり、裁判所も捜査資料にかなりの関心（疑念）があるということであろう。8月事件の開示要請に続いて、ある意味で画期的な判断であるが、被告国は素直にこれに応じようとしない。最高検・警察庁の「検証」したいという報告書は一体、何だったのか。その場しのぎのものであったのか。関連し連続する事件捜査に対して何をやってきたのか。石川5月事件は再逮捕前後、同6月事件は起訴後、そして氷見8月事件は公判中、同一犯人（同一手口）による事件が発生している。手抜きなのか、杜撰としか言いようがない。被告県の第2準備書面では県警は石川県警にも捜査官を派遣、捜査情報を得ていたことも明らかにしている。適正な捜査だったのか、被告国らは裁判所が採用（送付嘱託）した上記事件の捜査資料を開示するのは当然であろう。以下は法廷での証拠開示のやりとり。

**140**　第5章　国賠訴訟の口頭弁論全記録

**裁判長**：被告県の第4準備書面の石川5、6月事件の捜査についての証拠どうなるのか。

**被告県**：原本が手元にないので、現段階では考えてない。

**裁判長**：上申書や被害者の他の供述調書があるのでは？

**被告県**：調書は確認する。上申書は提出してある。検察の判断を待ちたい。

**裁判長**：被告国は反論を検討するか。

**被告国**：はい。

**裁判長**：被告長能の関係で、原告から個人の捜査の違法性について書面が出ているが。

**被告県**：反論する必要があるかも含めて検討する。

**裁判長**：原告から石川5・6月事件について文書送付嘱託で再度求めている。裁判所は一度、却下している。被告県から新しい主張が出ているが、被告国はどう考えているか。

**被告国**：国の主張との関係ではすべて証拠を出している。

**奥村原告代理人**：証拠提出要求についてはどうか。

**被告国**：国の証拠として出し兼ねる。

**裁判長**：被告松井（検察官）は、公判が終わるまでは石川5月、6月事件の資料をみたことがないという主張か？

**被告国**：はい。

**奥村原告代理人**：被告県は準備書面で主張している以上、証拠を出すべき。任意での提出をしないのなら送付嘱託で出してほしい。H弁護士の手持ち証拠の提出ついて刑訴法281条の4を持ち出している。真相を隠そうとしている態度だ。被告国は全ての資料で判断したと言っているが、全ての資料を出そうとしていない。国が出さないと言っている以上、裁判の証拠資料として必要なので要請してもらいたい。

**（合議）**

**裁判長**：石川5・6月事件については採用。（傍聴席からは「異議なし」）真犯人の弁護人H氏の送付嘱託については、採否留保。


２）違法性の立証、原告の自白分析を行った浜田寿美男氏「鑑定意見書」提出

かなりの準備期間を経てようやく原告側から準備書面13・14・15・16の陳述

が行われた。そして甲7～105号証と証拠説明書、更に浜田寿美男氏による力作、原告の自白分析を行った「鑑定意見書」が提出された（本書第3章2「浜田鑑定と自白問題」参照）。一方、被告国は第4準備書面を陳述したほか原告送付嘱託に対する意見書(3)を提出。被告県は第4準備書面、被告長能は準備書面(2)を陳述した。

### 3）原告準備書面13──証拠開示とマスキング批判

中西弁護士が要約を陳述。被告国の証拠の開示とマスキング批判。「全ての捜査資料の開示を求め、裁判所も開示が必要であると判断」「名誉・プライバシーの侵害は、情報が何人に関する情報であるかが判明した時点で生じるもの。いかに高度な私生活上の秘密が流布されたとしても、それが誰のことなのか分からなければ、名誉・プライバシーが侵害されることはない。関係者の氏名・住所・電話番号などの高度の個人識別力を有するデータが明らかとなることがないよう配慮がなされていれば、具体的な弊害は決して存しない」と国の対応を批判。

### 4）原告準備書面14──捜査指揮簿のマスキング批判

同じく中西弁護士が要約を陳述。被告県の「意見書」への反論。「捜査指揮簿の開示制限（マスキング処理）は明らかに過度の開示制限。捜査指揮簿の開示を求めているのは、被告県のDNA型鑑定・アリバイ捜査・犯行に使用された靴に関する捜査・犯行現場で採取された毛髪に関する捜査や捜査方針が決定される経緯についての主張の真偽を確認するため」、被害者や匿名を希望する捜査協力者が特定される可能性のある情報を除き、全ての捜査指揮簿を開示すべきである。

### 5）原告準備書面15──捜査批判と違法性の立証

贄田弁護士、竹内弁護士が要約を陳述。説得力のある力強いものであった（拍手）。被告県第2・第3準備書面に対する反論。捜査全体の批判を展開、特に「8月事件の発生で原告の犯人性に疑問を持ったが、捜査の結果、別の犯人による事件であると判断」したというが「8月事件は、1月事件・3月事件とその手口において、複数の類似点があり」「原告が犯人ではないと気がつくべきであった」と批判。また原告が自発的に虚偽の内容の「自白」をしたかのように主張しており、「この段階に至っても原告が犯人であることを前提としている」と批判した。

### 6）原告準備書面16──損害論

吉田弁護士は裁判所の時間制限を越える時間を費やし「損害論」の陳述の要

約を行った。「逮捕・勾留・服役と不当に身体を拘束されたため、その間、職につくことができず、収入を得ることができなかった」「違法な刑事手続を受けたことにより不当な身体拘束をされたことに甚大な精神的被害」を受けた。また、「長能らによる苛烈な取調べや長期の身体拘束といった違法な捜査活動のうえ、松井による合理的な嫌疑に基づかない起訴・公判により、約7カ月間も勾留、懲役3年の有罪判決を受けて2年1カ月の服役、合計約2年8カ月の身体拘束」を受けた。更に「報道被害」についても警察からの違法な情報流出が行われたとして厳しく批判、「破廉恥犯罪の犯人」というレッテルを貼り原告を取り巻く人間関係を徹底的に破壊、現在も修復に至っておらず、原告は多大な精神的被害を被った。1億440万3952円の賠償金の根拠を明らかにした。

中盤からいよいよ最終局面になろうとしている。今後は被告らの人証申請などが行われ、いよいよ被告長能らへの尋問などが日程にのぼってきた。

## ⑩ 第10回口頭弁論（2011年7月6日）
### 捜査の不十分な点は認め、原告を身柄拘束される立場におき、深く謝罪したい……（県第6準備書面）より

傍聴（整理券）には13名が並んだ。東京からは7名が傍聴、地元からの傍聴が少ないのが気になるところ。報道席は満席、弁論後の記者会見もほぼ全社が出席、マスコミの関心は高い。

右陪席裁判官（中村仁子裁判官）交代があり弁論の更新が行われた。今回は双方、準備書面ほか文書が盛り沢山だ。原告側は準備書面で証拠開示の要求、捜査の違法性を詳細に追及、手を緩めることは一切しない。執拗に「事実」に基づき「故意・過失」の立証に全力を注いでいる。

一方、被告国は証拠開示に応じることなく、小出し「黒塗り」で抵抗し「証拠」を隠蔽しつつ起訴、公判維持・追行には「国賠法上の違法はない」の一点張りだ。そして警察に「責任」を押し付けるようなスタンスもとる。被告県は「捜査の不十分な点は認め、原告を身柄拘束される立場におき深く謝罪」するとも言うが、あくまで捜査には「故意・過失」はなく被告国と同様、「国賠法上の違法はない」という主張を行う。個人被告については国、県とも個人は国賠法にはなじまず「違法性はない」との主張を繰り返すだけだ。被告には全ての証拠を明らかにし「事件」を「検証」する姿勢は全く見受けられない。

原告側は準備書面17〜21を陳述。同17は被告国第4準備書面への反論、被告松井の取調べの違法性について展開、同時に「誘導の事実を認めている」がど

の供述が「誘導」なのか「求釈明」を行った。同18は被告国第5準備書面に反論、公訴提起の違法性などについて。同19は被告県第4準備書面への反論、氷見事件と石川事件の犯人の同一性と捜査批判について。同20は被告長能準備書面(2)への反論、被告長能の不法行為責任について。同21はこれまでの弁論で明らかになった物証捜査への批判、「客観的な証拠からみても捜査、起訴等は違法であった」と主張。書証として甲7から120号証を提出。

一方、被告側は県が第5・第6準備書面を陳述、書証として乙A37〜41号証提出(石川事件の警察官供述調書等)。国は第6準備書面を陳述。被告長能は準備書面(3)(4)を陳述。県の第6準備書面では「捜査の不十分な点として①被害者の下着を還付してしまったこと　②通話料金明細の吟味が不十分　③供述証拠の吟味が不十分　④類似事件の吟味が不十分であったことを認め、争わないとした。一方、原告が主張する「似顔絵捜査、面割、足跡サイズ、DNA鑑定など犯人性を否定する証拠を無視・黙殺」、「自白強要など故意による加害行為」については争うとしている。

真犯人関係証拠(H弁護士保持)の送付嘱託申立てについて、裁判所は合議の結果、石川5・6月事件、氷見8月事件について、その必要性の理由書の提出を求めた。限定して採用するということか。また、原告側は立証計画1(人証)を提出。警察官(取調官、被害者供述録取者、似顔絵作成鑑識課員)ら10人を予定、いよいよ証人尋問が日程に上ってきた。

## ⑪　第11回口頭弁論(2011年9月7日)
### 証人申請(尋問)、文書提出命令申立てへ

傍聴(整理券)には21名が並んだ。今回は地元富山の支援者の傍聴も多く満席に近い(東京からは6名が傍聴)。弁論後の記者会見には報道各社の全社が出席、マスコミの関心は相変わらず高い。右陪席裁判官(高嶋卓裁判官)の交代があり弁論の更新が行われた。

原告側は準備書面22(警察官中越由紀子、島田稔久及び藤井実らの違法行為の具体的関与状況)、県の求釈明に対する回答書(氷見3月事件の当日に電話をした事実を話したのは、逮捕前の任意調べ)、送付嘱託補充意見書2(真犯人Oの弁護人保持記録)、書証として甲106、107号証(コンバースの靴メーカーへの弁護士会照会)を提出。被告県は回答書、求釈明書を提出。被告国は第7準備書面を陳述・提出した。

### 1)送付嘱託申し立てを却下(真犯人O氏の弁護人保持裁判記録)

田辺裁判長は、真犯人O氏の弁護人を務めたH弁護士が保持する真犯人Oの

裁判記録の送付嘱託を原告側が求めていたが、これを却下した。これまで原告側は氷見事件の原審、再審と捜査記録のほか真犯人Ｏ裁判記録の開示を求めていたが、裁判所は、一部これを採用、しかし被告国から開示されたものはほとんどがマスキング（黒塗り）されたもので非開示に等しい。これに対して原告側は手元にあるＨ弁護士が保持していた記録の送付嘱託申立てを行っていた。被告は「目的外使用」を理由に頑強にこれを拒否、裁判所はこれまで「留保」していたが、被告に同調し「現時点で必要性ない」と却下したのである。裁判所も開示は必要といっておきながらの却下、今回の判断は弾劾に値するものである。

### 2）文書提出命令の申立てへ

被告が開示した捜査記録などはあまりにも「黒塗りされ、分からない部分が多い」。今後は、これらの資料を強制的に開示させる「文書提出命令の申立て」を裁判所に求める以外にない。被害者の初期の供述調書・捜査報告書、似顔絵原本、似顔絵作成報告書、聞き込み捜査報告書・供述調書、上申書など立証（事項）には必要不可欠なものから申立てを行っていく予定である。

### 3）人証申請へ

原告側は今後、人証申請として捜査にかかわった警察官（被害者供述録取者、似顔絵作成鑑識課員ほか）、検察官など12人（原告含む）の申請を行うことを明らかにした。「原告を犯人につくりあげていった」捜査の過程を明らかにするためにも証人尋問は不可欠。一方、被告県は「証人をもって立証したい部分はある」と主張、証人が誰かは明らかにしなかったが、今後、文書提出命令申立てと連動しながら証人尋問の攻防が続く。

弁論後の会見で原告は、今後の裁判の攻防になる証人尋問について「証人になった捜査員たちには、どういう理由で私を犯人に決めつけたか話してほしい」と求めた。

## ⑿　第12回口頭弁論（2011年11月9日）

### 文書提出命令申立てを行う

傍聴は約20名。報道席は地元報道各社を中心にほぼ満席、法廷終了後の記者レクチャーにもほぼ全社が出席、マスコミの関心は相変わらず高い。

原告側は文書提出命令申立書、準備書面23、準備書面24を提出。被告県、被告国、被告長能は原告側の証人等申請に対し「不必要」との意見書を提出する一方、被告県は松山美憲元氷見警察署長ら４人の県警幹部の証人申請を行った。

原告側は「事件の真相」（捜査の全過程）を明らかにするために証拠の全面開示を要求してきた。一方、被告は、事件発覚後、最高検、警察庁自ら「事件」を反省し「検証」していきたいと表明、その「検証」のためにも証拠の全面開示が必要との原告側主張を実質的に拒否。検証ははるかに遠く、逆に何かを隠そうとする意図さえ窺える。被告は法廷内・外で見事に使い分ける「二枚舌」の対応だ。当初、原告側は任意での開示求めたが被告は拒否、その後、送付嘱託を申し立てたが裁判所はこれにはほぼ同意、結局、一部は開示されたものの、そのほとんどが、マスキングがされたもの。裁判所も随分となめられたものだ。また、支援者としては県の情報公開で捜査記録（捜査指揮簿など）の開示請求も行ったが、これも同様に一部開示されたもののほとんどがマスキング。

　この間、被告は開示を頑なに拒否してきたのだ。これに対して文書提出命令申立てしかないというのが原告側の申し立て理由である。

　この申立書は弁護団が、かなり時間をかけて準備したもので29頁になる。この間の攻防戦の集大成というべきものである。申立文書はかなり絞りこんだ。①氷見１月事件被害者の供述書など。②氷見３月事件被害者の犯人面割りなどの捜査報告書、供述書など。③似顔絵作成報告書添付の似顔絵の原本。④氷見１・３月事件における聞込み捜査報告書、聞込み対象者の供述書など。⑤氷見３月事件被害者宅への引き当たりに関する捜査報告書。⑥氷見１・３月事件で原告が作成した供述書（上申書）。⑦原告が供述した靴の燃焼残物に関する鑑定書、捜査報告書。⑧氷見８月事件における捜査記録、捜査指揮簿。⑨富山県警での石川５・６月事件の調査に関する捜査報告書。以上の９点に絞られた。裁判所がどう判断するか注目したい。

### 1）証人申請の攻防

　原告側は証人として捜査にかかわった警察官（被害者供述録取者、似顔絵作成鑑識課員ほか）、検察官など11人、原告本人の申請も行った。一方、被告県も当時の氷見警察署長ら４人の証人を申請。重なるのは氷見警察署長のみ。証人の採否についても裁判所の判断に注目である。捜査官らへの尋問も射程に入ってきた。

### 2）原告準備書面23

　被告国、被告松井（検察官）は、石川５・６月事件、氷見８月事件（勾留中に発生した事件）の存在を認識していたとの事実を否認しているが、氷見警察署もしくは富山県警から、当然に報告を受けていたはずである、との内容の書面。

### 3）原告準備書面24

損害の主張書面。原告が受けた被害は図りしれないほど大きく原告の苦しみは逮捕された時から現在に至るまで続いている。33歳から43歳という人生の中核時期を失い、さらに、被告らの違法行為により負った精神的ダメージにより通院を余儀なくされていること、通算1005日以上に及ぶ身体拘束、原告が失った期間が人生の中核をなす30代であったということ、原告が当時落ち度なくタクシー運転手として働いていたこと、破廉恥罪である強姦罪で処罰され実際に服役生活を余儀なくされたこと、現在もつづく精神的ダメージを負い原告の人生に深刻な影響を及ぼしていること、などを考慮すべきであり、精神的な損失は計り知れないものがあると結論づけている。

## ⒀ 第13回口頭弁論（2012年2月1日）
### 被告国が25点の証拠を新たに開示

当日は、雪が激しく降り、鉄道は軒並み遅延していた。それにより開廷が、10分程度遅れた。被告の国・県・松井（欠席）・長能（代理人2名のみ）の代理人は総勢19名が出廷。個人被告の代理人は当然権利として存在するが、国の代理人は東京及び名古屋からの参加である。それほどの人員が必要だろうか。遠

**文書提出命令申立に対する被告国・県の意見**

| No. | 対象 | 県 | 国 |
|---|---|---|---|
| 1 | 1月事件の調書等 | 所持していない | 所持していない |
| 2 | 面割関係 | 検察送付済み | 2通開示それ以外、所持していない |
| 3 | 似顔絵 | 原本は見当たらない廃棄した | 所持していない |
| 4 | 聞き込み等 | 検察送致済み | 2通開示、それ以外所持していない |
| 5 | 引き当たり | 検察送致済み | 3通開示、それ以外所持していない |
| 6 | 上申書 | 検察送致済み | 15通開示、それ以外所持していない |
| 7 | 靴の燃焼残物 | 捜査記録・報告書は一切ない | 所持していない |
| 8 | 8月事件 | 検察送致済み捜査指揮簿一部開示 | 一部任意開示その余なし |
| 9 | 石川事件 | 捜査指揮簿の一部開示を検討 | 所持していない |

3 ドキュメント国賠裁判 **147**

くの人は、前日から宿泊をしているとのこと、この費用も税金からであると思うと、釈然としない。傍聴人は、32名（東京から6名）であった。

裁判長から書面の確認があった。原告は、先の12回口頭弁論で文書提出命令申立書、準備書面23、同24を提出、その後、12月27日には文書提出命令補充申立書と人証に関する意見書を提出。1月10日には被告国・県は文書提出命令申立に対する各意見書を提出。裁判長は、9点の文書提出命令補充書について意見を原告・被告から聴取したが……。

### 1）被告国が25点の証拠を新たに開示

被告国からは25点の証拠が新たに開示された。国が提出した文書は、15通が原告の上申書、引き当たり報告書、事件当時の3月後半から4月、5月の捜査報告書や実況見分調書が含まれていた。全81枚のうち14枚が全面黒塗りであった。危惧されることは、県の手持ち資料から被告の都合のよいものだけを事前に開示し、文書提出命令の判断に持ち込ませずに幕引きにされることだ。十分に注意をしなければならない。

原告弁護団は、すべての項目について、反論を準備している。捜査指揮簿等の開示状況を見ながら反論ないし対応を検討していく。表（前頁）のNo.4は、県は「全てを送致した」、国は「これ以外ない」と言っているが矛盾がある。No.7は、「県が一件記録全て送致したというが、国はないと言って矛盾している」との問いに、県は「鑑定も含め捜査記録は一切作成されていない」と回答。No.8は、県、国とも「開示に当たらない」と争うとのこと。靴の燃焼物残物に関するものは、原告を犯人にするための重要な証拠であったにもかかわらず、全てがないとはおかしな話である。原告弁護団は、被告が存在しないという部分については、更に補充文書を提出するか検討、法律論については反論する予定である。

### 2）記者会見

弁論後の記者会見が、富山県弁護士会館で行われた。今回は大雪の中、行われた。弁護団から今日の弁論の主題が話され、質疑が行われた。最後に原告本人に、証人尋問が秋から始まるが、誰と対峙したいかとの問いに、松井副検事、長能取調官であると述べた。

## ⑭　第14回口頭弁論（2012年4月25日）
### 裁判長が交代、「文書提出命令について　早急に判断したい」

田邊浩典裁判長から、阿多麻子裁判長に交代した。また、被告国、県の代理人たちも、半数以上の10数名が交代した。

## 1）文書提出命令申立て

前々回に、冤罪の起こった真相を究明するために必要性の高い9件にしぼって、文書提出命令申立てを提出した。1月10日に国から25点の文書が任意開示され、前回に被告国、県からの意見があり、2月20日には県から、本部長指揮事件指揮簿などがマスキングを減らして開示された。国、県とも開示を頑なに拒んできた文書だ。裁判所が文書提出命令をだすことを阻止したいとの意志表示だろう。

原告弁護団から、国、県の意見書への総論的な反論と、先の9件のうち、3件については申立てを撤回し、他の6件については申立てを維持し、理由を補充した。

このような文書提出命令申立てをめぐるやりとりの最中、今回から新しい裁判長へ交代した。冒頭、裁判長は「えーと、裁判所の構成が変わりました。従前通りということでよろしいですね」。これに応じて、奥村弁護士から概略、次の発言があった。

「若干、申し述べたいことが……。本件は冤罪事件に関わるものです。この10年近く、司法制度が変わって来ている。様々な冤罪が明らかになり、その中で、検察官の理念も問われている。この事件で明らかにすべきは、何故このような冤罪が起こったのかということであり、そのために証拠開示がぜひ必要です」。阿多裁判長は、「その証拠開示の議論の最中というように理解しています」と応えて、手続に入った。他方、被告国、県へは、さらに任意開示するものがあるかを問い、国はないこと、県は捜査日誌（事件当時は捜査指揮簿であったが現在は日誌と呼ばれている）の一部を任意開示する方向で検討中であり、出す場合は次回期日前に提出すると答えた。

事件指揮簿を含む捜査指揮簿などは、現場の警察官が捜査状況を報告し、上層部がどのように指揮したかを記録した、いわば業務日報のような文書である。マスキングされた行間から捜査の様子が次第に明らかになった。原告が勾留されていた2002年の5月、6月に隣接した石川県津幡署管内で、さらに8月に同じ氷見署管内で手口の類似する事件があった。それらとの共通性を知りながら、原告を犯人として厳しく取調べ、裁判が継続された。そして、有罪判決で刑に服した後の2003年にも、真犯人により事件は繰り返し起された。個人情報保護や治安確保のためにとの理由で、県、国は公文書の開示を拒んできた。冤罪による被害は計り知れない、全面的な開示により、真相を究明し、責任の所在を明らかにして損害賠償すべきだ。裁判長が文書提出命令申立に真摯に向き合い、次回に文書提出命令を決定するよう、期待する。

3　ドキュメント国賠裁判　149

２）記者会見

弁論後の記者会見は、富山県民会館で行われた。いつものように奥村弁護士の説明と質疑があり、その後原告は記者からの質問に応えて、「なぜ自分が犯人にされたか、時間がかかっても、何故かを知りたい」と意志表示した。

## ⑮　第15回口頭弁論（2012年6月20日）
### 被告県が新たに捜査指揮簿（捜査日誌）330枚を開示

　傍聴席は、ほぼ満席。この日は桜井昌司氏（布川事件で無罪確定、国賠準備中）、菅家利和氏（足利事件で無罪確定）、川畑幸夫氏（志布志事件踏み字国賠、勝訴）も法廷最前列で傍聴。前回交代したばかりの阿多麻子裁判長が入廷、２分間のテレビ撮影、沈黙……、そして開廷。

　文書提出命令の攻防が続いている。５月30日に被告県は330枚の捜査指揮簿（捜査日誌）を任意開示してきた。氷見事件国賠方式（送付嘱託申立て⇒絞り込んだ文書提出命令申立て、県情報公開条例による開示請求との連動）による一定の成果といえるかもしれない。これまでの開示状況は以下の通り。

①2010年11月24日、文書送付嘱託に対応した開示。氷見１・３月事件に関する捜査指揮簿等の開示。本部長指揮事件指揮簿（捜査報告９枚を含む）60枚、署長等指揮事件指揮簿５枚、捜査主任官指名簿２枚、計67枚

②2012年２月20日、文書提出命令申立てを受けての開示。①に３頁追加され（捜査主任官指名簿２枚がなく）マスキングが緩和、計68枚

③2012年５月30日、文書提出命令申立てを受けての開示。捜査指揮簿（捜査日誌）330枚

　情報公開によって開示されたものと比較すると①は同一。②③は一部、開示枚数が増え、マスキング箇所が減って開示内容が増えたものとなっている。③には情報公開によって開示されていた113枚分が見当たらない（未開示）。マスキング（黒塗り）がほとんどであることは変わりないが、月日、捜査員、捜査事項、結果欄の記載のマスキングされていない部分は、ところどころ読み取れるようにもなっている。

　例えば、原告以外の容疑者捜査も実施していたことも読み取れる。県警としては、はじめから原告を「犯人」と決めつけていたわけではなく「適正な捜査」を行っていたとでも言いたいのであろうが、恣意的な開示だ。

　肝心なものは未開示のままだ。原告が勾留されていた2002年６月に隣の石川県津幡署管内で、８月に同じ氷見署で類似する手口の事件が発生、それらとの

共通性を知りながら原告を犯人として厳しく取調べ、裁判が継続されていた時期のものや靴の捜索等に関するものなどが未開示のままである。

原告弁護団は、更に未開示の捜査指揮簿等の開示と開示されたものについても開示の範囲を拡大するように求めた。特に、県情報公開によって開示され、今回の任意開示で開示されなかった113枚についての開示は当然のことであろう。また、被告側が「存在しない」などと主張する文書を明らかにするためにも県警が地検に送致した証拠目録の開示も要求（次回意見書提出予定）した。

## 1）県警の2証人を申請

原告弁護団は新たに澤田章三（当時県警捜査一課長補佐）と高木貴志県警科学捜査研究所員を証人申請した。澤田は石川事件との関連性捜査ために派遣された捜査官、高木は血液型鑑定などを担当した技術吏員、これで証人申請は計14人となった。

## 2）記者会見

弁論後、原告弁護団と桜井氏らとの合同記者会見が行われた。桜井氏は「冤罪被害者による国家賠償請求で、原告が求めている証拠を国が『出さない』と答えるのが理解できない」、菅家氏は「東京電力女性社員殺害事件も足利事件も、DNA鑑定の結果が釈放に結び付いた。今後も同様のケースに期待したい」、川畑氏は「冤罪をこれ以上起こさないため、一日も早い取り調べの全面可視化を望みたい」とそれぞれの思いを、そして本国賠への応援をこれからもやっていきたい、と述べた。


## ⑯ 第16回口頭弁論（2012年8月8日）
### 準備書面25を提出──科捜研・高木鑑定書の「故意」「過失」に迫る

傍聴席は、満席とはいかなかったが、8割ぐらいか。前回に続き、菅家利和氏が法廷最前列で傍聴、その後の記者会見にも同席した。

## 1）朝日新聞の朝刊記事について

この日に先立つ7月16日、朝日新聞朝刊（全国版、東京14版39面社会）は、＜「無実示す体液鑑定を無視」氷見国賠訴訟県警の過失主張へ＞との3段見出しで本国賠に関する記事を掲載した（記事の一部は、第6章 支援活動全記録に掲載）。同記事は「志布志事件」の梶山天記者（当時特別報道部）と「厚労省事件」の野上英文記者（同）の共同執筆であった。記事内容は要約的でわかりづらく県警の鑑定、特に血液鑑定については「故意」「過失」としてもう少し鋭く追及されるべきものであったが、かなり「トーンダウン」したものであった。朝日の社

内事情が反映したものかどうか定かではないが、「調査報道」といえるもので
はない。

2002年2月19日付高木貴志鑑定書については「改ざん」の疑いさえあり、弁
護団も法医学者などのヒヤリングも行い調査を続けてきたものである。弁論で
は、原告側はこの鑑定部分についての準備書面25（血液鑑定、DNA型鑑定の過失等）
を提出、贄田弁護士が陳述した。

### 2）準備書面25の核心

高木鑑定は、被害者の血液型の影響があるとし「精液の血液型のみを判定す
ることはできず、不明であった」と結論づけしている。精子の血液型を調査し
ようと狙いを定めていたはずの鑑定であるにもかかわらず、被害者と同型の血
液型の反応があったからといってそれ以上の鑑定を放棄。鑑定の対象物は「灰
白色の付着物」で、いわゆる混合資料。顕微鏡で精子の存在が確認できること
から、少なくとも被害者由来のもの以外の細胞が付着物に含まれていることが
確認できる。ところが、型判定の場面では、抗Ａ凝集素に反応を示したという
事実から、被害者のＡ型の血液型「のみ」が型判定されているかのような、独
断的な解釈をしている。本来であれば、被害者以外の血液型が判定されている
可能性を視野に入れて、混合資料から精子のみを抽出する手法、Ａ型以外の型
が判定されている可能性について考察すべきところ、本鑑定ではそれ以上のこ
とを放棄しており、極めて不自然。鑑定書からは、本来Ｏ型かＡ型の可能性が
あり、かつＢ型でもＡＢ型でもないとの結論が導かれるべきである。つまり、
Ｂ型の要素がないことが確認されるのだ。実際はどうであったのか。真犯人Ｏ
氏はＯ型であり、原告はＡＢ型であった。本事件の核心に迫るもので、鑑定書
からは原告と一致するものはなく、県警は「犯人」ではないと知りながら捜査
を強行したとしか言いようがないのだ。鑑定書には通常付いているはずの「送
付嘱託書」（表紙）などがなく、鑑定書本文のみである。何故、開示しようと
しないのか。準備書面25は高木貴志（科捜研）の証人申請の補充意見という趣
旨もあり、証人尋問では徹底的に追及してくことになる。

### 3）磯部忠氏ら意見書を提出

更にこれに関連して意見書（甲126号証　富山県警のDNA型鑑定実施状況等）を
提出した。この意見書は県情報公開制度を使って得た開示資料をベースに「支
える会」事務局の磯部忠、高木公明、土屋翼各氏の３人がまとめた。この意見
書についての記者レクチャーも行った

### 4）文書提出命令の攻防

　被告県は送付嘱託で本部長指揮事件指揮簿19通、署長等指揮簿5通を開示、更に2通、任意開示する予定という。また意見書(4)を提出した。これで、被告県の任意開示は終了らしい。また、被告国は原告側が要求していた「送致目録」の提示についてはこれを拒否。そして被害者「供述調書」など3通を任意開示した。

　裁判長は「送致目録の提示ができないということであれば、文書提出命令の判断をせざるを得ない。ただ、相当開示はされているので、秋以降、証拠調べ（証言を含む）を先行するという判断も考えられる。期日、進行について、協議する機会を持ちたい」。証人については「丸一日やって、期日、予備を入れて、6、7期日」「次回期日のあとくらいに採用を検討」と述べるなど、いよいよ最終局面に入る。


## ⒄　第17回口頭弁論（2012年9月19日）

### 証人尋問へ

　いつもの富山地裁第1号法廷は裁判員裁判が行われるため小さめの第2号法廷に。傍聴席は、満席とはいかなかったが、7割ぐらいか。報道席は、ほぼ全社、満席である。

### 1）準備書面26

　報道による損害部分の主張である。違法な捜査による逮捕・起訴がそのまま報道されることによって、社会的にも、そして家族関係についても原告に損害を与えた。それが現在も続いている、と主張。

### 2）人証申請の攻防

　文書提出命令については、一旦留保して、証人尋問を先に行うことを決定。裁判所は「争点は整理がついたと考えているので、次回弁論で留保した書証を取調べ、人証の決定をしたい」とし捜査に関わった警察官や検察官ら10人を証人として採用する方針を明らかにした。11月20日の期日外の3者協議を経て、次回口頭弁論で正式に決定する見込みだ。原告弁護団は、捜査段階で県警側が柳原氏の無実に気付いていたことなどを立証するため、取調べなどに関わった警察官や検察官を含む15人を証人として申請、県警側は「捜査に違法性はなかった」などと主張し、警察官4人を申請していた。相互申請は2名。10人には被告となっている警察官らのほか、捜査主任や被害者の事情聴取や似顔絵を作成した現場の警察官、被害者の着衣の鑑定を担当した科捜研職員らも含む。被害

3　ドキュメント国賠裁判　**153**

者女性二人や事件を自供した真犯人O氏らは見送られた。

### ⒅ 第18回口頭弁論（2012年12月5日）
**進行協議。証人尋問の日程決定**

裁判は今日も、先日に続いて進行協議があったので、その密室で決まったことが「公開」となる、傍聴者にとっては居心地の悪いものだ。証人尋問の時間、スケジュールの確認があって、7分ほどで閉廷。「これで終わります」という裁判長の弁とともに、そのスケジュール表を書記官に渡す。傍聴席からは「傍聴人にも先に渡せ」とい野次が出た。裁判長はてきぱきと訴訟指揮をする人と評価していたのだが、今日は官僚臭がする。

尋問の日程と第19〜21回の証人はきまり、それ以降の第22〜24回の証人については追って決定される。原告を含めて合計10人の証人は、前回弁論で裁判長から採用の方向が示されていた通りに決定した。また、原告、被告国、富山県の間で争いのない事項をまとめる時系列表については、これまでの作業をもとに裁判所案が示され、12月末までに意見を出して、次回期日までに確定することになった。

### ⒆ 第19回弁論（2013年3月4日）
**証人尋問はじまる**

2009年5月の提訴から4年近く経って、富山（氷見）冤罪事件がどのように起こされたのかを明らかにする正念場を迎えた。これから第24回まで、6回の弁論で、計10名の証人尋問が予定されている。

いつもより早く、開廷20分前に抽選が行われ、60名近くの列から、傍聴人35名が選ばれた。記者席も満席、はみ出た記者や法廷「絵師」も傍聴席に並ぶ。原告代理人は7名、被告代理人席には国、県、長能の代理人計23名が居並ぶ。

開廷して、阿多麻子裁判長は裁判官の交代を告げ、更新手続。裁判所作成の時系列表は原告主張を弁論調書に記録し、確定した。

この日の証人は、藤井実警部（当時氷見警察署・刑事課長）と、澤田章三警部（県警本部刑事部捜査一課課長補佐）の2人。開示された証拠類によれば、氷見冤罪が作られた時、捜査現場を主導した捜査幹部の2人である。

1）藤井証人尋問

主尋問は県滝沢代理人の質問に応じて進められ、1カ月前に提出された陳述書にそって、素早い質問が続いた。証人は9年間の刑事経験の後、警部になっ

て氷見警察署刑事課長へ2002年3月25日に着任し、この事件を捜査主任官として、初めて捜査指揮した。淡々とした質問とスムーズな証言は、60分の予定のところ、5分ほど残して主尋問を終えた。続いて、被告国の岡村代理人は、起訴になる直前に1月事件の取調べで一旦否認し、藤井証人の取調べで再び認めたとの経緯につき、供述調書、捜査報告書、検察官への報告、警察内の上司への報告のあり／なしを問い、証人は何れも「ない」ことを証言した。また、長能の代理人から長能の取調べの様子が問われ、キチンとネクタイを締め、背筋を伸ばして真摯に向き合っていたことなどを証言した。

　かわって、原告代理人の奥村弁護士の尋問に移る。冒頭、これまでの主尋問の印象として次の指摘があった。1月事件の血液型ではＡＢ型は無いこと、精液の血液型が不明なこと、足サイズが違うこと、3月事件の毛髪の不一致、靴裏から分かる歩行癖、コンバースの靴が見つからないこと、などについて、「これだけをもって犯人性を否定するものでない」としており、消極証拠を全て外す警察の基本姿勢が現れている。その後、具体的に書証を示して、証人尋問が続いた。なぜ何も知らない原告が詳細な事実を供述したのかとの問いに、「捜査が不十分だった」と応えるだけだった。数次にわたる任意開示の終盤で開示された甲119号証捜査状況報告書は、原告が犯行現場をなかなか案内できず、犯人でないことを容易に知り得たことについても、裏付け捜査が不十分だったというしかない。

　昼の休憩時間を挟んで、奥村弁護士の尋問が続き、贄田弁護士の質問に引き継がれた。最後に、左陪席裁判官から原告以外の容疑者について質問があり、逮捕以降は面通しでの被害者反応や被害者宅への案内で確信し、他はなかったと証言。

### 2）澤田証人尋問

　主尋問は県代理人の質問に応じて進んだ。澤田証人は1、3月事件の事件発生直後から、県警本部の刑事部捜査1課長を補佐して、氷見署にきて松山署長、刑事課長と共に捜査を指揮した。4月から4カ月間、警察大学での研修で不在だったが、8月事件も担当した。

　8月事件発生時、原告は1、3月事件で起訴され、裁判が進んでいた。また、石川県津幡署管内で類似事件が5、6月に起きていた。証人は発生から4日後に、石川県津幡署や県警本部を訪ね、5、6月事件の足跡、被害者供述などを調べた。その結果として、石川事件と8月事件の比較表を作り、本部長指揮事件指揮簿に添付した。両事件は別犯人との理由とした。竹内弁護士の反対尋問

ではその点がつかれた。

## ⒇　第20回口頭弁論（2013年5月27日）

### 警察官2名の無責任な証言

　被害者女性から供述調書を取った女性警察官・中越由起子と犯人の似顔絵を描いた県警本部鑑識・島田稔久の2人が、証言台に立った。東京・大阪など多くの仲間が駆けつけた。

### 1）性犯罪捜査員

　中越は性犯罪捜査員に指定されており、普段は交番勤務だが、強姦事件などが起きると被害者女性に付き添ってサポートする役割だった。医者に連れて行き、実況見分の写真撮影で被害者女性の代わりに「仮装被害者」役を演じた。被害者から詳細に犯行状況を聞き出し、犯人の特徴（身長・年齢・人相・服装）など、捜査の出発点になる重要な情報を記録する役割を受け持っていた。また、柳原氏が容疑者として浮上した後は、写真面割り、本人単独面通しという極めて微妙（旧態依然）な捜査を担当し、被害者から「似ている」との供述を引き出したことになっている。

### 2）「犯人に似ている」とは？

　本件は、結果において別の真犯人O氏が明らかになったわけで、柳原氏が「似ている」との供述は完全に間違いだったことが明々白々となっている。では、なぜ2人の被害者はそろって「似ている」と供述したのか？　15枚の写真帳の中から被害者2人が、そろって同じ「No.10」の写真を選んだのは何故か？　「似ている」はあくまでも「この人とは言えない」という意味であって、それを「合致」の方向に解釈し、でっち上げを強行した警察の責任こそ問われるべきである。つまり中越は、被害者2人を強引に誘導し「No.10」の写真を選ばせ、そして強引に「似ている」供述をもぎ取ったのだ。柳原氏は本当に似ているのか？　そもそも、柳原氏本人と真犯人O氏は、本当に似ているのか。否である。通常、一卵性双生児の2人を区別できない人は多いかもしれないが、柳原氏とO氏を混同するほど2人は似ているわけではない。年齢・身長・人相のすべてにわたって別々である。その常識的な出発点が、なかなか分かってもらえない。

### 3）中越証言の概要

　中越巡査（当時）は、自分は「ニュートラル」な立場であって、書類の内容はすべて被害者が供述したとおりに録取したと証言する。だが、これまで開示された被害者調書としては、1月事件では事件から8日後にやっと最初の調書

156　第5章　国賠訴訟の口頭弁論全記録

を作ったことになっている。1月事件の被害者調書として、事件直後の犯人の精液の処理などに関する部分が隠されているのではないかと、原告弁護団は早くから指摘していた。中越証言は、8日後の調書以外の被害者調書の存在について曖昧に終始した。

### 4）写真面割り・本人面通し

写真面割りについては、被害者2人の供述調書（「似ている」）が中越によって作成されている。ところが、本人単独面通し（柳原氏本人を見せること）については、1月事件被害者は1回、3月事件被害者は2回実施させられており、その調書・報告書はあったりなかったりという曖昧さなのである。都合がわるいことは記録しなかった可能性もある。被害者たちが、犯人に間違いないとの供述をしないので、氷見署が苦労した形跡がありありとしている。中越は、事件から5年後に柳原さんとは別の真犯人が逮捕されたことを知って、「びっくりしました」と証言する。それが精一杯で、それ以上は、何を聞いても「忘れました」「調書に書いてあるとおりです」としか証言しない。

### 5）似顔絵の島田証人

県警本部鑑識の島田は、余裕をもって時には微笑を浮かべながら平気で嘘をつくなど、開き直って富山県警を守るために証言席に座ったという感じだった。島田は1月・3月事件で事件当日に被害者から話を聞いて、犯人の似顔絵を描いたとされるベテラン警察官で、似顔絵の講習会では講師を務める立場だという。氷見事件で表彰も受けている。この表彰を取り消させるべきだ。1月事件の似顔絵は、結果として真犯人Ｏ氏に似ており、3月事件の似顔絵が柳原氏に似ている。3月事件の似顔絵は、柳原氏の写真を見て描いたとしか思えないほど似ているのだ。なぜそうなったのか？

### 6）島田証言の大弱点

問題なのは、3月事件の似顔絵は大きなマスクが顔の半分を覆っている点である。島田は、被害者が鼻と口はマスクで隠されていたと述べたから、そのとおりに描いたと証言する。しかし被害者は、事件2日後の供述調書で、「あごに当てていた少し黄ばんでよれよれとした感じのマスクをピョンピョンと伸ばしながら」（追われているから匿ってくれと言って玄関に入ってきた）。と語っており、鼻や口のあたりがぜんぜん見えなかったとは言っていないのである。

マスクはずっとかけたままだったのかと尋ねることはできたはずだし、被害者に完成した似顔絵を見せたときに、マスクはもっと下のほうにあったという説明がなされたはずだという追及に対しても島田は、平気な顔をして「いや、

私は聞いていません」と押し切った。マスクとともにもうひとつの問題点がある。３月事件の似顔絵（柳原氏に似ているもの）には、明瞭に「のどぼとけ」が描かれている。だが、被害者の説明には「のどぼとけ」はまったく出てこない。１月事件の似顔絵には「のどぼとけ」がない。ちなみに柳原氏の写真、写真帳の「No.10」には、明確に「のどぼとけ」が現れている。この写真を見て、作成された似顔絵なのではないかとの疑念は強くなるばかりであった。少なくともマスクの問題からしても、３月事件被害者の面前で作成されたのではない可能性が強い。

## ㉑ 第 21 回口頭弁論（2013 年8月 19 日）

### ずさんな捜査指揮が明らかに

８月19日の富山市の最高気温は37.5度だった。証人尋問３期日目となったこの日、富山県警科捜研技術吏員の高木貴志、氷見署長の松山美憲、捜査一課長の福岡雅夫（いずれも2002年当時）の３人が富山地裁の証言台に立った。傍聴希望者60人に対し、傍聴席は35席。せっかく傍聴のため裁判所まで来たのに、抽選開始時間に間に合わず、抽選に参加できない人も10人ほどいた。法廷では、外の猛暑に負けない熱い攻防が繰り広げられ、ずさんな捜査指揮が浮き彫りになった。

#### １）Ｂ型物質は存在しない可能性認める

高木は、氷見１月事件の被害者の下着に犯人の精液が付着していないか、付着している場合の精液の血液型鑑定を担当した人物。鑑定結果は「人精液の付着が推定されるが、その血液型は不明」というものだった。

尋問の焦点は、鑑定書に添付された血液型検査の成績表の読み方。弁護団は、血液型Ａ型の被害者の細胞片などと犯人の精液が混合して付着している下着であり、付着精液は「ＡまたはＯ型」と鑑定されるべきだったとの立場から質問を繰り広げた。しかし、高木は「精子の量が少なく、判断できなかった」などとノラリクラリ。成績表からは「Ｂ型物質が存在しない可能性がある、と言えるではないか」と贄田弁護士が追及すると、高木は「（可能性は）あります」と渋々認めた。柳原氏はＡＢ型（後に判明した真犯人はＯ型）のため、柳原氏が容疑者として浮上した時点で、捜査側がこの高木鑑定の内容を十分検討していれば、柳原氏は早い段階で容疑者から消え、逮捕にも至らなかった可能性が強まった。高木はまた、2002年当時の富山県警科捜研にはDNA型鑑定の機器はそろっており、混合資料から精子のみのDNA型鑑定も可能で、氷見署から依頼があ

れば「(DNA型鑑定を)実施していた」と証言した。高木は鑑定後に資料を切り取った下着を氷見署に返しているが、氷見署側から保管の依頼があれば返却せずに科捜研で保管していた、とも証言した。

氷見署は、高木鑑定が出て間もない2月27日に、下着を被害者に還付してしまっていた。下着の保存を県警科捜研に依頼しなかったため、柳原氏が容疑者として浮上後に、被害者下着に付着の精子と柳原氏のDNA型鑑定を実施する機会を逸することになり、氷見署長らのずさんな捜査指揮が浮かび上がった(詳細は、第3章4「DNA型と血液型」参照)。

### 2) 似顔絵捜査は1月から

2002年1月14日に発生した氷見1月事件では、被害者証言を基にその日のうち犯人の似顔絵が作成されていた。3月13日の3月事件でも同様に作成された。一方、被告県は3月末になってから代行運転業者などに似顔絵2枚を持って聞き込みし、柳原氏の名前が浮上したと説明してきた。

ところが、松山、福岡ともに「1月事件の直後から似顔絵捜査は実施したと思う」「捜査のセオリーとしてやったはず」「タクシー業者などにも聞き込みしていると思う」という趣旨の証言をした。ただし、2人とも3月異動で署長や1課長となったので、1月時点では捜査に関与しておらず、捜査引継ぎを受けて証言している。このため、確定的に1月時点で似顔絵捜査をしていたとまでは明らかにならなかった。

しかし、1月にも似顔絵捜査しているとすると、なぜ3月末になって初めて柳原氏の名前が浮上したのか、疑問がますます膨らんできた。1月事件の似顔絵に対してタクシー業者らは何ら反応を示さず、3月事件の似顔絵で初めて、柳原氏が浮上したということになるのだろうか。ともかく1月事件以降の似顔絵捜査の報告書をすべて開示させる必要がある。柳原氏浮上の真相は、まだ見えてきていない。

### 3)「コンバースがあった」の虚偽報告

氷見1月・3月事件の現場には、ともに犯人が残したコンバースの足跡があった。4月初めには、足跡に同一の摩耗痕があることが鑑識課の調べで判明しており、氷見署は1月・3月事件は同一犯による犯行と断定していた。そこへ「柳原の自家用車の中にコンバースがある」との捜査報告が上がってきた。ところが、自宅や車を捜索(4月8日)しても柳原氏の周辺からはコンバースは出てこなかった。

松山はこの日の証言で、「(柳原氏の)車に靴(コンバース)がある」という捜

査報告は附木という氷見署刑事課係長によってもたらされた、と証言した。結局、コンバースは発見されなかったので、それは虚偽報告ではないか、と多賀弁護士が迫ったが、松山は「彼に限って絶対ない。彼は抜きんでて誠実な人物だ」などと述べ、法廷の失笑を買った。

福岡もまた「（柳原氏が）使用していた車両にコンバースの靴があるのを捜査員が確認した」と証言した。しかし、だれがその報告をしたのか、捜査報告書は作成されたのか、と問われると、「わかりません」「作成していると思いますが、わかりません」などと言葉を濁した。

最終的に柳原氏はコンバースを自宅前で燃やしたと虚偽自白するのだが、燃焼実験をしたのか、燃焼物の鑑定を科捜研に依頼したのか、と問われて松山は「（実験は）していない」「鑑定を依頼していない」と証言し、自白の客観的な裏付けを取っていないことを認めた。供述ではない客観証拠を追及しなかったという点で、これもまたずさんな捜査指揮と言える。

### 4）「コンバースが違う」の虚偽報告

柳原氏が氷見署に留置されていた５、６月に、隣県の石川県でコンバース足跡を残す強姦事件が起き、８月には類似手口の氷見８月事件が起きた。

氷見８月事件の後、石川事件でもコンバースの足跡があったと聞いた松山は、柳原氏がすでに起訴され公判中だった氷見１月、３月事件では靴が見つからなかったことが「気になり、（石川事件の）コンバースはどんなものか調べてくれ、と署員に頼んだ」と証言した。捜査の結果、捜査員から「（石川事件と氷見１月、３月事件のコンバースは）色、デザインが違うとはっきり言われた。靴が違うなら問題ないと思った」と証言した。

しかし、2006年の真犯人Ｏ氏の浮上後に行われた鑑定で、石川事件のコンバース足跡と氷見３月事件のコンバース足跡は「摩耗痕も一致しており、同一の履物により印象されたもの」という結果が出ている。実際は、同じコンバースを履いた真犯人Ｏ氏による犯行だったのである。松山証言が真実だとすると、「靴が違う」との報告は虚偽報告ということになる。柳原氏に対する冤罪が明らかになるのを避けるために、作為的な虚偽報告が行われた疑いが強まった。

一方、福岡は「（氷見１月・３月事件はすでに検挙されていたので、石川事件と）比較する必要はなかったし、話題にも上らなかった」と強弁し、柳原氏の冤罪に気づくべきチャンスを逸したことにまったく反省の言葉がなかった。いったん逮捕、起訴された事件に間違いはないという警察検察の姿勢が、冤罪を生み出す主要な原因だとあらためて痛感した。

**160** 第５章 国賠訴訟の口頭弁論全記録

氷見３月事件の発生時刻ころ、一人暮らしの柳原氏は自宅の固定電話から親類宅へ電話していた。氷見署はその通話記録を押収していながら、これを見落とし、アリバイ成立に気づかなかった。松山は、「アリバイの方に関心がいかなかった。痛恨の極み」などと語り、福岡は「（固定電話の発信記録は）有益な捜査資料であるが、通話記録を確認するよう捜査指揮はしていなかった」と証言し、アリバイ捜査が徹底していなかった過失については従来通り認めた。

### ５）３月事件被害者の証言を求める証拠申出書提出

これまでの証人尋問、とりわけ、中越由紀子及び島田稔久の証言の結果を踏まえて、改めて、３月事件被害者の証人尋問を証拠申出書（2013年９月30日付け）として提出した。証人のプライバシーに十分配慮した裁判所外における非公開での尋問を希望し、犯人の目撃と捜査官への供述状況、写真面割、面通しの状況などの証言を求めた。


## ⒇ 第22回口頭弁論（2013年10月21日）

### 原告本人証言始まる

富山地裁には、東京・山形などから十数人の支援者が傍聴に駆けつけた。柳原氏を励ますため、足利事件の菅家氏、志布志事件の川畑氏も来てくれた。

### １）原告・柳原氏の証言

証人調べは、採用された９人の捜査関係者のうち７人が終了したところで原告・柳原氏の証言が始まった。原告の証言は２つに分けられることとなり、前半は「違法性」、後半は「損害論」ということになった。国賠訴訟では要するに国（検察）や県（警察）がいかに違法な（法律・規則を逸脱した）捜査を行なったか、それは過失か重過失か故意かを立証するため、柳原氏の場合はいかに理不尽な取調べがあったか、警察・検察・裁判官・弁護士が寄ってたかって原告に冤罪を押しつけた、その実態を明らかにするための本人証言という位置づけになる。原告が任意取調べに連行されるところから始まって起訴され実刑３年の判決となるまで、それにプラスして冤罪が明らかになった際（2007年１月）「再審のために必要」として検察官が再度柳原氏に対して全く任意性のない検察官調書を多数作成した酷さも違法性として取り上げた。損害論は、事件を押しつけられたことによる逸失利益、刑務所の処遇・更生施設の実態、そして出てきた後の社会復帰（就職など）の困難、PTSDが今日まで続いている事実を証言することになる。

前もって提出してある「陳述書１」に沿って、主尋問は比較的スムーズに進

行し、予定どおり約1時間半で終了した。柳原氏の声も大きく内容もよかった。翌日の新聞記事は、取調官・長能善揚の酷い言葉を見出しに掲げ、罵倒の一覧表まで掲載された。「ばか者」「うそをつくな」「被害者が死ねと言っているからお前死ね」「お母さんも泣いているぞ」「姉さんが間違いないからどうにでもしてくれと言っている」「今後俺の言うことにハイかウンしか言うな」等々。

　新聞は提訴の頃は、全紙が警察発表どおりに「誤認逮捕された柳原さん」という常套句を使っていたが、最近やっと「再審で無罪となった……」と形容するようになった。そこまでいくのも大変という実例だ。

### 2）反対尋問で体調不良に

　反対尋問は、原告にとって意地悪な質問になるだろうと予想されてはいたものの、全く腹立たしい質問が続いた。しかし裁判というものは、主尋問の範囲内である限り反対尋問にさらされて、どれだけきちんと答えられたのかが鍵となる。反対尋問をしないでくれと言うことはできない。

　柳原氏の場合、任意取調べのあいだに、事件当日のアリバイとなる電話通話の記憶を長能刑事に述べたにもかかわらず無視された、それを言ったのは取調べの1日目だったか2日目だったか、どのような言葉で主張したのかという、ある意味では非常に細かい部分に反対尋問が集中した。被告・警察側は、柳原氏の記憶の曖昧さを捉えて、きちんとアリバイ主張をしなかったのではないか、だから警察が間違ってしまったのも仕方がないと主張したいわけだ。

　しかし開示された「捜査指揮簿」によれば、任意取調べの第1日目の欄に「犯行を否認し」3月事件の「犯行時間帯は自宅にて一人でいた」と供述していると明記してある。当然ながら自白の前だから供述調書はない。

　取調べにさらされていた当時の柳原氏にとって、事件の内容説明もないまま、ただ「やっただろう」と責められるその事件の時間帯がいつなのかも明確ではなく、徐々に「そういえば、その日会社の社長や金沢の姉のところに電話したな」とだんだん記憶を喚起していったであろうことが推察される。はじめから「私のアリバイは〇時から〇時まで電話をしていたから私は犯行現場に存在できない」などと文章を書くように明確な言葉が柳原氏の口から出たと考えることのほうが不自然だ。犯行時間帯を明示することもなくアリバイの有無を問うこと自体が理不尽だ。

　こうしたアリバイをめぐる問答が続くうちに、柳原氏の声は小さくなり、傍聴席から見ても顔や頸部の色が赤黒くなっていくのが分かった。そのうちに柳原氏は胸を押さえ、「心臓のあたりが痛い」と言い、吐き気を訴えた。そのた

め休憩となった。再開後もしばらくして更に酷い状態となり、再度休憩となって医務室に寝かされた。その後、いよいよ無理となって次回に延期となった。現在も柳原氏は通院して、原因を医師に診断してもらっている。

　こうした心理的な要因からの体調不良が、取調べ等の被害のPTSDであることは明らかと言うべきだろう（詳細は、第3章6「原告証言とPTSD」参照）。

## ㉓　第23回口頭弁論（2013年12月16日）
### 否認すれば殴られたり、蹴られたりするのではないか、やっていないとは言えなかった

　当日は、どんよりと北陸特有の曇り空。寒い。抽選には28人が並んだ。東京、山形などの支援者のほか足利事件の菅家氏が傍聴に駆けつけてくれた。今回は無抽選。支援者も全員傍聴ということになった。本法廷の傍聴券を巡っては、傍聴券裏面の文言に一部誤り（誤植）があり、富山市内在住の傍聴者Ｔ氏が裁判所に訂正を求めていたが今回、ようやく訂正を確認した。3回目の抗議でやっとの再々訂正だ。警備を担当する総務課の対応の遅さには驚きだが、こうした間違いはあってはならないことだ。

　原告側から甲139〜144号証が提出された。原告の事件によるPTSD（心的外傷後ストレス障害）の症状について3名の心理療法士の意見書、東大病院精神科医師のPTSDの診断書などだ。前回の法廷で反対尋問の際、体調を崩し尋問不能となったが、その原因ともなっているPTSDについてのものだ。いずれ原告のPTSDによる体調不良などについては損害論の部分で詳細に展開されるはずだ。

### 1）取調べの恐怖と自白

　何もやっていない原告がある日、突然「オマエがやった」と言われ、逮捕・起訴され有罪となり刑務所で服役までさせられ、そして出所後、真犯人が発覚し、今度は検察官自らが再審無罪請求と無罪論告をして、無罪が確定する。この一連の理不尽な扱い対してやった側（被告）を国賠提訴。被告は一応の反省をみせるが、一方で「原告にも落ち度があった」と。「自白」の誘導はあったが、原告は積極的にアリバイ主張もしてこなかった。捜査の一部に誤りがあったが、全面的に謝ることはしないのだ。これが被告のスタンスで今も変わらない。被告の原告への尋問も同様であった。膨大な「自白」があった。無から有が作られる。冤罪事件にかかわってきたものとして、この「自白」がなかなか一般のひと（裁判官も含めて）には理解されない。「自白」といっても、それぞれの「冤

3　ドキュメント国賠裁判　163

罪事件」とその「被害者」の個性によって異なり、分析不可能なこともある。それでも解きほぐしていかなければならない。今回の原告（反対）尋問ではその「真相」が明らかになるはずであった。

　原告の反対尋問が始まった。前回の主尋問は非常にわかりやすく、自白にいたる状況が証言からいくつか明らかになった。取調べの異様（暴力的）な雰囲気のなか母親の写真を見せられ涙がとまらず、家族から見捨てられたと思ったことなど取調べの状況を再現し自白へといたる状況の一部が明らかになった。

　反対尋問は主尋問のようにうまくはいかなかった。原告は「前回法廷での被告の尋問は取り調べの再現」のようでもあったとの証言を行った。今回、前もって原告側から裁判所に原告の体調を考慮しての反対尋問への要望書が提出されていた。平易な言葉での尋問と体調を考慮し休憩しながら進めてもらいたいというものだ。被告県、被告長能、被告国の各代理人の順に行われた。

　被告県は前回同様、被告は記憶の曖昧さにつけこんできたが、原告は「記憶の通り」「記憶にない」との証言が多く、また、尋問と証言がかみ合わないところもあったが、これも一旦「ハイ、ウン」としか答えられなくなった原告の追い詰められていった状況での記憶の残像として致し方ないのかもしれない。原告は取調べでの恐怖感から、捜査側の意に沿う「自白」を重ねたことを明らかにした。暴行は受けていないとしながらも、長能取調官のこぶしを突き出したり、机を叩いたりする行為から、「否認すれば殴られたり、蹴られたりするのではないかと思い、やっていないとは言えなかった」と、恐怖心から自白したいきさつを証言した。凶器のナイフ、縛ったビニール紐などの自白についても「暴行を恐れて、取調官に合わせるように答えてしまった」とも証言。取調べ中、原告は明確なアリバイ主張をしていなかったなど、アリバイ主張（記憶）の"矛盾"をつく尋問もあったが、結果として明確なアリバイが存在し、むしろアリバイ捜査をないがしろにしてきた捜査実態が明らかになったというべきであろう。

　被告国は松井副検事が原告の言い分をよく聞いていたとの印象付けを行おうとの尋問を行った。原告は松井副検事の印象としてあるのはことあるごとに「ごめんなさい」をいう検事であり、それ以外は特に印象はないとの証言に終始した。凶器についても、被害者はギザギザした刃のナイフで脅されていたが、原告宅から押収されたのは果物ナイフ、これについても検察官に「被害者の気が動転し記憶違いをしたのでは」と矛盾を問われた際もそれに追従したという。

### ２）警察官の証人尋問で明らかになった５点の開示請求を無視

証人尋問は原告を取り調べた長能（被告）のみとなったが、原告側は文書提出命令申立書９点のうち警察官の証人尋問で明らかになった靴や似顔絵の捜査報告書など５点の証拠開示を求めていた。これに対して被告は文書などでの回答を全くしてこなかった。これには奥村弁護士が激怒。何も回答をよこさないことに「もっと誠実にやりなさい」「存在するのかしないのか、また開示しない場合の理由を明らかにすべきだ」と被告国代理人を一喝する場面も。法廷は一瞬、緊張。被告は口頭で１点は存在せず４点については「開示しない」との回答。証言で明らかになったものを非開示にする理由はないはずであるが、原告側としてはあくまでも開示にこだわり文書提出命令の申立てを行っていくことになった。裁判所がこれをどう判断するのか注目していきたい。

## ㉔　第24回 口頭弁論（2014年2月17日）
### 長能警部補の「択一式」質問で誘導され、作られた供述調書

左陪席は今回から永田大貴裁判官へ交代した。傍聴席は抽選に当たった人たちで満席だった。

### １）取調官・長能警部補への主尋問

第19回から証人尋問が始まり、これまでに富山県警の７名の警察官・科捜研技術吏員と、原告本人が証言した。今回は原告を取調べ、被害者供述にそった内容の供述調書を作成した長能善揚警部補である。原告の柳原氏を虚偽自白に追い込み、冤罪を作り出した取調官であり、この訴訟で損害賠償を請求する個人被告の一人である。

富山県警生活安全部地域課（証言当時）に勤務する被告長能は、自分の弁護士や県代理人の主尋問に応えて、取調べで暴行や脅迫はないよう常に心がけ、捜査幹部に報告し、指示を受けていたこと、供述拒否権を伝え、イヤならしゃべらないで良いことを伝えたという。事前に提出された陳述書をなぞるように、１時間ほどの主尋問があり、ついで国代理人から30分ほど尋問が行われた。

たとえば、「原告は下を向いて、こちらの話を聞いていないようなので、机の端をコン、コン、コンと叩いて話を聞いてもらった」、「複数の中から答を選んでもらう択一式の質問をして、供述調書を作成した」、「被害者宅の見取り図は、いろいろ話しながら長能警部補が図面を書き上げ、それを見本にして、原告が鉛筆で下書き、ボールペンでなぞって作り上げた」など、虚偽の供述調書の作り方が淡々と説明された。

しかし、犯行と無関係な原告が、被害者の供述調書に沿うことを言えるはず

がない。取調官の違法な誘導は必定だ。反対尋問で次第に明らかにされた。

### 2）「ちゃんと答えなさい！」県代理人が叱責

　昼休みまで25分ぐらいになって、原告弁護団の前田弁護士から反対尋問が始まった。業務日誌のような捜査指揮簿の記述から、長能証人の捜査状況を確認してゆく。捜査一課強行班のベテラン捜査員として県警本部から氷見署へ1月20日頃から派遣された証人は、類似手口から絞られた1月事件の容疑者を捜査していたが、同じ足跡での3月事件が起き、勤務先でのアリバイが確認され捜査線上から消えたという。似顔絵による聞き込みや被害者による写真面割りから浮上した原告の取調べを幹部から指示されたという。原告の車の中に足跡と似たメーカーの靴があったという報告、事件の起きた時間帯に勤務していなかったことも確認したという。しかし、既に押収されていた電話の通話履歴から原告のアリバイは明らかだった。原告は3月13日は自宅に1人でいたとも話している。長能は通話履歴を見ていないという、アリバイなしと幹部に報告した。客観証拠がないまま、捜査を進めるために自白が必要だった。県第1、第2準備書面には、「語気強く、本当にやっていないのか、きちんとしたことを話せ」、とか机を叩いたことも記載されている。

　この辺の違法・不当な取調べについて、前田弁護士の質問に長能証人ははぐらかそうと、「語気強く」を認めようとしない。証言台に隣接した席の県代理人弁護士が「ちゃんと答えなさい！」と、叱責する一幕もあった。3年ほど前に彼の話などから、県準備書面をまとめたのであろう県の弁護士には、とぼけた長能証言の証言が許せなかったに違いない。

### 3）「択一式」誘導で作られた虚偽の供述調書

　長能の脅しに屈し、何も知らない原告から供述調書や現場の見取り図など多数の上申書を作る誘導の方法も、反対尋問により具体的にあぶり出された。翌朝の読売新聞は、4段抜きの見出し＜冤罪国賠訴訟　取調官「択一式」質問で誘導　虚偽の供述調書、経緯説明＞で、次のように報じている。「元取調官は、被害者の供述から把握した犯行内容を含む複数の問いを"択一式"に投げかけ、柳原さんが答えると"本当か"などと確認。聞いた内容をまとめて供述調書を作成した」。

### 4）5月5日に処分保留で一旦釈放・再逮捕の演出

　3月事件で21日間の取調べ後、処分保留として釈放されることになり、衣類などを2つの紙袋に詰めて持ち警察署を出ようとした柳原氏を、敷地ギリギリの場所で待ちかまえていた刑事たちが連れ戻し長能警部補が1月事件の逮捕状

で逮捕した。容疑者の心理的な衝撃を増し、屈服させる意図がありありだ。反対尋問で、その酷さを指摘された長能警部補は、再逮捕することを事前に柳原さんへ説明済みだったと言う。到底信じられない証言である。最後に再尋問が行われ、この日の証人尋問を終えた。

### 5）県民会館で原告・弁護団の記者会見

県民会館での記者会見も満員状態だった。奥村弁護士は「今日の取調官の証言は、この冤罪の全ての物語を作る過程を語るものだった」。また反対尋問をした前田弁護士は「まず電話履歴を調べていれば犯人でないことが明確だったし、被害者宅へのひき当たりで、誘導を重ね5軒目でやっとたどり着いた時に、ひょっとしたら犯人でないと気づくはず」であったと述べた。


## ㉕ 第25回口頭弁論（2014年4月21日）
### 消極証拠を「検討しない」起訴検察官証言

小雨の富山市。2人の証人尋問があるため、いつもより30分早い午前9時10分に傍聴希望者の締めきりで、45人が並び、35人に絞られた。しかし、メディアが抽選希望者を動員した影響か、実際の傍聴席はチラホラ欠け空席が目立った。

### 1）通話記録「精査せず」

最初の証人は、原告の柳原浩氏を強姦罪などで起訴した松井英嗣・検察官。事件捜査時の2002年は高岡支部・副検事で、魚津区検、事件発覚後、三重県の方に異動し、この4月から再び高岡支部に勤務している。柳原氏が逮捕、起訴された最大の要因である自宅固定電話の通話記録の見落とし（氷見3月事件の犯行時間帯に、一人暮らしの柳原さんが発信していたことに富山県警捜査員が気づかなかった）について、松井証人は事前に提出した陳述書で「捜査公判当時、そのような通話記録があること自体把握していませんでした」と述べていた。通話記録は3月事件起訴前の2002年5月24日に送致されていたことはすでに判明している。

送致済みの通話記録を把握していないとは、どういうことなのか。柳原氏の代理人の多賀秀典弁護士が「記録は見たのか」と追及した。松井証人は陳述書とは違って、「記録は見たが、精査しなかった」「（氷見1月事件の関連で警察が押収したと聞いていたので、3月事件時に発信していることを）確認しなかった」などと証言した。記録自体を把握していないことと、見たが精査しないことでは、まったく意味が違う。陳述書がウソなのか、法廷証言がウソか、あるいはどち

らもウソなのか。いずれにしても送致された書類をきちんと精査していないこと自体がミスであろう。そのミスをまったく自覚していないのか、柳原氏に対し「申し訳なかった」という謝罪の言葉は一言もなかった。

## 2）足跡とコンバース

この事件では、犯人の足跡が残されていた。被害者証言と足跡鑑識からコンバースと特定されており、警察は柳原氏の周辺からコンバースを発見しようとしたが、発見できなかった。虚偽自白に陥っていた柳原氏は靴の処分先を追及され、「崖下に捨てた」「自宅の蔵に隠した」、最終的に「自宅の庭で燃やした」と変化するのだが、「変遷の理由を追及したのか」との多賀弁護士の質問に対し、松井証人は「確認しませんでした」と証言した。燃焼物の確認もしておらず、ここには供述の真偽を物証で確認するという姿勢がまったく見られない。

## 3）靴の磨耗痕

さらにコンバースと柳原氏の靴では、決定的な違いがあることも判明していたはずだった。逮捕前の2002年4月2日付でコンバースの足跡には特徴的な磨耗痕があるとの鑑識課の報告書が出ていた。ところが、柳原氏の靴計6足を押収・任意提出させて調べたところ、柳原氏が履いていた靴には「特徴的な磨耗痕なし」との鑑識課報告書（5月30日付）もあった。すでに1月事件で起訴した後だったが、現場足跡のコンバースと柳原氏の靴は一致しないことが明らかになり、捜査を根底から見直す最後のチャンスだったと思われる。

しかし、松井証人は二つの鑑識課報告書を「見たと思います」と証言したものの、これを「どのように検討したのか」という質問に対し、「検討していないと思います」と証言した。いったいこれは、どういうことなのだろうか。見ても検討しないとは、無視したということになる。柳原氏が犯人ではないという消極方向の証拠は、見ても何らの思考も浮かばないとは信じられない事態である。これでは、走り出したら止まらないわけだ。検察官として警察の捜査に対するチェック機能はまったく働いていない。

ちなみに、柳原氏の靴に特徴的摩耗痕がないことについて、2013年3月に証言台に立った捜査当時の藤井実・氷見署刑事課長は「靴そのものの素材やそれを履く環境などで、必ずしも同じ人が履いても一致するものではないな、と思っていました」と証言している。これはこれで、足跡鑑定など意味をなさないという点で問題なのだが、一応、検討はしている。検討はしているが、素材や環境などで同一人物が使用した靴でもたまたま一致しないケースに、本件のコンバースや靴が該当するのかどうか説明していない。結局は、警察も消極証拠に

は目をつむってしまっている。それにしても、現職検察官である松井証人は、検討もしていないという点で、検察官失格ではないだろうか。

**4）積極証拠は重視**

松井証人は、いったん氷見3月事件（強姦未遂）を処分保留とし、同1月事件（強姦既遂）で起訴した後に、3月事件を起訴している。「証拠関係はどう変わったのか」という国代理人の質問に対し、「1月事件の被害者（V1）供述が支えになると考えました」と証言した。これは、3月事件の被害者（V2）は柳原氏が犯人であることに自信がなさそうだったことなどから保留にしたが、V1が柳原氏との面通しで「犯人に間違いない」と言ったことから、まず1月事件を起訴した。さらにコンバース足跡から同一犯であることが明確だったので、V1供述に寄りかかって3月事件も起訴した、という意味である。V1はマスクをしていない犯人を短時間見て、すぐに目隠しをされている。V2はマスクをした犯人をかなりの時間見て、さらに話し込んでいる。しかも、時期的にV1は事件から約4カ月後、V2は約1カ月半後の目撃証言である。どうしてV2よりV1の方を重視するのだろうか。ここにも消極証拠を無視し、V1供述のような積極証拠しか見ようとしない姿勢が表れている。

重要な消極証拠を検討もしないことを明らかにした松井証言が判決の行方を、県に加えて国の責任を認める方向へ働いていくことを期待したい。

**5）原告本人尋問（損害）**

午後からは、柳原氏本人が冤罪によってこうむった被害・損害について証言した。取り調べ時に長能善揚警部補から「お前は死ね」と言われた際の精神的な辛さ、現在も精神安定剤などを服用して取調べ時の悪夢がよみがえらないよう抑えている苦しさなどを生々しく語った。

## ㉖　第26回口頭弁論（2014年7月30日）

**証拠関係の整理**

この日の富山は暑い。34度はあるであろうか。18人が抽選に並ぶ。全員傍聴。傍聴席は約25名、そのうち報道関係者は、ほぼ全社、約10人。南砺福野高校放送局の生徒が4人と顧問の先生の5人も傍聴席に。

法廷撮影1分後、証拠関係の整理へ。①送付嘱託された証拠では柳原氏の国選Y弁護士メモを採用。文書提出命令では8月事件関係は撤回　②証人申請の3月事件被害者（V2）、真犯人O氏、原告の元勤務先3名、靴底痕の鑑定人の6人は裁判所が不必要として却下　③被告提出の乙A85号証のPTSD意見書

3　ドキュメント国賠裁判　169

（原告のPTSDを否定）に対する原告側反論は必要性があれば9月30日までに書証として提出。約10分で終了。③については、その後、弁護団（竹内弁護士）は、素早い実務的対応をみせた。前回診断書を作成した東大精神科医師に多忙の中、お願いし、再度、反論の意見書を書いてもらい、提出するに至った。学会（PTSD）での東大の学問的"権威"とでもいうのであろうか、結果的には判決（PTSDの認定）に大きな影響を与えた（詳細は第3章6「原告証言とPTSD」を参照）。

閉廷後、一階待合室で記者レクチャー、裁判所が妨害してきたが強行、約30分。記者から8月6日の情報公開判決との関係について質問があったが、「特に影響がないのではないか」と返答。会見で8月6日富山県情報公開裁判（「黒塗りを減らせ！訴訟」判決の傍聴を訴えるビラを各社に渡す。用意したビラはかなりの勢いでなくなった、報道各社の関心も高いようだ。「支える会」からは「審査会が開示せよ！　と決定したものを裁判所が否定するような判決はないのではないか。富山県情報公開制度の否定につながる判決はないのではないか」と。これには同調する記者も多かったが……。

## ⑵⑺　第27回口頭弁論（2014年10月6日）
### 結審、そして判決へ

この日は日本列島を台風が直撃。富山への交通機関にも影響が。しかし予定通り、昼過ぎの総曲輪グランドプラザで布川事件の桜井氏など総勢7人で本日の結審と集会を呼びかけるビラまきを行った。500枚を配布、受け取りの反応もよい。

59人が抽選に並ぶ。傍聴席は35名。富山地裁第3号法廷、午後2時30分開廷。法廷撮影1分。被告国は進行に抵抗をみせたが裁判所は却下。原告最終準備書面、被告最終準備書面（被告国・県、個人被告の警察官長能・検察官松井）を陳述。

原告弁護団が準備書面の要約を陳述。原告最終準備書面は100頁。同書面で「本裁判は事件と国家の責任を問う裁判であり、原告を冤罪に陥れた富山県警と富山地検による違法な捜査や公訴提起等の違法を問う裁判」とし「通話履歴、足跡痕。被害者供述と発見証拠との矛盾、精液、逮捕直前の引き当たり、被害者に対する犯人識別方法、自白強要、作文調書、再逮捕劇」などの違法性を鋭く指摘した。また、弁護団は「冤罪の根絶を目指す歴史的道程の一里塚となるべき裁判」であるとし、総勢147人の弁護士が弁護団に参加、冤罪根絶を目指す並々ならぬ体制でのぞんできた。この国の今後の司法を左右する裁判でもあり被告国・県と総力戦でもあった。本件は真犯人が発覚後、再捜査を行い検察自ら再

審請求を行い無罪を確定させた特異な事件。最高検も警察庁も、氷見事件と志布志事件を検証し、その問題点を報告してきた。果たして本裁判では現場の検察官、警察官末端にまでで「検証」がなされているのか、しようとしたのか本裁判でも問われていたはずだ。しかし、被告県、国、個人被告の準備書面は原告の違法性の主張に対して「国賠法上の違法性はなかった」、すべて適法に行われきたという書面を陳述。最高検、警察庁の検証報告書は何であったのか、怒りを覚えざるを得ない。報告書が指摘した「自白の誘導」「物証捜査」などについても「国賠法上の違法性はなかった」とした。また、損害部分についてはいくつかかの判例を引用しながら被告県が支払った「刑事補償金」(1050万円)の半分、約500万円が相当との主張を行った。そして、本日結審した。

　記者会見と集会

　その後、記者会見が行なわれ、夕方、富山県立教育文化会館において、弁護団・支える会の共催で「国賠裁判報告集会in富山──10/6結審から判決へ──真相は明らかになったのか」がもたれた。集会には全国から60名が参加した。集会では第61回NHK杯全国高校放送コンテスト・ラジオドキュメント部門入賞作品「image×damage〈イメージ＆ダメージ〉」(富山県立南砺福野高校放送局制作)が会場に流された。


## ㉘　判決（2015年3月9日）

　氷見冤罪国賠の一審判決（富山地裁・阿多麻子裁判長）は被告県（富山県警）の違法を一部認定、被告国、警察官・検察官らの個人被告の違法は認めず、被告県に対して約1966万円と2002年5月24日（1月事件の起訴日）から支払い済みまで年5分の割合による遅延損害金の支払いを命じた。

　「控訴せず」は苦渋の選択

　富山県警本部長は判決から3日後、早々と「控訴しない」と表明、原告も控訴期限の3月23日に「控訴せず」を表明、判決はこれで確定した。遅延損害金を含めた総額約3200万円は、直ちに原告に支払われた。請求が棄却された被告国、検察官・警察官の個人被告らを控訴すべきとの意見もあったが、総合的に判断しての結論であり、「苦渋の選択」であった。支援者である「支える会」も当事者である原告、弁護団の「控訴しない」との意向を尊重し、当日（3月23日）**「判決確定を受けての声明」**を発表、弁護団は**「氷見国賠事件を終結するにあたっての弁護団見解」**を明らかにした（判決の詳細と批判は、第4章「国賠裁判の歴史と氷見国賠判決批判」参照）。

3　ドキュメント国賠裁判　171

## 判決確定を受けての声明／富山（氷見）冤罪国賠を支える会

　2009年5月に提訴した氷見冤罪国賠の一審判決が、2015年3月9日、富山地方裁判所で言い渡され、警察官の捜査における違法を一部認定したが、国や検察官・警察官の個人に対する請求は棄却した。富山県に対して約1966万円と2002年5月24日（氷見第1事件の起訴日）から支払い済みまでの遅延損害金の支払いを命じた。判決には納得できないところが多々ある。特に国（検察）の責任を一切、認めていないことだ。判決に対して富山県は、3月13日に早々と「こちらから控訴することはない」（県警本部長）と表明、そして、控訴期限の3月23日、原告の柳原浩氏と原告代理人弁護団も「控訴はしない」と表明し判決が確定することになる。控訴も検討されてきたが、控訴期限ぎりぎりの「苦渋の選択」であった。「確定」することになるからといって、このまま幕引きが図られることは絶対に許されないことである。県警は捜査を担当した警察官らの処分を当然、行うべきである。検察は「国賠法上の違法性」がないとの判決が出たからといって責任は全く無いということにはならない。

　われわれ富山（氷見）冤罪国賠を支える会は、昨年11月26日に、警察官4名を富山地検に虚偽公文書作成・同行使（刑法第156条・158条）と偽証（同169条）で告発した。3月12日に「告発状を受理（2月24日付）」したとの連絡が告発人にあった。告発の受理は当然として今後の捜査を見守っていきたい。

　県の情報公開制度を使って「捜査指揮簿」などについて開示請求したが、そのほとんどが真っ黒に墨塗り（マスキング）された開示であった。県警の隠蔽体質は変わらず、これに対して「黒塗り減らせ！」訴訟（第1次）を提起した。2014年8月6日の判決があり、開示を求めた122箇所中、47箇所の黒塗り部分が開示された。その後、審査会の答申により、県警が後から開示した捜査指揮簿などの黒塗り部分について第2次訴訟を提起し現在も進行中である。今後、県警に変化があるのかどうか、注視していきたい。

## 氷見国賠事件を終結するにあたっての弁護団見解

2015年3月23日

弁護士　　前　田　裕　司
弁護士　　奥　村　　　回

　2009年5月に提訴した氷見国賠訴訟事件の一審判決が、2015年3月9日、富山地方裁判所で言い渡され、国と検察官・警察官の個人に対する請求は棄却したものの、警察官の捜査における違法を認定して、富山県に対して1966万7733円と2002年5月24日（氷見第1事件の起訴日）から支払い済みまで年5分の割合による遅延損害金の支払いを命じた。

　そして、この判決について、本日、原告の柳原さんも控訴しないことを決定した。

一審判決は、柳原さんに対する任意捜査を始めた時点で、柳原さんの犯人性を裏付ける客観的証拠はなく、主たる積極証拠は本件各被害者の犯人識別供述であったものの、その犯人識別供述は、誤識別を招く要素が排除されておらず、本来、それほど高い信用性を置くことはできないものであったにもかかわらず、警察官らは1月事件被害者の面通しによる供述によって、柳原さんに対する嫌疑を強め、以後、強い心理的圧迫を加える取調べを行った結果、柳原さんが自白するに至った。のみならず、警察官らは、消極証拠（逮捕当日の引き当たりで被害者宅を指示することができずに、警察官の誘導でようやく6軒目にして実際の家にたどりついたという事実及び犯人の足跡痕から特定されたコンバースの靴の処分について、柳原さんの供述が理由もなく三転したうえ、いずれも、その裏付けもとれなかった事実）を過小に評価して消極方向の検討をせず、かえって、柳原さんに「確認的取調べ」（警察官が自分の意図する答えが被疑者から返ってくるまで、同じような形の質問を続けて確認を求める手法）を行うことにより、被害者供述や客観証拠に合致する内容の虚偽の自白を作出した。以上の事実を総合すると、本件警察官らによる捜査は合理的根拠が客観的に欠如していたことは明らかであり、警察官に認められた裁量を逸脱、濫用したものとして、国賠法上も違法であると判断している。

　一方で、われわれが、強く主張した通話記録の見落としや血液鑑定の不十分さなど、柳原さんが犯人ではないとする決定的証拠を検討しなかった点については違法ではないとした。また、検察官の取調べや公訴提起の違法についても、検察官が警察官調書の内容を前提として犯行状況を確認するのは致し方ない、柳原さんの自白を信用し、被害者の識別供述を信頼できるものとして起訴したのもやむを得ないなどとして、検察官に違法はなかったと判断した。

　ただ、損害額について言えば、総額で1966万7733円と国家賠償としては相当高額を認めている。逸失利益を1291万7733円と算定したが、注目すべきは、刑の執行終了以降も就労することができなかったのは、警察官らの違法な捜査によりPTSDに罹患した結果であることを認め、本訴訟提起までの損害を認めたことである。また、慰謝料も1500万円と相当な額と言いうる。

　この判決は、国に対する責任を認めなかったことや、警察捜査の違法も限定的な範囲でしか認めなかったこと等において、極めて不十分な内容の判決と言うほかないが、警察官の「確認的取調べ」を違法と断じたことは国賠訴訟ではおそらく初めてのことであり、今後の取調べにも影響を与えると思われる。また、違法行為に対する損害額の算定においても評価し得るものがある。そこで、われわれは、被告富山県がいちはやく控訴をしないことを公表する中、上記のような内容をさまざまに検討した結果、一審判決を確定させることにしたものである。

　氷見国賠訴訟は、柳原さんが無実でありながら2年有余の刑務所生活を送らざるを得なくなった原因を具体的に明らかにして、柳原さんの無念を晴らすことを目的とする裁判であった。そのために、捜査記録を含めて、国や県の保管する全ての資料を開

示するよう求め、これに相当の時間を費やすことになった裁判であるが、これまでの国賠訴訟との対比においては、幸い、裁判所の文書送付嘱託命令という方法により、相応の文書を入手することができたといえる。もちろん、入手できた資料には、対象においても、また、出された証拠においても黒塗り箇所が相当に多く、極めて不十分なものとはいえるが、それでも、捜査における「本部長事件指揮簿」・「捜査指揮簿」が入手できたことは、これまでの国賠訴訟の例からすると、画期的なことだったと評価することができる。

また、立証責任が原告にあるという訴訟構造も手伝って、事案の真相の解明がどこまでできたかも問題は残るとはいえ、一定程度の目的を達することができたのではないかと考えている。判決当日の報告集会において、柳原さん、布川事件の桜井さん、足利事件の菅家さん、志布志事件の川畑さんらが口を揃えて語っていたように、本件の柳原さんに対する取調べにおいて、取調べの可視化がなされていれば、判決のいう「心理的圧迫を加えるような取調べ」も「確認的取調べ」もなされることはなかったはずであり、柳原さんの虚偽自白は生まれなかったと言うことが出来る。この氷見国賠訴訟で、改めて、全件・全過程の取調べの可視化の必要性が確認されたことは間違いない。

氷見冤罪事件の発覚以降も、わが国における冤罪が後を絶たず、多くの冤罪被害者が苦しんでいる。そのような現状の中で、この氷見国賠訴訟への取組みが、冤罪撲滅のための一里塚として、今後ともなにがしかの意義を持つようなものなることを願ってやまない。

2009年の提訴以来約6年もの長きに渡って、ご支援・ご協力をいただいた方々には、改めて、この場を借りて、心から感謝するとともに厚く御礼申し上げたい。

なお、この氷見国賠訴訟において訴訟実務を担当した弁護士は、以下のとおりである。

前田裕司（東京）、奥村回（金沢）、中西祐一（金沢）、多賀秀典（金沢）、竹内明美（東京）、贄田健二郎（東京）、吉田律惠（東京）、北島正悟（金沢）、寺岡俊（東京）、石田純（東京）、大久保聡子（当時東京）、梶永圭（当時東京）、中北龍太郎（大阪）

# 4　証拠開示の攻防のまとめ

## (1)　証拠開示にこだわり続けた理由と開示勧告

通常、国賠は民事訴訟法の範疇にあり訴訟提起した原告に挙証責任があるとされる。一般的には原告弁護団は刑事裁判の確定記録を駆使しながら「違法性」を明らかにしていくという過程をたどるが、本国賠では原告・弁護団は「本事件を検証するというなら全記録を任意で提出すべきであり」「違法性がなかっ

た（適法であった）ことを自ら立証すべきである」との立証責任転換を主張した。捜査記録、裁判記録のすべては被告（検察・警察）が保持しており（証拠の偏在）、被告側にこそ立証責任があるという論理・主張である。こうした立証責任転換の論理は、製造物責任（PL）や原発の危険性裁判などでも、原告側が主張し採用されている。

　原告弁護団の主張に対して被告側は全記録を任意に提出することを拒否した。これに対して原告弁護団は裁判所に送付嘱託による文書提出の申立てを行った。第3回口頭弁論では裁判所は、合議の上、提出を勧告したのである。原告弁護団は文書提出命令申立も準備していたが、その前に裁判所が勧告したことは画期的なことであった。被告国のあわてぶりをかなりのものであった。証拠開示について被告県は国に丸投げ状態で何が起きているのか理解が不能な様子であり、機能不全の状態が続いた。

　氷見事件は服役後、検察自らが再審請求を行い無罪が確定した特異な事件であり、無罪確定後、最高検は同事件についての報告書を公表し、「検証」の必要性を説いていた。原告弁護団は、この報告書を逆手に、「検証」をいうなら「公判記録、及び全捜査記録」の開示は必要不可欠であり、その全面開示を執拗に求めてきた。結局、被告側はこれに抵抗し、任意開示したのは供述調書など一部のみであった。これに対し原告弁護団は裁判所に全記録の送付嘱託の申し立てを行ったのであった。裁判所の判断は氷見1月、3月事件の原審、再審、真犯人O氏の各公判記録及び捜査記録の開示勧告（第3回・4回口頭弁論）、更に氷見8月事件の真犯人O氏公判記録及び捜査記録の開示勧告（第5回口頭弁論）も行った。この判断は画期的なことであった。

　裁判所の開示勧告に対して被告は、これまた抵抗した。提出したのは原審・再審の公判記録と公判未提出の捜査記録の一部のみであり、原告弁護団が要求し裁判所が「勧告」した内容とは程遠く、しかも開示されたものは黒塗りで隠された部分が多すぎ、これではほとんど未開示状態であった。それでもマスキングの背景（虚偽）を一部読み取ることもできた。原告弁護団は、恣意的に行われている黒塗りは「証拠として使えない。消すところは必要最低限にしてもらわないと意味がない」「マスキングを見直すべきである」などと強く抗議したが、被告はこれまでの姿勢を変えるつもりはなかった。命令ではなく勧告であり強制力はないというのが被告の言い分であった。そして、この被告の姿勢に対して原告弁護団は強制力のある文書提出命令の申立書の提出へと突き進んでいくのである。

4　証拠開示の攻防のまとめ　175

## ⑵　県情報公開との連動──捜査指揮簿の開示勧告

　法廷外では「支える会」は、国賠と連動して第5回口頭弁論直後に富山県情報公開条例に基づき捜査指揮簿などの開示を求めた。捜査指揮簿とは、県警本部の幹部が捜査方針や捜査状況を詳しく記した資料である。この請求に対して富山県は一部ではあるが開示した。マスキング（黒塗り）部分がほとんどであったが、この一部開示は大きな役割を果たす。捜査指揮簿には原告のアリバイを示す通話記録やDNA鑑定などについて書かれているはずであるが黒塗りのため読むことは全く不可能であった。この部分公開に対して異議申立てを行い、富山県公安委員会から県の情報審査会へ非開示理由説明書（2010年12月10日）への反論を提出（2011年1月21日）し、更に県の情報公開審査会（2011年2月24日）では「支える会」（補佐人として）が意見陳述も行った。石川事件についても捜査指揮簿の開示を石川県に対して同県情報公開条例に基づき開示請求も行なった。

　原告弁護団は県情報公開の捜査指揮簿などの開示を受けて富山地裁にこの捜査指揮簿などの送付嘱託を請求した。富山地裁は第6回口頭弁論でこれを採用したのである。富山地裁は原告弁護団に代わって被告側に提出を求めることになった。原告の留置人出入簿、診療簿については被告県が任意で提出することになった。

　この「開示勧告」を受け被告側が何をどこまで、どう出してくるか、注目されたが、結果は県情報公開で開示されたものと全く同一、マスキング部分までが同じものを提出してきた。原告弁護団はこれには断固抗議。裁判所も情報公開の部分的開示では不足だと判断し、送付嘱託を採用したはずであったが、被告の対応は許せるものではなかった。原告弁護団は同じものを出した理由、マスキングの根拠の釈明を被告に求めた。

## ⑶　マスキングを批判

　原告準備書面13では、被告国の証拠開示とマスキング批判を展開した。「全ての捜査資料の開示を求め、裁判所も開示が必要であると判断した」「名誉・プライバシーの侵害は、情報が何人に関する情報であるかが判明した時点で生じるもの。いかに高度な私生活上の秘密が流布されたとしても、それが誰のことなのか分からなければ、名誉・プライバシーが侵害されることはない。関係者の氏名・住所・電話番号などの高度の個人識別力を有するデータが明らかと

なることがないよう配慮がなされていれば、具体的な弊害は決して存しない」と国の対応を批判した。

## ⑷　文書提出命令の申立てへ

　被告が開示した捜査記録などはあまりにも「黒塗りされ、分からない部分が多い」。これらの資料を強制的に開示させる「文書提出命令の申立て」を裁判所に求める以外にない。被害者の初期の供述調書・捜査報告書、似顔絵原本、似顔絵作成報告書、聞き込み捜査報告書・供述調書、上申書など立証（事項）には必要不可欠なもの９項に絞って申立てを行っていくことになった。

　被告は、事件発覚後、最高検、警察庁自ら「事件」を反省し「検証」していきたいと表明していた。しかし、「検証」とは、はるかに遠く、逆に何かを隠そうとする意図さえ窺える。被告は法廷内・外で見事に使い分ける「二枚舌」の対応だ。当初、原告側は任意での開示求めたが被告は拒否、その後、送付嘱託を申し立てたが裁判所はこれにはほぼ同意、結局、一部は開示されたものの、そのほとんどが、マスキングされたものであった。また、県の情報公開で捜査記録（捜査指揮簿など）の開示請求も行ったが、これも同様に一部開示されたものの、ほとんどがマスキング。被告は開示を頑なに拒否してきたのだ。これに対して文書提出命令申立しかないというのが原告側の申立ての理由である。

　この申立書は弁護団が、かなり時間をかけて準備したもので29頁に上る。この間の攻防戦の集大成というべきものである。申立文書はかなり絞りこんだ。①氷見１月事件被害者の供述書など。②氷見３月事件被害者の犯人面割りなどの捜査報告書、供述書など。③似顔絵作成報告書添付の似顔絵の原本。④氷見１・３月事件における聞込み捜査報告書、聞込み対象者の供述書など。⑤氷見３月事件被害者宅への引き当たりに関する捜査報告書。⑥氷見１・３月事件で原告が作成した供述書（上申書）。⑦原告が供述した靴の燃焼残物に関する鑑定書、捜査報告書。⑧氷見８月事件における捜査記録、捜査指揮簿。⑨富山県警での石川５・６月事件の調査に関する捜査報告書。以上の９点。裁判所がどう判断するか注目された。

## ⑸　被告国が文書提出命令の判断前に 25 通の証拠を任意開示

　文書提出命令の判断の前に、被告国からは25通の証拠が新たに開示された。国が提出した文書は、15通が原告の上申書、引き当たり報告書、事件当時の３月後半から４月、５月の捜査報告書や実況見分書が含まれていた。しかし全81

頁のうち14頁が全面黒塗りであった。危惧されることは、県の手持ち資料から被告の都合のよいものだけを事前に開示し、文書提出命令の判断に持ち込ませずに幕引きにされることだ。

## (6) 被告県が本部長指揮事件指揮簿を開示——マスキングされた行間から

県から、本部長指揮事件指揮簿などがマスキングを減らして開示された。国、県とも開示を頑なに拒んできた文書だ。裁判所が文書提出命令をだすことを阻止したいとの意志表示だろう。

原告は9件のうち、3件については申立を撤回し、他の6件については申立てを維持し、理由を補充した。被告国、県へは、さらに任意開示するものがあるかを問い、国はないこと、県は捜査日誌の一部を任意開示すると答えた。

事件指揮簿を含む捜査指揮簿などは、現場の警察官が捜査状況を報告し、上層部がどのように指揮したかを記録した、いわば業務日報のような文書である。マスキングされた行間から捜査の様子が次第に明らかになった。原告が勾留されていた2002年の5月、6月に隣接した石川県津幡署管内で、8月に同じ氷見署管内で手口の類似する事件があった。それらとの共通性を知りながら、原告を犯人として厳しく取調べ、裁判が継続された。そして、有罪判決で刑に服した後の2003年にも、真犯人により事件は繰り返し起こされていた。

## (7) 被告県がの捜査指揮簿（捜査日誌）を開示

第15回口頭弁論で被告県は330枚の捜査指揮簿（捜査日誌）を任意開示してきた。氷見事件国賠方式（送付嘱託申立て⇒絞り込んだ文書提出命令申立て、県情報公開条例による開示請求との連動)による成果であった。下記の①②③が開示された。
①2010年11月24日、文書送付嘱託に対応した開示。氷見1・3月・(8月)事件に関する捜査指揮簿等の開示。本部長指揮事件指揮簿（捜査報告9枚を含む）60枚、署長等指揮事件指揮簿5枚、捜査主任官指名簿2枚　計67枚
②2012年2月20日、文書提出命令申立てを受けての開示。①に3頁追加され（捜査主任官指名簿2枚がなく）マスキングが緩和、計68枚。
③2012年5月30日、文書提出命令申立てを受けての開示。捜査指揮簿（捜査日誌）330枚。

原告・弁護団は、更に未開示の捜査指揮簿等の開示と開示されたものについ

ても開示の範囲を拡大するように求めた。特に、県情報公開によって開示され、今回の任意開示で開示されなかった113枚についての開示は当然のことであった。また、被告側が「存在しない」などと主張する文書を明らかにするためにも県警が地検に送致した証拠目録の開示も要求（意見書提出）した。その後、被告県は送付嘱託で本部長指揮簿19通、署長等指揮簿5通を開示、更に2通、任意開示。これで、被告県の任意開示は終了した。また、被告国は原告側が要求していた「送致目録」の提示についてはこれを拒否。そして被害者「供述調書」など3通を任意開示した。

裁判長は「送致目録の提示ができないということであれば、文書提出命令の判断をせざるを得ない」「ただ、相当開示はされている」との認識を示した。

## ⑧　文書提出命令の判断を避ける──結審へ

裁判所に文書提出命令の判断をさせるか、どうか、弁護団でも議論されてきた。命令がでたとしても双方で新たな訴訟合戦となり、かなりの時間（1年間）を要することになる。これはどうしても避けたい。これまでの送付嘱託による捜査指揮簿の開示など大きな成果もあり、ほかの裁判と比較してもこれ以上の開示はかなり厳しいのではないか、弁護団の実務的な認識でもあり"英断"でもあった。26回口頭弁論で進行協議のなかで証拠整理が行なわれ、8月事件関係の一部はやむを得ず撤回することにした。これにより裁判所の文書提出命令の判断が行なわれず、一気に、証人調べ、結審、判決へと進んでいった。

## 第6章

# 氷見国賠支援活動の記録

## 1　原告との面談、体験とこころの揺れ

　柳原氏が上京した。2008年4月15、16、17日の3日間、柳原氏と断続的に面談する機会をもった。15日、宿泊先ホテルロビーで人権と報道・連絡会世話人浅野氏の設定で国賠ネットワークの仲間（4人）と懇談、16日の「人権と報道・連絡会」定例会には柳原氏と浅野氏の対談的報告と質疑に参加、16日には昼食しながらの懇談（磯部、井上）、柳原氏のこれまでの経過の詳細を聞くことができた。

　柳原氏の全般的な印象。これまでの異常な体験とこころの揺れ、それは悔しさであり、怒りであり、身体のどこかで体現しつつもそれを具体的に表現することに少し手間取っている様に思えた。強いられた孤独なたたかいのなかに、脆弱さと同時にものすごく力強さを感じることもあった。しかし、自分自身のこれからのことについてプランニングするには少し時間がかかるのではないか、とも思った。突然の逮捕、突然の真犯人出現……突然。この突然に翻弄されてきた柳原氏にとって環境の変化についていくのがやっとのことなのかもしれない。「人権と報道・連絡会」定例会での質疑での、かなりきつい質問に対しても必死に答えようようとする姿勢、いまも続くいやがらせ（警察を含めて）に対しても、兎にも角にも必死のようだ。もともと全く無関係な事件と「事件」に対して、コメントすることすら無意味なはずであったものが、あえてコメントしなければならない違和感。「真犯人に対してどう思いますか」「被害者に対してどう思いますか」「何で自白したのですか」とか、無意味な質問をするひとが少なからずいるのだ。柳原氏を国賠へとかりたてる力、その力こそ大切に

**180**　第6章　氷見国賠支援活動の記録

していきたいものだ。

## 2　国賠をどう闘うか

柳原氏のこれまでの経過は任意取調べ、逮捕、再逮捕、起訴、公判、有罪判決、服役、仮釈放、更生施設、満期、真犯人出現、検察による再審請求、無罪確定という異例の展開をしてきた。特に追い込まれた検察は、検察自身が再審を請求し無罪を確定させた。この部分だけをみても検察・警察は「過失」を自ら認めたことになる。事件は実にシンプルなのだ。

国賠は、被告の範囲をどうするかが、議論された。①被告を国（富山地検）・富山県（富山県警氷見警察署）として国賠法第1条第1項での提訴、②冤罪（でっち上げ）に加担した個人（被告）に対しては公務員の不法行為責任で、起訴・公訴維持追行の検察官、富山県警氷見署長　担当取調官（警部補）長能善揚などが考えられるがどうするか。③個人被告として国選弁護士を損賠の対象とするかどうか（柳原氏の無実の訴えを無視し被害者への弁償を推し進め250万円を支払ったという事実）、④そのほかに「誤判」裁判官、偽証者、が想定された。また、大きなポイントが証拠開示問題だ。一審は自白維持裁判のため開示証拠が少なく、更に再審は手続のみであったため同様に開示記録が少ない、という弱点がある。未開示記録をどう開示させるかが国賠の成否につながるといっても過言ではない。更に、国賠の学説として定着している職務行為基準説でやるのか、少数派の結果違法説を駆使することは可能か、課題も多かった。

## 3　富山（氷見）冤罪国賠裁判を支える会のスタート

富山（氷見）冤罪国賠を支えるための検討会を国賠ネット、「人権と報道・連絡会」の仲間で行ってきた。2008年5月1日、富山の和醍法律事務所に伺い村田慎一郎弁護士と面談。検討会メモ（福冨弘美氏作成）、井上国賠、総監公舎国賠の訴状などの資料を持参した。更に、国賠判例、準備書面などの資料も準備した。

「東京で冤罪国賠の支援会を立ち上げたい」と伝えたところ、村田弁護士は「大変ありがたいことです。富山は保守的なところで国賠をやったとしてもそれを支えるひとはいないのではないか」「国賠裁判の経験はなく皆さんの意見も聞きたいところであった」「柳原さんの思いを尊重し国賠をやっていきたい」「お

金にこだわっているわけではない、この事件にかかわったひとたちの責任を明らかにし真相が明らかになればいいと思っている、再審裁判では全く手続きのみで真相究明にはほど遠いものであった」と。村田弁護士の話はわかりやすく、その姿勢には共感した。今後は更に、柳原氏本人、ご家族、弁護団との交流をはかり現地富山とも連動しながら支援をしていくことになった。国賠ネットのこれまでの蓄積、ノウハウを生かせば「勝てる国賠」として十分やっていけるのではないか。これに負けたらわれわれはこれまで何をやってきたのか逆に問われるのではないか。そんな思いがあった。国賠を通して「事件の真相」を明らかにし、このでっち上げを遂行したひとたちの責任を追及し賠償させること、そして、この国賠裁判を通して冤罪の抑止力としていくこと、このながれをつくることが重要であるとの共通の認識があった。個人的意見ではあるが、無罪確定後の甲山事件、ロス疑惑事件など国賠を提起しておくべきではなかったのか。継続して追及の手をゆるめないことが冤罪防止、でっち上げ防止のためにも必要であり、国賠はその力（抑止）になるのではないか。もちろん最終的には当事者が決定することであるが、ネットの仲間の何人かは国賠を選択し闘ってきた（いる）。それでも冤罪（でっち上げ）は、かたちを変えて行われ、その度に新たな現実（課題）に直面するが、その時、自分たちがたたかってきた内容を伝えることで勝利への展望も切り開くことができるのではないか。

　2008年8月17日、18日の両日、柳原氏を囲んで八ヶ岳山麓の大泉町で合宿、8月23日、24日の国賠ネットの合宿でも氷見事件国賠をテーマに議論を深めていった。

　氷見事件については、法曹三者の日弁連、最高検、警察庁が再発防止を内容とした報告書を公表したが、誤判を行った裁判所のみが報告書を出していない。各報告書は再発防止→可視化に主眼が置かれ、事件がつくられていったプロセスの解明についてはあまりにも不十分、「真相究明」にはほど遠い。国賠は、事件の「真相究明」と捜査、そして裁判を担ったひとたちの責任を明確にさせることが第一の獲得目標であり、柳原氏の無念を晴らす第一歩としていくこと。国賠はこれまでの経緯から法曹三者を巻き込んだ総力戦となることは必至であろう。特に検察は自ら再審請求を行い無罪確定させたという屈辱、大失態を演じてしまったが、このようなケースは検察・警察の歴史のなかでも稀であろう。国賠提起に対して検察（国）・警察（県）はどうのように対応するのか。国は訟務部門のエリートを集め、多分、臨んでくると考えられるが、もしかしたらバンザイ（降参）のふりをして「真相究明」から逃れるために請求を丸呑

みすることだってあり得るかもしれない。こうした危機感をもちながら、5月末に「富山（氷見）冤罪国賠裁判を支える会」準備会を設立、事務局をスタートさせた。別掲の呼びかけ文（設立趣旨）、会則を決め、HPも立ち上げた。その後、国賠ネット、「人権と報道・連絡会」の仲間有志をはじめ事件の地元支援者とともに「支える会」を正式に立ち上げた。これまで培ってきた経験と知恵を生かしきること、この20年のやってきたことの意味が問われる、といっても過言ではなかった。

## 4　集会・シンポの開催、声明

2008年9月20日の富山現地集会、同年10月11日の国賠ネットワーク・「支える会」共催のシンポジウム、2009年10月31日の「狭山再審を求める市民集会」のシンポジム（柳原氏がパネリストとして参加、「支える会」から福冨氏が報告）、と集会・シンポが連続的に行われた。集会・シンポでは柳原氏が実際に経験した取調べの実態と自白がねつ造されていく過程を切々と訴え、「支える会」は氷見冤罪国賠の重要性を訴え、柳原氏とともに国賠の準備を進めていることを報告してきた。

### (1)　富山（氷見）冤罪事件を考える市民の集い（富山市）

2008年9月20日、富山市内で「富山（氷見）冤罪事件を考える市民の集い」を開催。前々日の9月18日には、「集会のお知らせ」の記者会見（16社参加）を行った。集会には約80名が参加、富山では本事件の集会は、はじめてでもありマスコミの取材も多く、地元紙、地元放送局のほとんどが集会を報道。柳原氏をはじめ、志布志事件の国賠裁判原告、同事件の「踏み字」損賠裁判原告、同事件支援者、同事件国賠裁判弁護団事務局長の野平康博弁護士が発言。また、庭山英雄弁護士（元専修大学教授）が「冤罪と証拠開示について」の講演を行った。集会では事件を単なる「誤認逮捕」事件として終わらせるのではなく、権力による犯罪であることを明らかにしていきたいという志布志事件関係者の発言には説得力があった。この日をもって支える会は正式発足した。

2008年9月20日「富山(氷見)冤罪事件を考える市民の集い」(富山市内)

## 〈呼びかけ文〉——富山冤罪国賠を支える会へご参加を!

　2002年に富山県氷見市で起きた強姦事件と強姦未遂事件で逮捕、起訴された柳原浩さんは富山地裁高岡支部(中牟田博章裁判長)で懲役3年の有罪判決をうけ、服役しました。ところが、柳原さんは無実だったのです。満期釈放後の2006年になって、別の容疑により鳥取県警に逮捕された男性がこの事件の真犯人だったことが分かり、富山地検は異例の再審を請求しました。2007年4月に検察・弁護側双方が無罪判決を求める再審裁判が開始され、10月に富山地裁高岡支部(藤田敏裁判長)は改めて無罪判決を出しました。

　逮捕から5年半ぶりに無罪判決を手にした柳原さんですが、「納得いかない、本当の意味で冤罪が晴れたとは思っていない」と怒りを隠さない様子が報じられました。再審裁判では犯行現場の足跡や自宅からの通話記録などから柳原さんの犯行でないことが認定され、前の有罪判決が取り消されました。しかし、これら無罪を示す証拠がありながら冤罪が作り出されたカラクリは隠されたままです。警察や検察のしたことは何も明らかにされていません。その解明のために柳原さんや弁護団は当時の氷見警察署の取調官の証人尋問を求めました。彼らは否認していた柳原さんを強引に自白させました。でも裁判長はその取調べを拒否したのです。

　柳原さんはいま、この冤罪の成り立ちやその責任を明らかにし、被った損害の賠償を求める国賠裁判の準備を進めています。そこには冤罪被害からの名誉回復のみならず、同じような冤罪の再発を防ごうという強い意志があります。さらに、この冤罪をただすべきだった裁判所や弁護士の果たした役割がどのようなものであったかも、明

らかにしなければなりません。

　私たちは、冤罪と闘う柳原さんの国賠裁判を支え、ともに冤罪の根絶をめざして行きたいと思います。そのために、「富山冤罪国賠を支える会」を発足し、これまで様々な国賠裁判を通じて蓄えてきた経験や知恵を活かし、冤罪の真相を明らかにする所存です。法曹界やメディアが見過ごしてしまい、そして私たちにも分からなかった冤罪事件だからこそ、その原因を具体的に解明する必要があります。ぜひ、多くの方々に参加していただき、共に冤罪を許さないための運動を進めましょう。
呼びかけ人：福冨弘美（呼びかけ人代表）、浅野健一（呼びかけ人代表）、磯部忠、高木公明、松永優、井上清志、土屋翼、堀元政仁、小倉利丸、山際永三　石橋義之

## (2) 国賠ネットワーク（共催）秋季シンポジウムを開催（東京）

　2008年10月11日の秋季シンポジウムは「最近の冤罪国賠の動向 ― 志布志／富山事件」と題して、国賠ネットワークと富山冤罪事件国賠を支える会の共催で行われた（初台区民会館）。最近の冤罪国賠から「志布志冤罪事件」無罪国賠原告団の中山信一氏、「富山（氷見）冤罪国賠を支える会」から井上が報告を行った。第2部のパネル討論は「原告が語る　冤罪事件国賠裁判のいま」と題して、山際永三氏（富山（氷見）冤罪国賠を支える会／人報連 事務局長）が司会進行、パネラーとして中山信一氏、柳原浩氏、福冨弘美氏（総監公舎国賠 原告）、松永優氏（沖縄ゼネスト事件国賠原告）が発言した。

2008年10月11日 国賠ネットワーク（共催）秋季シンポジウム左から中山、柳原、福冨、松永、山際（司会）の各氏

　70年代の冤罪（フレームアップ）無罪国賠から最近の「志布志」、「富山」へと連綿と続く無罪国賠は、基本的に変わらない冤罪構造（自白偏重、物証の欠落など）を明らかにする国賠。被告（検察・警察）は手持ち証拠の全て明らかにするこ

となく、決して「誤り」を認めようとせず「適法」を主張する。また裁判所も被告を追認するばかりである。国賠に勝利するのは容易なことではなく困難が伴う。刑事裁判確定記録という限られた証拠では「権力の犯罪」の立証はきわめて困難、この「壁」を突破するには、被告（検察・警察）の手持ち証拠（未開示記録）の全面開示が必要不可欠、これを如何に開示させるかが国賠裁判の勝利を左右する。集会には約50名が参加。

### (3)　狭山事件の再審を求める市民の会主催のシンポジウム（東京）

2009年10月31日、狭山事件の再審を求める市民の会主催のシンポジウムが開催（日本教育会館・一ツ橋ホール）され、第１部の石川一雄氏（狭山事件再審請求人）の発言、弁護団の現状報告の後、第２部に志布志事件原告とともに柳原氏がパネリストとして発言、「支える会」から福冨氏が報告した。集会参加者は約1000名と大規模なものであった。取調べの全過程の可視化、弁護側への証拠開示の保障などを訴える発言が相次いだ。集会後、有楽町マリオン前で街頭情宣、これには柳原氏、狭山・石川氏、志布志の懐氏、川畑氏らが参加した。また、シンポジウム開催前に柳原氏はルポライターの鎌田慧氏との対談を行った。

シンポジウム前々日の10月29日には柳原氏を囲む会を開催、事務局（WG）がこれまで行ってきたヒヤリングを続行。翌10月30日には柳原氏と事務局メンバー３人で衆・参議員会館へ。この事件に関心のある国会議員事務室を訪ねた。参院の松岡徹、福島みずほ、近藤正道、山内徳信、前川きよしげ、衆院の村井宗明、井上義久、保坂展人、鈴木宗男の各議員事務室へ、松岡、福島、近藤、山内各議員と直接面談。福島議員からは「出来るだけのことはします」との心強い返事があった。

### (4)　取調べの可視化を求める市民集会 in 富山

2010年３月11日、「取調べの可視化を求める市民集会in富山」がボルフォート富山（富山市）で開催された。氷見国賠訴訟弁護団が主催し富山県弁護士会、中部弁護士会連合会、日本弁護士連合会が後援した。「支える会」はこの集会に企画から全面的に協力、開催にこぎつけた。集会には支援者、市民ら150名が参加。報道各社多数の取材があった。

司会は吉田律恵弁護士（氷見事件国賠訴訟弁護団）。同弁護団の前田裕司代表、富山県弁護士会の本多利光会長の挨拶（日弁連報告書でも問題にされた接見・公判弁護人が所属していた富山弁護士会も後援）の後、「テレビ朝日スクープスペ

シャルの一部」が放映された

2010年3月11日取調べの可視化を求める市民集会in富山（ボルフォート富山）

　壇上に並んだ5人の冤罪被害者からの報告と訴えがあった。氷見事件・柳原浩氏は「取調室だけでなく、警察車両内にも録音・録画を導入すべきだ」、布川事件・桜井昌司氏は「だれでも一度（取調べで）『やった』と言うと、うその自白ができてしまう」、足利事件・菅家利和氏「冤罪被害をなくすために可視化は必要、意見が言えなかった。一部のみの可視化では警察の思い通りになる」、志布志事件・藤山忠氏、川畑幸夫氏は「可視化は自分たちの身を守るために必要だ」とそれぞれ訴えた。
　志布志事件国賠訴訟弁護団の野平康博氏は証拠開示の困難な現状を報告。日弁連の「取調べの可視化実現本部」小坂井久副本部長は日弁連における取り組みと現状の報告。先日、立ち上がった「取調べの全面可視化を実現する議員連盟」の松岡徹参議院議員が同集会にかけつけ国会での取り組みの報告があった。ほか国会議員からのメッセージ（10人）が読み上げられた。
　集会アピールを集会参加者からの賛同により採択し、国会議長へ松岡徹参議院議員を通して渡すことになった。最後に主催者弁護団の奥村回代表による「可視化を実現しよう」のシュプレヒコールで集会を締めくくった。

(5) 氷見冤罪事件国賠裁判報告集会 in 富山──富山県警の隠蔽体質を問う──
　2013年5月27日、「氷見冤罪国賠裁判報告集会in富山〜県警の隠蔽体質を問う〜」が県民会館で開かれ約60人が参加した。集会第1部では、元・北海道警

察釧路方面本部長の原田宏二氏が「富山県警の隠蔽体質」と題して講演。「市民の目フォーラム北海道」の代表として、集会のテーマに密着する講演であった。氷見事件の前に富山県警では、「覚醒剤もみ消し事件」と呼ばれる不祥事があって、1995年に覚醒剤で逮捕した男が実は県警の協力者(スパイ)であったため、釈放してしまった。それが6年後、明るみに出て、当時の県警本部長と刑事部長の2人が公文書虚偽記載で有罪になった。その判決があった直後に柳原氏の逮捕が行なわれて氷見事件が始まっている。富山県警の体質はいまも変わっていないのではないかと県警の隠蔽体質を厳しく批判する講演であった。続いて、富山（氷見）冤罪国賠弁護団長の奥村回弁護士が国賠裁判報告、第2部では「支える会」の小倉利丸氏（富山大学教員）が「富山の地域社会と冤罪について〜市民的責任のありかたを考える」と題して講演、そして、足利事件元被告の菅家利和氏、布川事件元被告の桜井昌司氏が、自らが体験した冤罪事件の警察・検察の捜査を批判しながら、柳原氏へ連帯のエールを送った。

「市民的責任のありかた」を講演した小倉氏は、強姦など性関係事件の捜査のありかたにジェンダー問題があるとして「性関係事件は、被害者のプライバシーへの配慮を第一に掲げ、それを強調・意識して、逆に言えば、性関係事件は殺人など凶悪事件ではないとして軽く扱って、事件の発生も公表しないし、捜査の進展について記者会見を開くこともしない。つまり、隠密捜査がまかり通ることになり、氷見警察署では2002〜2003年の連続事件を杜撰に扱い、柳原さんをターゲットに冤罪を作り、あとはサボタージュしてやり過ごそうとした」との問題提起もあった。

## ⑹ 国賠裁判報告集会 in 富山—— 10/6 結審から判決へ——真相は明らかになったのか

2013年10月6日、富山県教育文化会館において、弁護団・支える会の共催で「国賠裁判報告集会in富山——10/6結審から判決へ——真相は明らかになったのか」がもたれた。集会には全国から60名が参加した。前半は国賠裁判の弁護団の報告（奥村回・前田裕司両弁護士）と富山県警情報公開裁判報告が行われた。

後半は「氷見事件と取調べの全面可視化」の部へ。安田聡氏（コーディネーター）が進行。まずは高校生が登壇。南砺福野高校放送局長が第61回NHK杯全国高校放送コンテスト・ラジオドキュメント部門入賞した作品「image×damage」（イメージ＆ダメージ）を紹介、同作品が会場に流された。高校生の作品！本当にいい作品だ。会場は大きな拍手。

講演は小坂井久弁護士（日弁連・取調べの全面可視化実現本部副本部長）。台風の
なか大阪から会場へ駆けつけた。取調べの全面可視化と法制審特別部会の経緯
について報告。「冤罪防止のためには取調べ全面可視化の実現はやらねばなら
ない、法制審の結果については皆さんからもいろいろ批判もあるが、これを出
発点として闘っていくしかない。試行の拡大もうたっている。市民の皆さんも
今後の動向を注視していただきたい」と約40分のミスター「可視化」の講演で
あった。

　これを受けて菅家利和氏（足利事件元被告）、桜井昌司氏（布川事件元被告・同
国賠原告）、川畑幸夫氏（志布志事件元被告・「踏み字」国賠元原告）が、それぞれ
取調べの全面可視化を訴える発言を行い柳原浩氏（本国賠原告）が決意表明を
行った。

　最後に支える会事務局の山際永三氏が「５年間の支援に感謝。70年代から冤
罪に取り組んできたが、氷見事件は検察が再審請求をするという特殊な事件。
国賠は負けるはずがないが、どの程度勝てるか。県警はすべて被害者女性の目
撃者供述と原告の自白のせいにしている。反省が全くない。原告の起訴後も氷
見市内などで事件が多発し氷見署はわかっていながら隠蔽しようとしてきた。
この隠ぺい体質は国賠でも変わらなかった。判決はどうなるかわからいが最後
まで追及していく」と挨拶し集会を終えた。

# 5　支える会の調査活動

## ⑴　数次にわたり氷見現地調査を実施

　2008年６月21日にはじめて氷見の現地調査を行なった。現地調査は富山２人、
東京４人、大阪２人の計９人で実施。①氷見警察署（外から２階の留置場などを
現認）、②被害者宅（未遂）、③被害者宅（既遂）、④靴を捨てたとされる現場（発
見されず）、⑤柳原さん実家（敷地内で靴を焼却したとされる現場、脅したとされる
果物ナイフ、ジーンズの押収などがあった場所）、⑥旧氷見市民病院（現金沢医科
大学病院（DNA鑑定後の治療、原告自殺未遂後の治療のカルテ、領収書の写しがない、
などと不自然対応をした病院）、の６ポイントの現地調査であったが、でっち上げ
の点と線、そして地域の面をある程度、理解することができた。現地調査は、
その後、弁護団との共同調査を含め数次に及んだ。

靴を燃やしたとされる場所を指さす柳原氏（2008年6月21日）

## (2) DNA型・血液型の調査

　梶山 天 朝日新聞記者の真相究明の努力について触れておきたい。「志布志事件」は、2007年に被告全員無罪の判決が下されたが、このでっち上げ事件を告発してきた梶山記者が氷見事件（血液型、DNA型鑑定）にも関心を寄せ取材を行っていた。梶山氏は、約1年間かけて氷見事件の鑑定、特に高木鑑定書（2012年2月19日作成）について取材をしていた。また、並行して富山県警に対して高木鑑定書についての公開質問状（2012年から2013年にかけて数回）を行うなどしていた。

　梶山氏は筑波大学の法医学者H教授（足利事件の鑑定人）など、鑑定専門家4～5人にも取材していた。動機は原田宏二氏から話を聞いてからだという。「現場から採取された精液、毛髪などから血液型のAB型が全く確認されていないのに捜査を強行（でっち上げ）した。DNA鑑定もやってないはずはない」と確信していた。これは筑波大学のH教授の認識でもあった。

　梶山氏によれば当時の富山科捜研の山口所長らにも取材していた。梶山氏は主として、高木貴志「鑑定書」（2002年2月19日付け）・氷見1月事件被害者のパンティ付着物（混合資料）精液鑑定の「血液型検査成績表」について、この「鑑定書」の作成日付けは「2月19日」になっているが、その時点で犯人の血液型に「B」の要素はない、つまり「B型」および「AB型」の人は犯人ではあり得ないことが明確になっていたのであり、3月～4月段階で柳原氏が捜査線上に浮上したとしても、この鑑定結果から直ちに容疑は否定されるべきだった、ということになる。これは筑波大学のH教授が指摘していることでもあった。当然予想される反論として氷見1月事件被害者の男友達が例えば「O型」であっ

た場合、混合資料の精液そのものが実は犯人のものではない可能性が出てくるが、その場合にこそ、DNA型鑑定で決着すべきである。パンティを2月段階で持ち主に返してしまうなどということは、とんでもない失態である。資料精液の量が少ないと言っているが、吸収試験で1倍から16倍まで5回、プラス解離試験と、たくさんやっており、資料の量は十分にあったと言わなければならない。それに、顕微鏡に複数個の精子が確認されており、精子があるということは精液もあるということであって、これだけ精子があれば、DNA型検査は十分にできるとH教授の取材から明らかになった。

　また、パンティの3箇所の付着箇所からして、通常の生活中に付着したというより、犯行後急いではいた際に付着したとも言える。このパンティを返してしまったという失態からして、何かおかしい。梶山氏はこの他、解離試験は、精液や唾液にABO型が出ない場合（非分泌型）でもABO型が分かるということになるが、高木鑑定書には、非分泌型との記述がなく、後に作られた中村浩太郎検事の「鑑定に関する報告書」（2009年10月28日作成）のなかで「非分泌型」という記載が見受けられる、その点も何かおかしい。足利事件では血液型鑑定を「ルイス式」でやっており、氷見事件でも「ルイス式」でやれば、もっとはっきりするはずであった。

　梶山氏は、富山県警科捜研の鑑定人山口氏（退職）・高木氏（現職）を取材、山口氏はいろいろと言い訳に終始、高木氏は「何も言えない」のいってんばりだった。山口氏は高木氏をかばうようなことも言っていた。大橋明美氏（その後退職）からは取材を拒絶されたという。

　林元氷見署長とも面会したが、2006〜07年の騒ぎの頃に、事情を聞かれることはなかったという。

　後日、支える会（磯部、山際、井上）と贄田弁護士は筑波大学に赴き、H教授とも面談した。「DNA型鑑定をしなかったはずがない、しなかったとすれば意図的である、あるいはDNA型鑑定を隠蔽している可能性がある」との認識をわれわれも持つことができた。さまざまな事情がありH教授に氷見事件の鑑定（血液型、DNA型鑑定）意見書を書いてもらうまでには至らなかったが、一連の血液型、DNA型鑑定の問題点については贄田弁護士が「原告準備書面25」にまとめあげた。

　その後、朝日新聞は＜「無実示す体液鑑定を無視」氷見国賠訴訟で原告側主張へ＞の見出しの記事を掲載した。結局、内部告発的なものはなく「調査報道」の限界ではあったが、「富山県警の隠蔽体質」を告発する記事にとどまった。

**「無実示す体液鑑定を無視」氷見国賠訴訟で原告側主張へ**（朝日新聞2010年7月16日付け朝刊）

　富山県で起きた少女強姦（ごうかん）をめぐる「氷見（ひみ）事件」で、真犯人の逮捕によって冤罪（えんざい）とわかった柳原浩さん（45）の逮捕前、県警が被害者の下着に付いた精液の鑑定で、柳原さんの血液型に結びつかない検査結果を得ていたことがわかった。県警などを相手取った国家賠償訴訟で、柳原さん側は「捜査の重大な過失」を立証する重要な証拠だとして、新たな争点と位置づける準備書面を近く富山地裁に提出する方針だ。事件は氷見市内の民家で2002年1月と3月、女子高校生2人が相次いで襲われた。県警は4月、2件目の強姦未遂容疑で柳原さんを逮捕し、富山地検高岡支部がその後に両事件とも起訴した。無罪確定後、逸失利益など約1億円の支払いを求める国賠訴訟で、県警側は捜査の不十分さを認めたが、「犯人性を否定する証拠を意図的に無視した事実はない」と、捜査の違法性は否定して争っている。

# 6　「氷見冤罪事件の責任を追及する会」として再スタート

　2015年3月9日国賠判決、そして23日の判決確定。「国賠ネット」、「人報連」の仲間、地元富山の支援者が中心に「支える会」を結成し、約6年間、国賠裁判の支援活動を続けてきたが、国賠裁判はここで一応、終結（確定）したことで「支える会」を解散することにした。弁護団も解散した。この間、「支える会」事務局会議は88回に及び、また、かなりの頻度で行われた弁護団会議、合宿などにも必ず出席し議論にも参加、調査活動などを含め広範囲な支援活動を行ってきた。

　「支える会」は解散したが、われわれは冤罪をつくりあげた捜査当局の責任追及をやめるわけにはいかなかった。「氷見冤罪事件の責任を追及する会」として再スタートすることにした。警察官4人の告発と情報公開裁判(第2次)の闘いを通して責任追及の闘いを続けていくことにする。

## 第7章

# 責任追及は続く

## 1　情報公開請求と黒塗り減らせ訴訟

### ⑴　捜査指揮簿などの開示請求

　氷見国賠裁判の第5回口頭弁論（2010年6月2日）で、弁護団からの裁判や捜査資料などの送付嘱託申立てに対して、田邊浩典裁判長は氷見事件の真犯人O氏の1月、3月そして8月事件に関わるものを採用した。富山県代理人の山本賢治弁護士から「捜査指揮簿は送付嘱託になじまないのではないか」との発言があった。裁判長は「捜査指揮簿の情報公開での開示を検討しているか？」と弁護団へ問い、併せて県に対して任意提出するか検討の要請があった。

　この年の1月、私たち支える会の事務局メンバー数人は富山県警におけるDNA型鑑定などの実施状況を調査しようと、富山県庁2階の情報公開室を訪ねていた。警察関係の情報公開の方法を尋ね、開示の対象となる文書目録を捜した。警察関係の保管文書目録と保存文書目録を綴じた8cm厚のファイルが見つかった。警察本部の課ごとや警察署ごとに分類されていて、氷見警察署の刑事課、鑑識課、科学捜査研究所関連の目録100枚ほどのコピーを入手した。その中に、捜査指揮簿、本部長指揮事件指揮簿、署長等指揮事件指揮簿の名称が含まれていて、情報公開の対象であることを知っていた。

　そこで、富山県の代理人弁護士や裁判長が言うように、捜査指揮簿などは通常の情報開示の手続きで開示可能だと考え、閉廷後に弁護団とも話して、私たちは富山県警察本部を訪れた。一階入口近くの情報公開窓口に用意されていた公文書開示請求書に急いで書き込んだ。文書件名の欄には「H14.1.14及び3.13の強姦事件などに関する氷見警察署の捜査指揮簿など。添付目録参照」と記入

1　情報公開請求と黒塗り減らせ訴訟　　**193**

し、請求人の氏名は磯部とした。添付目録として○印を付けた保存・保管資料目録のコピーも提出した。約40種類の文書名を記入するには記入欄が狭すぎて、窓口の担当責任者に相談すると「その○印をつけた目録をコピーして付ければ」と引き受けてくれたのだ。

　開示の目的については「冤罪事件の事例研究」と書き込んだ。国賠裁判が確定した今日でも、なお訴訟が続く富山県警の情報公開に関わる取り組みの最初の一歩だった。

　捜査指揮簿という文書が警察の犯罪捜査を知るうえで重要と教えて頂いたのは、北海道警で釧路方面本部長を務めたこともある原田宏二氏だった。2009年6月に恵庭冤罪事件の関連で訪れた札幌で初めて会った。懇親会の席で警察の捜査活動を記録した内部文書について質問したところ、捜査指揮簿について丁寧に教えて頂いた。裏金問題をキッカケに「市民の目フォーラム北海道」を設立し、警察の健全化、透明化、民主化そして冤罪事件の根絶をめざして活動されていた。上京される折にお願いして、氷見冤罪事件国賠を支える会の支援者や弁護団と話し合う機会をもった。私たちが全く知り得ない警察捜査の概要や責任体制、それらを記録した捜査指揮簿などについて様々な話をうかがった。

　後で知ったことだが、この文書は警察本部ごとに文書名や運用規定を各本部長が決めているらしい。公安委員会の規則第二号として警察官が犯罪の捜査を行うにあたって守るべき心構え、捜査の方法、手続その他捜査に関し必要な事項を定めることを目的とする「犯罪捜査規範」がある。捜査組織については19条に規定されている。全国に警察本部があり、書類の様式や運用はそれぞれ独自に定められている。こんなところに"地方自治"が活きているということか。氷見冤罪事件の関連で調べた富山県と、隣りあう石川県でも異なっていた。富山県警の本部長指揮事件指揮簿は、任意取り調べ、逮捕、起訴などの捜査のイベントごとに作成され、10年保存になっていた。石川県警では本部長事件指揮簿と呼ばれ、事件ごとに作られる。捜査の進展に応じて内容が追記される運用で、保存期間は5年であった。

　また、開示請求の際、「捜査指揮簿など」と記入して請求した。その結果として、本部長指揮事件指揮簿、署長等指揮事件指揮簿などが開示されたので、それらの総称が捜査指揮簿だと思った。しかし、目録にあった捜査指揮簿は別にあることが後で明らかになった。富山県警はいつの間にか、捜査指揮簿を「捜査日誌」と改名して、国賠裁判の中で捜査指揮簿とは本部長指揮事件指揮簿と署長等指揮事件指揮簿のことだと説明した時期もあった。さらに捜査指揮簿の

**194**　第7章　責任追及は続く

開示を求めて審査請求した結果、日付さえマスキングのために黒塗りされた270枚が後になって部分開示された。各警察官の担当業務を日誌風に記録した捜査指揮簿の開示をよほど避けたかったのだと思われる。

## ⑵　富山県公安委員会へ審査請求、情報公開審査会へ

　公文書開示請求書を提出してから原則15日以内に開示または非開示を決定しなければならないことが富山県情報公開条例（参考文献１）で規定されている。しかし、事務処理に時間がかかるとして１カ月延長され、７月15日に開示される枚数の連絡があった。コピー代と送料を振り込んで郵送されてきた。開示（第１次）された文書は、本部長指揮事件指揮簿、署長等指揮事件指揮簿、捜査報告書（本部長指揮事件指揮簿とすべき内容とあとで説明された）、捜査主任官指名簿など計67枚であった。捜査指揮簿など開示請求した他の文書は理由の説明はないまま非開示とされたこと、部分開示された事件指揮簿などは墨塗りが多くその理由説明も不十分なことなどを不服として富山県公安委員会へ審査請求した。公安委は情報公開審査会に諮問し、審査会の審議が始まった。

　審査会は非公開で審議が進められ、毎月の審議状況はホームページに「諮問事案の審議」とのみ記載されていた。唯一、審査会へ請求人が出席して意見陳述する際に、補佐人とともに出席できることが条例26条に規定されていた。審査会事務局に補佐人の必要性を説明して、請求人の私は支える会の５人（高木、小倉、井上、土屋、堀元）とともに出席して意見を述べることができた。2011年２月24日の意見陳述では、「……捜査指揮簿など。添付目録参照」として開示請求した文書は40種類ほどあり、それらは理由説明がないまま開示されていないこと、また、部分開示された文書には多くの黒塗りがあり、その理由が不明であることなどを述べた。富山県警は添付された目録を参考資料として受け取ったのであって開示の対象ではなかったと主張しているらしい。

　2011年４月14日に審査会は私たちの意見を受け入れ、残りの文書についても、開示あるいは非開示の判断をすべきとひとまず答申した。公安委はこの答申38号（参考文献２）にそって裁決を行い、捜査指揮簿と犯罪事件処理簿が、11月22日に開示（第２次）された。しかし、部分開示された270枚の捜査指揮簿は日付やほとんどの記載内容が黒塗りされ、３枚の犯罪事件処理簿は項目名を除きすべての記載が黒くマスキングされていた。この第２次開示についても、黒塗りが多いことを不服として公安委へ審査請求（2012年１月22日）した。この結果、第１次開示の67枚と第２次開示の273枚の黒塗りの適否が、情報公開審

1　情報公開請求と黒塗り減らせ訴訟　　**195**

査会において継続して審査されることになった。

　条例25条に審査会の審議では、「……実施機関に対し、開示決定等に係る公文書の提示を求めることができる」と規定されている。審査会は必要に応じて黒塗りしていない元の文書の提示を求めて確認した上で、一部開示の黒塗りが県警の裁量権を逸脱した違法がないかを判断することができる。いわゆるインカメラ審理が行われることになる。県警が裁量権を逸脱して黒塗りしていることが明らかになることを期待して、審査会の結論を待った。

　10か月後の2012年8月31日にまず、第1次開示について、審査会の答申39号（参考文献3）が出された。県警本部が部分開示した本部長指揮事件指揮簿の墨塗りについて、17文書中の124箇所を具体的に指定して、県警に裁量権を逸脱した違法があり、「開示すべき部分」とする内容であった。しかし、条例施行日（2002年4月1日）前の署長等指揮事件指揮簿など4文書は答申の対象から除外された。氷見1月事件と3月事件の初動捜査の関連文書が除外されたのは残念だった。しかし、同じ富山地裁合議部で進行する氷見冤罪事件国賠訴訟では、本部長指揮事件指揮簿が送付嘱託の対象となり、裁判長は1月、3月及び8月の事件指揮簿の送付嘱託を認めていた。国賠訴訟における富山県からの任意開示については、次項に述べる。

　この日の審議会で私は、第2次開示について審査請求人として意見陳述し、支える会の3名（小倉、井上、野上）も補佐人として意見を述べた。今回は要点をまとめた意見陳述要旨を配布して、主張したい要点を話した。非開示とされた「証拠物件保存簿」は公共安全情報を理由に不開示としたことについて最高検察庁の報告書（参考文献4）を引用して不当性を指摘した。また、部分開示された270枚の捜査指揮簿は、決済欄の幹部の印章と年度と天気を除き他のすべての記載内容が黒塗りされていた。月日が隠された270枚の文書では何も分からない。警察庁の報告書には、「捜査幹部自らが捜査状況の要所を把握した上で適切な捜査指揮を行い、捜査によって得られた各種証拠及びその証拠価値に照らして犯人性を認定すべきところ、このような捜査幹部による捜査指揮が十分におこなわれていなかった」と総括されていた捜査指揮の問題だが、このように隠蔽するしかないものだと妙に合点した。審査会がこの黒塗り処分を不当な裁量権の逸脱と判断して、開示すべきと答申するものと考えていた。

　2013年5月24日に審査会は第2次開示につき答申第40号（参考文献5）をまとめた。地元テレビは、＜新たに県警が当初開示の対象としていなかった「犯罪事件処理簿」や「捜査指揮簿」のうち地名や被害者などの情報を除き公開す

## 富山県警の捜査指揮簿などの情報公開と訴訟の流れ

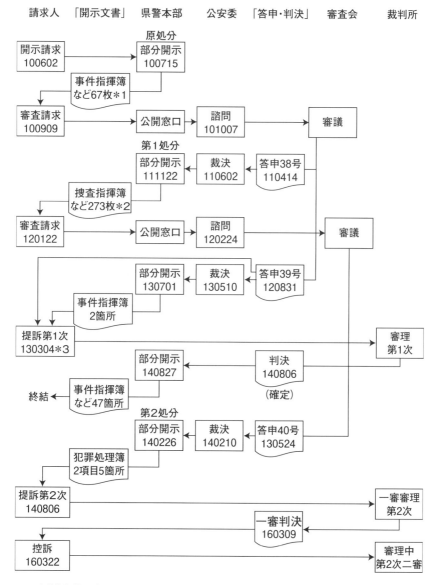

*1　事件指揮簿など：　本部長指揮事件指揮簿60枚、署長等指揮事件指揮簿5枚、捜査主任官指名簿2枚
*2　捜査指揮簿など：　犯罪事件処理簿3枚、捜査指揮簿(後に「捜査日誌」と県警が改称)270枚
*3　提訴第1次：　提訴時は「不作為の違法確認など」、その後に裁決があり、訴えを変更(130723)
*4　日付表示：　開示請求、部分開示、などの年月日は西暦で略記する。「100602」は2010年6月2日を示す

1　情報公開請求と黒塗り減らせ訴訟

るよう答申しました。これで、氷見えん罪事件をめぐる一連の公開審査は終了しました。審査会が塗りつぶされていた部分の多くを公開するよう求めたことについて県公安委員会は、「答申を尊重して裁決したい」としています＞と報じた。

　しかし、9カ月後に実際に裁決されて開示されたのは答申が違法を指摘した22項目、約1400箇所のうち、2項目、5箇所だけであった。「答申を尊重した裁決」はリップサービスにすぎなかった。

　以上に述べた富山県警・捜査指揮簿などの情報公開請求の流れを前頁の図に示す。

### (3)　国賠裁判において、富山県が事件指揮簿と捜査指揮簿を任意提出

　国賠裁判において、被告国の第1準備書面は検察官の公訴提起の違法性の判断基準について、芦別国賠や沖縄ゼネスト国賠の最高裁判決を引用し、それらを前提としていた。公訴提起の違法性の判断は「公訴の提起時において、検察官が現に収集した証拠資料及び通常要求される捜査を遂行すれば収集し得た証拠資料を総合勘案して合理的な判断過程により有罪と認められる嫌疑があれば、右公訴の提起は違法性を欠くものと解するのが相当である」とする。いわゆる合理的理由欠如説が確立していることを前提に主張している。とすると、公判記録はもちろん捜査記録の一切を検討しなければ、この国賠訴訟において、当時の公訴提起の違法性の判断はできないことになる。

　また、犯罪捜査を実施した警察官が任意同行、逮捕、勾留において犯した違法を判断する資料を入手することも難しい。それらのほとんどを被告である国あるいは富山県が所持しているのは明らかである。公正な裁判のために開示することは当然と思われる。弁護団はそれらを任意で提出するように被告国や富山県に求めてきたが、国、県は全く応じない。第3回口頭弁論で裁判所に送付嘱託（2010年1月14日付け）を申立てた。その後に内容を補充して、様々な文書の開示を求めてきた。

　事件指揮簿（富山県警の本部長指揮事件指揮簿、署長等指揮事件指揮簿をまとめる総称）は、警察の捜査実施について総括的に記録した文書であり、捜査全体の流れをまとめた書面である。氷見冤罪事件の全体像を把握するために必要性が高く、警察に保存されている。法廷では弁護団と富山県代理人との間で送付嘱託につき意見書が遣り取りされた。やがて、情報公開で上述のように第1次開示されたものと同じ67枚が第7回口頭弁論の前（2010年11月24日）に富山県から

任意提出された。黒塗りの状態があまりに酷く、このマスキングについての意見書が遣り取りされた。その後、黒塗りが減らされた事件指揮簿が送付嘱託に応じて富山県から裁判所へ任意提出（2012年2月20日）された。富山県は情報公開における遣り取りでは第1次開示の60枚以外に無いと主張していたが、3枚の本部長指揮事件指揮簿が増え、計63枚の事件指揮簿が明らかにされた（本書第7章2の本部長指揮事件指揮簿の図版参照）。

　黒塗りのマスキングが緩和された本部長指揮事件指揮簿は捜査の実態を知る上でとても役立った。弁護団は改めて甲号証として提出し、捜査活動の実態を明らかに立証するのに役立った。また、捜査当初の事件指揮簿の記載の中に数件の余罪があるとの記述があり、翌日の新聞1紙に余罪報道があった。捜査官のリークに基づいて書かれた記事であることが強く推察された。

### ⑷　裁決しない公安委員会の違法確認を求めて提訴

　一方、情報公開の動きでは、第1次開示に関する審査会の答申39号から7カ月を経過しても、公安委は裁決をせずに放置していた。情報公開条例第19条2項は「答申を受けたときは、これを尊重して、速やかに、当該不服申立てに対する裁決又は決定をしなければならない。」としている。直前の答申38号に対しては、公安委は1か月半ほど後に答申にそって裁決を行い、実施機関である県警本部長が膨大な文書を検討した結果、半年後に捜査指揮簿と犯罪事件処理簿の計273枚が部分開示された。答申39号に対しては半年を越えても裁決をしない。

　この不作為の違法を確認し、併せて開示を義務付ける判決を求めて、2013年3月4日に富山地裁へ提訴した。なお、「不作為」とは「あえて積極的な行動をしないこと」、「義務付け」は「行政庁がある処分をすべき旨を命ずる決定を求める」ことを示す法律用語。この「不作為の違法確認及び義務付け訴訟事件」の訴状作成などは、これまでの情報公開の取り組みの延長として、氷見国賠弁護団の助言を受けながら、磯部が本人訴訟で進めることにした。裁判所の指摘もあって、3月29日に訴状の一部を訂正して、第1回口頭弁論が5月29日に行われた。

　弁論期日が迫った5月10日に、公安委は答申39号に関して裁決した。答申が開示すべきだと指摘した124箇所のうちの2箇所を開示し、残りの122箇所は非開示とした内容だった。条例19条の「答申を尊重して」にはほど遠い。5月23日に、裁判所から届いた県の答弁書には、裁決したので、「裁決がなされないことの違法を確認する訴えの利益がないこと……訴訟要件を欠く不適法なもの

富山新聞
2014 年 8 月 7 日（朝刊）(1)

# 警官名など開示認める

## 氷見冤罪事件

### 捜査内容は請求棄却

富山地裁

氷見市で2002年に起きた婦女暴行事件で再審無罪となった柳原浩さん(47)の支援者が、富山県警が捜査資料の大半を黒塗りにして開示したのは不当として、県に非開示部分の取り消しを求めた訴訟の判決で、富山地裁は6日、非開示区

示の122カ所のうち、捜査員の氏名など47カ所を開示するよう命じた。一方で、捜査内容の開示請求は却下した。

昨年3月に提訴。非開示の一分（124カ所）を開示すべきだとした県情報公開審査会の答申に対し、「犯人の逮捕が困難となる可能性がある」として棄却した。

【35面に関連記事】

この訴訟は東京都世田谷区、無職磯部忠さん(71)が

別の男の傷害事件をめぐって

の黒塗りを減らすよう主張していた。婦女暴行事件で

し、非常に残念な判決だ」と批判した。「司法も踏みにじる判決」と悲憤し、控訴するか否か検討するという。

訴訟の弁護団も「司法の秘密体質が少しでも改善されれば」と話した。

県公安委員会の決定を随時、業務に支障をきたすとは認められない」とし、今後の法律の条件などにしていないとの主張が答申には法的拘束力がない」と退けた。

「一方で、捜査員の氏名だけで危険が及ぶなんて、非常に疑問。業務に支障をきたすとは認められない」

阿多麻子裁判長は「公共の安全と秩序の維持に支障を及ぼす恐れがあるとした県警側の主張は妥当であると指摘し、捜査手法や捜査経過の開示請求を退けている。

磯部さんは6日、新たに県警の別の捜査指導書など非開示部分の開示を求める訴訟を富山地裁に起こした。

磯部さんは6日、「判決文の詳細をよく検討した上で対応を決めたい」とコメントした。

高岡支部で懲役3年の判決を受け、服役した柳原さんは富山県連続婦女暴行事件をきっかけに2006年に再審無罪が確定した。氷見事件の支援団体の解散後、約1億円の国家賠償請求訴訟は、約10年を経て先月、富山地裁で和解が成立した。

新たに提訴

---

富山新聞
2014 年 8 月 7 日（朝刊）(35)

# 「知りたい情報何もない」

## 氷見冤罪事件
## 公開訴訟

### 原告の磯部さん落胆

氷見市の冤罪事件に関し、捜査資料の非開示取り消しを求めた訴訟の6日の富山地裁判決で、原告の東京都世田谷区、無職磯部忠さん(71)が最も重視していた捜査指導書などの非開示部分の開示請求は退けられた。磯部さんは判決後、「本当に知りたい情報は何も公開されなかった。磯部さんは今

回の訴訟で一部開示を勝ち取ったが、判決では捜査指導書や富山県警の非開示部分にも生かされると考えていたよう悔しさをにじませた。

氷見事件で再審無罪が確定した柳原浩さん(47)が国などに対して起こした約1億円の国家賠償請求訴訟は、初弁論から5年を経て10月6日の国家賠償請求訴訟を支援

する市民運動に掲げ、柳原さんと知り合った。磯部さんは「2010年6月に県警捜査資料の開示を請求したが、開示された資料は大半が黒塗りで、磯部さんの不服申し立てを受け、県公安委員会に開示を求めたのは事件名の「案内」と「名」の2文字と、柳原さんのアリバイに関する部分の2カ所だった。しかし、開示

されたのは事件名の「案内」などの2文字で、既に明らかになっていた内容だった。

磯部さんは「こういう捜査指導書がなくなれば、また冤罪が生まれたのか。その過程が明らかにならなければ、再発防止につながらない」と話した。

200 第7章 責任追及は続く

であることは明らか」として、「速やかに却下されるべきである」と主張してきた。提訴を受けて遅れていた裁決をした途端、提訴が不適法だから取り下げろというのは法曹界では当然の言い方なのだろうが、たいへん腹立たしいことだった。7月に入って、その黒塗りが減った2枚の事件指揮簿が郵送で届いた。2箇所だけを明らかにしても残りの122箇所が開示されずに残っている。答申39号の指摘した箇所の開示を求める内容へ訴えの変更を申立てて、訴訟を継続した。内容的には「処分取消請求」と呼ぶべき訴訟になった。分かり易く「処分取消請求訴訟」へ変更しようとしたら、一旦ついた事件名は変更しない習慣との説明が裁判長からあった。

　双方の準備書面の遣り取りがあり、第5回口頭弁論で結審（2014年4月23日）して8月6日に判決があった。判決は47個所の黒塗りが裁量権の逸脱の違法があると判断し、開示することが富山県に命じられた。

　氷見冤罪国賠裁判の最終弁論の期日も迫っていた。送付嘱託に応じて任意開示された事件指揮簿などに加えて、この47個所に新たな情報内容が含まれている可能性もあった。双方、控訴せず、判決が8月20日に確定した。速やかな開示を求めて富山県警の情報公開窓口に催促した結果、8月27日付けで、開示の増えた19枚が郵送で届いた。新たに捜査指揮に関わるような内容は含まれてはいなかった。

　第1次開示67枚についての処分を取り消して開示を求めた訴訟の判決があった8月6日に、第2次開示273枚について処分取消請求訴訟を提訴した。前の訴訟と同じように本人訴訟で進めた。

　答申40号では、捜査指揮簿270枚の各5項目、犯罪事件処理簿3枚の各17項目に関するマスキングが違法と判断されていた。黒塗りの箇所数の合計は約1400箇所の違法が指摘されたのである。その答申を尊重してなされるべき公安委の裁決（2014年2月10日）では、犯罪事件指揮簿の2項目5箇所だけを開示する内容であり、0.4％の開示に過ぎない。残りの99.6％は隠されたままになった。

　前の訴訟と同様、富山県は個人情報と公共の安全にかかわる情報であることを強調した。インカメラ審理が行われた情報公開審査会での審議では、主張しなかった公共安全情報であるという理由を、4つの項目について追加してきた。黒塗りされていない元の記載内容と比較すれば、容易にその虚偽が分かるはずの項目について、理由を付け加えたと推察される。その点を指摘すると、県代理人のY弁護士は訴訟になってから理由を追加するのは別に違法ではないと応えてきた。できるだけすべての情報を隠し、不都合な記録を隠ぺいする県警の

1　情報公開請求と黒塗り減らせ訴訟　　**201**

富山新聞 2016年3月10日（朝刊）(37)

2016年（平成28年）3月10日（木曜日）　富

# 捜査資料の一部開示命令

## 氷見冤罪事件 富山地裁で判決

氷見市で2002年に起きた強姦冤罪事件で、富山県警が当時の捜査資料の大半を黒塗りにして公開したのは不当として、再審無罪となった柳原浩さん(48)の支援者が県に非開示部分の開示を求めた訴訟の判決で、富山地裁は9日、資料の一部を開示するよう命じたが、捜査の具体的な内容の開示は認めなかった。

判決理由で廣田泰士裁判長は、捜査の記載内容について、開示すれば事件を起こそうとしている人物が証拠隠滅や「逃走を図る恐れがある」と指摘し、公共の安全と秩序の維持に支障を及ぼす恐れがあるとした県側の主張は妥当だとした。

廣田裁判長は、資料の記載内容のうち、捜査に当たった日付や曜日などの約8、10カ所の開示を認めた。

一方、原告側が県情報公開審査会の答申に従って開示すべきと主張したことに対しては「法的拘束力はない」と退けた。

訴訟では、支援者で原告の磯部忠さん(73)＝東京都世田谷区＝が、取り調べ状況や捜査過程を記した資料約1400カ所の公開を求めて2014年8月に提訴した。

磯部さんは判決後、「捜査の実質的な内容は開示されなかったので、勝利とは言えない。ただ、一歩前進した」と語った。

磯部さんは13年3月、今回とは別の捜査資料の開示を求める訴訟を富山地裁に起こし、地裁は14年8月、捜査員の氏名のみ非開示を取り消した。

富山県警は9日、「判決文を精査し、対応を決めた」とのコメントを発表した。

---

富山新聞 2016年3月19日（朝刊）(31)

# 原告側が控訴の方針

## 氷見冤罪事件 資料開示訴訟で

氷見市で2002年に起きた強姦冤罪事件で、富山県警が当時の捜査資料の大半を黒塗りにして公開したのは不当として、再審無罪となった柳原浩さん(48)の支援者が県に非開示部分の開示を求めた訴訟で、支援者側は18日、一部の開示を命じた一審富山地裁判決を不服として控訴する方針を固めた。

原告は氷見冤罪事件の責任を追及する会の磯部忠さん(73)＝東京都世田谷区＝で、取り調べ状況や捜査過程を記した資料の約140カ所の公開を求めた。

一審判決では、資料の作成日や事件の罪名など約810カ所の開示を命じた一方、捜査の具体的内容の開示は認めなかった。

同会の会員が18日に対応を検討した結果、一審判決の内容では冤罪が生み出された原因の解明には不十分と判断した。

磯部さんは「富山地裁は情報公開制度を軽視している。冤罪を繰り返さないためにも、控訴せざるを得ない」と述べた。

対処には、自浄作用など期待できないことを痛感した。

　5回の口頭弁論をへて、2016年3月9日に判決があった。捜査指揮簿の3項目、約800箇所の黒塗りが違法とされ、他については訴えが認められなかった。犯罪事件処理簿は情報公開の適用除外文書にあたるとの県の主張が認められ、非開示となってしまった。県情報公開審査会がインカメラ審査により黒塗りでマスキングして部分開示したことが裁量権の逸脱であると判断した箇所について、制度上、その黒塗りされた元の内容を確かめることのできない裁判官たちが、県警の抽象的な説明を真に受けて判断したのである。判断する権限は裁判所にあるとしても、黒塗りされた内容を確かめないままでは、裁量権の逸脱を判断する能力はない。県警の言分を認めただけの判断では、全く納得が行かない。合理的な理由などを具体的に検討せず、裁判の権限にしがみついて「判断」することに疑問を裁判官自身は持たないのだろうか。

　もう一つの問題も明らかになった。第2次訴訟では、犯罪事件処理簿が情報公開の適用除外文書にあたるとして、15項目の箇所が非開示となった。第1次訴訟では、捜査主任官名簿について同様の主張があったが裁判所は認容しなかった。もともと、この犯罪事件処理簿は情報開示の対象として目録に記載されていた文書である。しかも答申38号に対応する公安委の裁決にしたがって、部分開示の対象として県警本部長が選び出して部分開示した文書である。その文書の黒塗り箇所を減らすことを求めた訴訟になってから、県は情報開示の適用除外文書だと言い出したのである。その主張を認めて裁判所は適用除外としたのだ。

　文書の記載内容を確かめずに、違法な黒塗りを行った警察の説明のみで、審査会がインカメラ審理して裁量権の逸脱を指摘した答申を無視して、文書全体を非開示とした判決は許せない。これまでに引き続いて氷見冤罪事件の責任を追及する会の磯部が控訴審を進めることとなった。

　3月22日に控訴状を富山地裁の民事部訟廷係へ送った。50日後の5月11日までに控訴理由書を提出することになる。控訴審は名古屋高裁金沢支部において進んでいる。

《参考文献》
1　富山県情報公開条例 http://www.pref.toyama.jp/cms_pfile/00000058/00878630.pdf
2　富山県情報公開審査会答申38号
　http://www.pref.toyama.jp/cms_pfile/00000163/00880006.pdf

3 同39号答申 http://www.pref.toyama.jp/cms_pfile/00000163/00879994.pdf
4 最高検察庁「いわゆる氷見事件及び志布志事件における捜査・公判活動の問題点について」季刊刑事弁護54号 182〜191頁（2008年）
5 富山県情報公開審査会答申40号答申
http://www.pref.toyama.jp/cms_pfile/00000163/00880015.pdf


# 2 警察官４名を告発 不起訴を受けて検察審査会へ

## (1) 国賠裁判の最終段階

　国賠裁判で警察官たちの証人調べがつづいた2013年も終わって2014年２月、いよいよ取調官・長能善揚の証言があった。長能は、細かいことは忘れました、覚えていませんと、なんとか逃げ切ろうとする姿勢をみせながらも、取調べ方法の話などでは、自分のやり方のどこが悪いのですか？　と開き直る態度も見せた。一口に言えば、したたかさを見せつけた。それは長能の素質というよりは、日本の警察が長年積み重ねてきた体質の表明と受けとることができた。似顔絵の島田も、隠蔽の澤田も、開き直る姿勢という点で共通していた。傍聴席で聞くだけの私たちにとっての、フラストレーションが溜まっていく。

　このまま訴訟が終わってしまっていいのか、裁判としては一定の成果を獲得するとしても、警察官たちの、この根本的には決して反省しない姿勢を、このままにして、われわれは引き下がってしまっていいのか？

　なにか新たな手段はないものかと悩んだ。私たちは、原告・柳原氏の支援者として、できるだけのことはしてきたつもりだ。だが……、一種の虚脱感すらあった。

　その後、裁判は原告・被告双方の最終準備書面提出という段階に入った。私たちは、そこで被告・県（警察）が出してきた「第７準備書面」（最終）にぶち当った。

　被告県には当初から二人の弁護士が着任して訴訟防御の中心となっているふうであったが、そのほかに県の代理人として県警の法務担当（監察官室）数人が弁護士と相談しながら訴訟を進めている様子であった。しかし、私たちの常識からしても、被告となっている長能をはじめ証人となった警察官からの事情聴取となれば、弁護士よりも県警の法務担当のほうが主導権をもつであろうし、警察側の裏情報を直接弁護士が取るわけにもいかない場面も多くなるだろう。書証の開示となれば、それはまさに警察が出してくるのであり、弁護士はアド

**204** 第７章 責任追及は続く

バイスしかできない。

　訴訟が終わりに近づくにしたがって、法廷でも県の法務担当のほうが弁護士をリードしている様子が見てとれた。弁護士は裁判官に何か聞かれても、法務担当の意見を聞いてから返事をしていた。長能証言の際に弁護士の一人が、「ちゃんと答えなさいよ」と不規則発言をするのには驚いたし、彼ら内部での「打ち合わせ＝証言練習」の様子をのぞき見る思いがしたほどである。

　そうしたなかで出された被告・県の「第7準備書面」は、A4判で206頁におよぶもので、県警の法務が総力をあげて「氷見事件」国賠を粉砕するつもりの、居丈高な開き直り文書であった。

### (2)　被告・県「第7準備書面」

　結論的に、「そもそも、これまでに述べてきたように、被告県の取調べ等には国賠法上の違法はないから、慰謝料は認められるべきではないが、仮に、慰謝料が認められるとしても、上記の点を考慮して、500万円程度が相当であるし、……」と書いている。500万で終わりにしたいというわけだ。

　賠償金を払わなくてはならないと自覚しているくせに、主張そのものは、一切落ち度はない、違法はないの一点張りである。訴訟で明らかになった事実をことごとく白紙に戻し、黒を白と言いくるめる「へ理屈」をこね、ある部分では事実を隠ぺいしてまでも、「氷見事件」は警察の責任ではない、柳原氏が自白したし、被害者女性が柳原氏を犯人だと言うから、警察は正当な捜査を行なっただけだ、捜査方針を見直さなかったのは正当だ、と言いつのる準備書面であった。

　特に、柳原氏逮捕の決め手となった、附木邦彦（氷見署刑事）作成の「捜査状況報告書」（2002年4月1日付け、柳原氏の車に犯行に使われた靴が入っていた）については4カ所くらいで引用し、この事実があったのだから、それを信じて捜査が動いてなぜ悪いとの主張を展開していた。

　そのほか、「3月事件」の被害者の家を原告が案内できたのだから自白の裏付けが取れたと考えたのは正当だ、の部分では、4軒も5軒もの家を間違えたのは、原告が余罪（1月・3月事件以外の性犯罪）を自白しようとしていると捜査員は考えたのだという主張を持ち出した。これは多分、証言練習をしているうちに長能が言い訳として持ち出した説明だと思われる。

　読売新聞2002年4月16日付け記事も「余罪自供」と書いており、そのリークも長能あるいはその周辺からであることが明らかだ。4月15日の「本部長指揮

事件指揮簿」には、「同種余罪については、現在までのところ、本件（3月事件）を含めて、強姦の既遂が2件位、未遂が3件位ある旨供述している」と記載してある（同指揮簿の図版参照）。この記載内容は、基本的に読売記事と同じであり、日時も一致している。読売が書いているとおり、最初の逮捕時点で、同年1月14日の「氷見1月事件」も柳原氏に押しつけようとしていたことは明らかである。それにしても、「余罪」が既遂・未遂で想定されていたということは、少なくとも2～3件の未解決事件が、その時点であったということになる。それが、真犯人O氏の犯行であるかどうかは不分明だが、O氏自身は、他にも氷見でやったとの記憶を持っているという（某氏への手紙等による）。

　したがって、当時の長能らが柳原氏に、1月・3月のほかに余罪を押しつけようとしていたのが明らかで、国賠訴訟の被告県（警察）が最終段階でも、いまだに証拠に基づかない捜査を肯定しているとしか思えず、主張自体に怒りを覚えた。準備書面は、柳原氏が間違えた5軒の家のなかに空き家があった事実を隠している。余罪もなにも、空き家に被害者女性が住んでいるわけがないではないか。

　県「第7準備書面」最後の「結語」は、次の言葉で締めくくられている。

　「以上のとおり、富山県警による1、3月事件の捜査及びその後に発生した類似事件（筆者注：8月事件のこと）の捜査並びに原告を逮捕したとの報道発表に何ら違法な点はなく、原告の被告富山県に対する請求に理由がないことは明らかであるから、原告の被告富山県に対する請求は、棄却されるべきである」。

　それほどの主張をするのであれば、500万円支払うとは何のこと？　と言いたくなる。準備書面というものは、民事裁判では単なる主張だから何を主張してもいい、と聞かされても、氷見国賠における県（警察）の「第7準備書面」は酷すぎた。

　私たちは、いよいよ富山県警責任追及の次の手段を模索した。

### ⑶　警察官4名の告発へ

「富山（氷見）冤罪国賠を支える会」事務局として、この数年間をフォローしてきたメンバー8名（磯部忠、井上清志、小倉利丸、高木公明、土屋翼、野上明人、安田聰、山際永三）は、富山県警警察官のなかでもでっち上げに深く荷担した4名を、直接告発することにした。

　告発状の書式は、ネットで入手できる。告発は、警察に対してすることもできるが、あえて富山地方検察庁にした。

もとより、冤罪の責任を大きく負っている検察に対して、警察官を処罰してくれという告発が、矛盾をはらんでいることは百も承知である。検察が実際に警察官を起訴する可能性も極めて低いことも予想できる。だが私たちは、あえてドン・キホーテを自認した。

　私たちは、ある意味で原告や弁護団にはわざと相談せず、私たちが勝手に告発を行なったほうがよいと判断した。

　告発というものは、それによってすぐに検察が動き出すわけではなく、ある程度理由が適法であるかどうか調べてから始まるものだそうで、ある人は、「告発が受理されればたいしたものだ」と言う。そして何人かの弁護士は、「12年前の事件だから、偽造公文書作成は時効（7年）で撥ね付けるでしょうね」と言う。

　私たちが、2014年11月26日に「告発状」を持って富山地方検察庁に行ったときも、出てきた事務官は、「受け取ることはするが、受理するかどうかは分からない、いずれ書面で知らせる」とそっけない。

　確かに、時効が最大のハードルだ。

## ⑷　偽証と虚偽公文書

　私たちは、告発を考えた当初、国賠法廷で証言した警察官の偽証を問題にしようと、証言速記録を見ていった。ところが、日本語の曖昧な言い回しもあり、例えば「その時は気づきませんでした」という証言を偽証と決めつけて、「気づいていたはずだ」と告発するためには、これこれこうだから気づいていたはずだと、厖大な経緯を指定しなければならない。つまり冤罪の全過程を論ずることに等しくなるのである。

　そこで、そもそもこの冤罪の出発点は何だったか、何を根拠に柳原氏は逮捕されたのかを考えていくと、いくつかのポイントとなる捜査報告書などが浮かび上がってくる。それがなければ逮捕はなかったという、顕著なでっち上げ証拠である。そのようなフィルターを通してみると、これまでの原審（有罪）、再審（無罪）のあいだ隠蔽され続け、国賠裁判の5年間に少しずつやっと開示された証拠の中に、これこそでっち上げの証拠だというものがある。それを絞りに絞って、まず2つを槍玉に挙げることにした。①「捜査状況報告書」と②「実況見分調書」である。

　①「捜査状況報告書」2002年4月1日付け。これは氷見警察署刑事課係長・附木邦彦作成。柳原氏の任意取調べ開始の1週間前、駐車してある柳原氏の乗

用車を覗き込んだ附木刑事が、後部座席の床に犯人のものとして鑑定で特定されている「コンバース・ワンスター」の靴が置いてあったという報告書である。写真も見取図もなく、明らかなねつ造証拠だった（本書第3章の1「証拠をめぐる争点」の「靴の捜査」参照）。

②「実況見分調書」2002年4月15日付け。氷見署鑑識係・西野友章作成。柳原氏逮捕当日に犯行現場（強姦未遂）の家を案内できたというもの。犯人ではない柳原氏が、現場の家を判るわけもなく、警察車両で4軒も5軒もぐるぐると当てずっぽうに走り回り、捜査官の露骨な誘導でやっとたどり着いた、その家の前だけを切り離して、案内できた、だから犯人だという偽造証拠である（本書第3章の1「証拠をめぐる争点」の「引き当たり」の項を参照）。

さらに国賠訴訟証拠開示最大の成果である内部文書 ③「本部長指揮事件指揮簿」、そして、柳原氏の ④自白調書18通。

③「本部長指揮事件指揮簿」。事件発生の日から、容疑者の浮上、任意取調べの内容、逮捕、自白、起訴など節目の日に、氷見署の刑事課長など現場責任者と本部捜査一課の課長補佐などが連絡を取り合って本部側で、あらかじめ決まっている書式にその日の出来事を書き込んでいくという作り方のようである。これまでの冤罪裁判で、まず出てきたことがないと思われる内部文書だ（図版参照）。

その中で私たちが告発の対象としたのは、8月事件（8月19日）4日後に富山県警捜査一課課長補佐・澤田章三と氷見署刑事課係長・附木邦彦の二人が石川県警に出向き、手口がよく似ている「石川県津幡5・6月事件」について調査し、8月26日付けで澤田が作成した「本部長指揮事件指揮簿」である。

この文書は、柳原氏が自白を維持したままの裁判の最中に真犯人が同じ氷見市内で起こした強姦事件「氷見8月事件」が、柳原氏に押しつけた「氷見1・3月事件」と同一犯人だとなれば富山県警の大不祥事に発展するのを何とか隠蔽しようとして、同様の「石川5・6月事件」の情報をもらい受けた澤田が、わざと「1・3月事件」を外して、「5・6月事件」と「8月事件」の3つだけを比較して、事件の特徴や手口の異なる部分だけを強調し、それぞれ違う犯人だと結論づけた最も悪質な文書である。

その8月26日付け「事件指揮簿」に添付された一覧表をみれば明らかなとおり、「石川5・6月事件」犯人の足跡は「コンバース」となっている。靴底痕を見ただけで「コンバース」とはなかなか断定できないだろうが、鑑識が靴底の模様を鑑定すれば「コンバース」であることが判明するだろう。つまり、澤

田らは、石川県警から「コンバース」の鑑定結果を知らされていたということだ（本部長指揮事件指揮簿の図版参照、柳原氏国賠訴訟甲110号証・甲113号証・甲116号証の一覧表、それぞれ黒塗りを減らして２回目に提出され直したもの）。

④自白調書18通。取調官・長能善揚警部補が作成。①②③の証拠を、刑法の「有印虚偽公文書」としたが、それらが虚偽公文書となれば、柳原氏の虚偽自白を供述調書として作成した自白調書18通も当然ながら虚偽公文書だ（本書第３章の２「浜田鑑定と自白問題」参照）。

以上、附木邦彦・西野友章・澤田章三・長能善揚の４名の警察官を①～④の虚偽公文書作成（刑法第156条）および同行使（刑法第158条）で、そして証言台に立った澤田と長能の２名については偽証罪（刑法169条）でも告発することにした。

### ⑸　作成から行使は継続一体の犯罪

問題の「時効」であるが、私たちは次のように主張した。

告発人の見解として虚偽公文書は、2002年に作成した段階で上司にあげて認証印を取ったところで行使したことになるが、行使はその１回で終わるのでなく、逮捕状請求に使われ、一部は裁判の証拠として使われ、別の一部は隠蔽されていたが国賠裁判で開示されており、そこで初めてわれわれの知るところとなり、さらに証言の際にそれらの文書は警察官証人の自己正当化のために使われ、被告・県の最終準備書面で捜査の違法性がないことの根拠として使われた。したがって、虚偽公文書はそのたびに継続して行使された。作成から一連のものとして使われたのだから、12年前の作成だけを切り離して「時効成立」を言うことはできないはずだ、という論理なのである。

### ⑹　「行使」が焦点

富山地検からは、「行使」の日付を特定してくれという注文があった。地検の関心は、案の定「行使」にあることが分かってきた。私たちは、上記した連続する「行使」について細かく特定する補充書を、2015年１月５日に郵送した。

富山県警では、氷見事件で一人の処分者も出していない。それでは責任の所在が明確にならず、ふたたび冤罪は繰り返されるというのが、私たちの問題提起であった。国賠裁判で取調官・長能善揚警部補と起訴検察官・松井英嗣副検事の二人を個人被告としたのと同じ理由であった。

2　警察官４名を告発 不起訴を受けて検察審査会へ　**209**

# 甲110号証4月4日付け本部長指揮事件指揮簿

別記様式第2号（第4条関係）

| 本部長 | 部長 | 首席参事官 | 課(隊)長 | 次席(副隊長)<br>(相談機関の長) | 調査官<br>課(隊)長補佐 | 係（隊）員 |
|---|---|---|---|---|---|---|
| 佐藤 | 堀田 | 後安<br>西垣 | 福田 | (印) | (印) | 名(印) |

## 本 部 長 指 揮 事 件 指 揮 簿

| 事 件 名 | 氷見市　　　地内の強姦、強姦未遂事件 | 事件取扱課署名 |
|---|---|---|
| 捜査主任官 | 所属　氷見警察署　階級　警部　氏名　藤井　実 | 氷見警察署 |

| 月日時 | 伺 い 及 び 指 揮 事 項 等 | 指揮取扱者<br>指揮受理者 |
|---|---|---|
| 4月4日 | 1　被疑者<br>　　本籍・住居　氷見市　　　　　<br>　　職業　　　　タクシー運転手<br>　　　柳原　浩<br>　　　　　　昭和42年6月15日生　（34歳）<br><br>　　＊前歴　H9年6月氷見署　器物損壊　不送致<br>　　＊身長　161cm　やせ型　目が大きい<br>　　＊家族構成　現在は一人暮らし<br>　　　（父親は　　　　　　　　　　）<br>　　＊職歴　雇用保険で確認すると現在まで10箇所<br>　　　　　　職を転々としている。<br><br>2　被疑者が浮上した経緯<br>　　○　　　　　の社長（被疑者の元稼働先）と　　　<br>　　　の社長に別々に似顔絵を見せ聞込み捜査を実施し<br>　　ていたところ、上記被疑者が似顔絵に非常によく似<br>　　ているとの情報を入手したもの。<br><br>3　容疑性<br>(1)　被疑者の写真面割を被害者に実施したところ、第<br>　　1事件の被害者は、<br>　　　「この男に間違いありません。」<br>　　と述べ、第2　事件の被害者は、<br>　　　「よく似ています。」<br>　　と述べる。<br>(2)　犯行当日のアリバイ<br>　　☆いずれもアリバイなし<br>　　　○1月14日・・・仕事休み<br>　　　○3月13日・・・　　　　　　にて午前9時までの<br>　　　　勤務 | 藤井課長<br>〜<br>池口補佐 |

| 月 日 時 | 伺 い 及 び 指 揮 事 項 等 | 指揮受理者 |
|---|---|---|

(3) アダルトビデオの借り入れの事実
　○　被疑者は、2年程前から氷見市内のビデオ店で
　　アダルトビデオを借りている
　○　被疑者が借りていったビデオを分析すると、レイ
　　プものもあり、また第2事件の際の
　　　　『被害者を仰向けにした後、両腕で被害者の
　　　　膝を曲げ、女性器を見ながら「うわ、すげえ
　　　　な」と感心していた。』
　　　といった場面と同じ場面が映されたビデオもあっ
　　　た。
(4) 犯行の際に使用した靴（コンバース）の確認
　○　被疑者の行動確認を実施していたところ、被疑
　　者の使用車両
　　　　富山　▉▉▉▉▉号　ワーゲンポロ赤色
　　の中に、犯行の際に使用したコンバースと同じよ
　　うな形、模様がはいった靴があったのを確認して
　　いる。（靴の裏等詳細は確認できず。）

4　これまでの捜査結果
(1) 第1事件の被害者から写真面割の参考人調書作成
(2) 被疑者の架設電話、携帯電話の通話記録の差押え
　　＊「第1事件の犯行当日の朝に被害者宅に酒店の
　　　配達員装った電話がかかった。」の裏付け
　　　　　　　　⇩
　　　☆発信記録を確認したが、上記架電事実なし
(3) 被疑者の元稼働先からの聞込み
　　▉▉▉▉▉▉▉▉▉▉▉▉▉▉▉▉▉▉▉▉▉▉▉▉▉
(4) 飲酒先　▉▉▉▉▉▉▉▉▉▉からの聞込み
　　▉▉▉▉▉▉▉▉▉▉▉▉▉▉▉▉▉▉▉▉▉▉▉▉▉
　　▉▉▉▉▉▉▉▉▉▉▉▉▉▉▉▉▉▉▉▉▉▉▉▉▉
　　※　保留指数について対照の結果符合せず
5　捜査方針
　　▉▉▉▉▉▉▉▉▉▉▉▉▉▉▉▉▉▉▉▉▉▉▉▉▉

取調佳～長能係長

## 甲113号証4月15日付け本部長指揮事件指揮簿

別記様式第2号(第4条関係)

| 本 部 長 | 部 長 | 首席参事官 | 課 長 | 次 席 | 調査官 | 係 員 |
|---|---|---|---|---|---|---|
| 佐藤 | 堀田 | 西垣 | 福岡 | 山﨑 | | 夕園 |

### 本 部 長 指 揮 事 件 指 揮 簿

| 事 件 名 | 氷見市████地内の強姦・強姦未遂事件 | 事件取扱課署名 |
|---|---|---|
| 捜査主任官 | 所属 氷見警察署　階級 警部 藤井 実 | 氷見警察署 |

| 月 日 時 | 伺 い 及 び 指 揮 事 項 等 | 指揮取扱者<br>指揮受理者 |
|---|---|---|
| 4月15日 | 1　被疑者<br>　　本籍・住居　氷見市████████<br>　　職　業　████タクシー運転手<br><br>　　　　　柳原　浩<br>　　　　　　　昭和42年6月15日生(34歳)<br>　　　　＊前歴1件<br>　　　　　　　H9年氷見署　器物損壊　不送致<br><br>2　任意同行時間<br>　　平成14年 4月15日(月)午前 8時15分<br><br>3　取調官<br>　　刑事部捜査第一課　　長能係長<br>　　氷見警察署 刑事課捜査係　松下刑事<br><br>4　逮捕時間<br>　　平成14年 4月15日 午後 4時<br>　　　　　　通常逮捕<br><br>5　被疑事実<br>　　別紙のとおり<br><br>6　逮捕時の状況等<br>　(1) 被疑者に対して、逮捕状記載の上記被疑事実を読み聞かせたところ、「間違いありません。」等と素直に逮捕に応じた。<br>　　　＊尚、被疑者に犯行現場の引き当てを実施したところ、上記犯罪事実である第2事件の被害者宅(████方)を案内し犯行状況について説明している。 | 藤井課長<br>～<br>池口補佐 |

212　第7章　責任追及は続く

| 月 日 時 | 伺 い 及 び 指 揮 事 項 等 | 指揮取扱者<br>指揮受理者 |
|---|---|---|
| | (2) 同種余罪については、現在までのところ、本件を含めて<br>　　＊強姦の既遂が2件位、未遂が3件位ある。<br>　旨供述している。<br>(3) 本件犯行の際に使用した靴（コンバース）については、<br>　靴から足が付くのを避けるため、被疑者宅の近くの市道か<br>　ら崖下に捨てた旨供述している。<br>　　　＊氷見市███地内・・・・現在捜索中<br><br>　7　捜査事項 | |

## 甲116号証一覧表（澤田章三作成）8月26日付け本部長指揮事件指揮簿

富山県氷見署発生の強姦事件と石川県津幡署連続発生の強姦事件比較表

| | 津幡署第1次事件 | 津幡署第2次事件 | 氷見署事件 |
|---|---|---|---|
| 家族構成 | ■■■■■■ | ■■■■■■ | ■■■■■■ |
| 被疑者人着 | 年齢　40～50歳<br>身長　165～170センチ<br>　　　細身、色黒、細い垂れ目、低い鼻、薄く小さい口、黒色短髪<br>言語　津幡地区の言語<br>服装　紺色ジャンパー<br>　　　紺色作業ズボン<br>　　　黒っぽいニット様丸帽子<br>履物　長靴様の靴 | 年齢　40歳位<br>身長　160～165センチ<br>　　　小柄、色黒、卵形の顔<br>言語　津幡地区の言語<br>服装　白っぽい長袖シャツ<br>　　　うす紫色ジャージズボン<br>　　　白色タオル様の物を巻く<br>履物 | 年齢　30～40歳<br>身長　160～170センチ<br>　　　目は大きめ、眼鏡なし<br>　　　体格普通、<br>　　　白マスク着用<br>言語　富山弁<br>服装　黒っぽい感じ<br><br>履物　黒色で白ひものスニーカー |
| 凶　　器 | 果物ナイフ　8cm　黒色柄 | サバイバルナイフ　9cm | 包丁様 |
| 遺留品 | | 靴ひも　黒色　130cm | |
| 足　　跡 | コンバース | コンバース | ナイキ製エアフォース様 |
| 事前動向 | 11：37<br>　中村ですけど、荷物を運びたいんで、お父さんお母さんいますか<br>　今いません<br>どこ行ったんですか<br>　私も今起きたんで、起きたらいなかったんで、何時に帰ってくるか分からないんですけど<br>昼には帰ってきますか<br>　分からない<br>じゃ、後でまたかけます<br>12：37<br>　さっきの者ですけどお父さんお母さん帰ってきましたかね<br>　2時位に帰ってくるんですけど<br>どうしようかね、じゃ、荷物だけ置いていくんで、内側のドア開けといてくれますかね<br>　分かりました | 16：00<br>　中村ですけど、生ものの配達があるんで、お母さんか旦那さんいますか<br>　今いないですけど<br>お母さんは何時頃帰ってくる<br>　6時頃だと思います<br>お兄ちゃんいたっけ<br>　いない<br>また電話します<br>16：10<br>　度々すいませんけど■■、■■■■、どっちかな、<br>　■■です<br>配達が生もので　重いので、■■■■と二人で持ってもらえれば<br>　妹いないです<br>何時位に帰ってくるの<br>　今日大会出てるんで何時かちょっとわからないんで<br>じゃ遅いんだね、もし誰もいないんなら、配達明日にします<br>　私だけですけど、私でよかったら受け取りますよ<br>じゃ玄関入って玄関口の横に置くから鍵開けといてね | 10：05ころ<br>　シマダですけど、■■■君いますか<br>　部活です<br>親は？<br>　二人とも仕事です<br>わかったよ |
| 犯行手段 | チャイムを鳴らさず玄関から土足侵入<br>ナイフをちらつかせ、屋内にあったタオルで目隠し、猿ぐつわ、後ろ手に縛る | チャイムを鳴らさず玄関から土足侵入<br>ナイフをちらつかせ、屋内にあったタオルで目隠し、猿ぐつわにする<br>所持していた靴ひもで後ろ手に縛る | チャイムを鳴らさず玄関から土足侵入し、「こんにちは、こんにちは」と言って被害者を玄関の方へ誘い出し、階段を下りてきた被害者に包丁様を突きつけて被害者の部屋へ行き、目隠し、猿ぐつわ、後ろ手に縛る |

| 犯行時の言動 | 騒いだら殺すから<br>本当は泥棒したくないげん<br>けど家に子供がいて貧しい<br>何年や<br>じゃ進学か就職か<br>タオルか何か縛るものある<br>か（あると返事）<br>案内しろ<br>座れ<br>タオル出せ<br>口を押さえろ<br>しゃべるなよ<br>イライラするな（手首を縛<br>りながら独り言）<br>立て<br>こっち来い<br>入れ（両親の寝室へ）<br>こんなことしたくないけど、<br>顔見られたしな<br><br>出て行っても絶対に警察呼<br>ぶな<br>帰るけど、警察呼ぶな<br>１００数えろ、その間に出<br>て行くから<br>名前なんて言う<br>そうか、絶対、もう<br>顔出さんから、二度とこの<br>家にもこんから | 奥へ行け<br>顔見るな、しゃがめ、大声出<br>したらびっくりして刺すかも<br>しれない<br>物盗ろうが迷っている<br>子供に食べさせるものがない<br>こんないい家に住んで育ちも<br>いいだろう、不自由ないだろ<br>う<br>外から見えるかな<br>顔見ただろう<br>こんなことあったら警察に言<br>うのか、普通だったら警察に<br>言うよな、俺の方が不利だ、<br>（名前、年齢、学校を聞く）<br>捕まったら、家族に悪い、子<br>供に食べさせるものがない、<br>もし捕まったら子供に顔向け<br>ができない、自分が不利だ、<br>手しばっとるから、うしろに<br>して<br>落ち着いているな<br>（台所に行った後被害者の後<br>ろに来て）声ださんようにな<br>ければ<br>逃げた時に追いかけられたら<br>困るからズボン脱げ、こっち<br>が不利だからズボン脱げば同<br>じになるだろう、ズボン脱が<br>せるから立って<br><br>怒るぞ、ナイフ持ったぞ<br>（母が帰宅の音）<br>こんな格好しとったら、変に<br>思われるからパンツとズボン<br>はけ<br>鍵あけろ | 顔見たな、顔見たら殺す、お<br>前の部屋どこや<br>うるさい、ベットの方へ行け<br>お前本当は見えているやろ<br>脱げ、俺が行った後に追いか<br>けてこれんように、下脱がし<br>とくぞ<br>最初する気なかったけど、ム<br>ラムラきた<br>静かにしろ<br>お前も将来傷つきたくないや<br>ろ、声出すな、出したら刺す<br>ぞ<br><br>気持ち悪かったやろ、<br>風呂場どこや、ごめんな<br>洗われ<br>俺もヤクザに追われとるから、<br>100、いや、50秒でいいぞ、<br>50秒数える間に、俺、出て行<br>くから、このことを警察に言<br>ったら殺すぞ<br>二人だけの秘密や |
| --- | --- | --- | --- |

## ⑺　告発状の受理

　富山地検は、国賠裁判の判決日2015年3月9日までに何らかの結論を出すか、あるいはその後に引き延ばすか、それが見ものであった。3月9日判決が過ぎても富山地検から連絡はなかった。国賠判決は、いくつかの点で県警捜査を違法であったと認定している。私たちは、判決から2日後の3月11日には富山地検に書簡を送付し「市民目線で告発状受理と問題解明」を要請した。

　地検は、3月22日になってはじめて「2月24日付で告発状を受理」したと告発人に明らかにした。受理から約1カ月後であり、しかも、こちらから連絡して初めて「告発状受理」を知らせてきた。検察の「おかみ意識」の体質なのか、「市民目線」からは程遠い対応であった。

　告発後、富山地検の担当検察官（茅根、林）と面談や書簡の送付などを行い、被告発人・警察官4名の適切な「処分（起訴）」を強く要請してきた。捜査に着手しているようであったが、「捜査の進捗状況」は明らかにされることはなかった。この時点では捜査を見守っていくしかなかった。


## ⑻　不起訴処分の通知

　その後、担当の林正章検事より直接面談したいとの要請があった。

　2015年10月20日、告発人4人（富山1人、東京3人）が富山地検に赴いたが、期待は完全に裏切られた。面談内容は不起訴処分の通知と理由説明であった。

　柳原氏の国賠判決では、捜査に過誤があり、「国賠法上の違法性がある」と一部で指摘されており、告発内容と重なる部分もあった。特に長能の「確認的取調べ」が違法であるならば、その取調べによって作成した虚偽の「供述調書」は違法文書ということになる。そのように判決で認定された「違法性」について、富山地検が「処分」の中でどう判断するか注目していたが、地検の判断は、これまでの形式的な法解釈から一歩も出ていない。

　被告発人・警察官4人はでっち上げの証拠（自白調書、捜査指揮簿、引き当り調書、報告書）を捏造し、柳原氏を「犯人」に仕立て上げたのであり、これは犯罪である。そして何よりも、柳原氏に押しつけた冤罪が明らかとなった時点で、それを隠蔽し、その後、数年にわたって「真犯人」を野放しにし（氷見市で合計9件の事件発生、市民社会の不安）、を放置したことの責任は大きい。ろくにチェックもせず「起訴」した富山地検も同罪であり猛省すべきであった。告発当時の次席検事は、「市民目線」を標榜していたが、反省を込めてそれなりの適切な「処分」をするのではとの期待も少しはあったが非常に残念な結果と

216　第7章　責任追及は続く

なった。

## ⑼　不起訴処分の理由説明

　林検事との面談は、約１時間にも及んだ。私たちは、「納得できない」として激しい"やりとり"（バトル）にもなったが、「富山地検の決定」は変わることはなかった。林検事は、①大審院判例・大正12年12月５日、②最高裁判例・昭和47年５月30日、③大審院判例・明治43年８月９日、④最高裁判例・昭和44年６月18日と４つの、カビの生えた判例をもちだして、"牽連犯"の説明をしたが、私たちも聞き慣れない法律用語について、その場での理解は困難であった。林検事曰く「皆さんには大変申しわけないが……」を連発、「後は検察審査会でやってください」「わたしのできるのはここまで」と。そして手元に残されたのは一片の不起訴の「処分通知書」（事件番号平成27年検100133ないし100136号）のみであった。説明では「嘘の文書」であることは口頭では認めつつも「文書の行使」については、古い判例を持ち出し、「国賠訴訟での引用・証言のみでは行使にあたらない」として「嫌疑がない」「罪にはならない」と繰り返すのみ。決して犯罪の具体的内容に踏み込むことはなかった。

## ⑽　検察審査会へ申立て

　「不起訴処分」通知後、直ちに検察審査会への申し立ての準備に入った。林検事による口頭説明内容を精査、林が持ち出してきた４つの判例にも当たり、氷見国賠弁護団とも相談し、「審査申立書」をまとめあげ、2015年12月２日に富山検察審査会に提出した。また、申立書の補充として、意見書「不起訴処分における最高裁判例などの適用・解釈の誤りについて」も提出した。申立書では特に氷見市における強姦等被害拡大と隠蔽の責任について市民目線でしっかりと審査すべきだと強調し、不起訴処分の根拠とした「行使」の解釈、時効問題にも詳細な反論を行なった。

　林検事は、私たちが告発した「虚偽公文書」につき、少なくともその一部は時効になっていない、時効期間内に再び「行使」されたとすれば、判例の「牽連犯」規定により時効は伸びると説明したのだから、時効問題はクリアされたのだ。

　以下は申立書の主要なポイントである。

## ⑾　被害拡大と隠ぺいの責任

### 1）真犯人を野放しにした責任

　2002年の富山県「氷見事件」捜査で、無実の柳原浩氏が冤罪に落とし入れられる際に、わざと柳原氏の有罪を示す証拠の公文書を作成し、柳原氏に大きな損害を与え、結果として真犯人を野放しにした。真犯人は柳原氏の犯行とされた「氷見1月事件」「氷見3月事件」の他、「氷見8月事件」、さらに翌2003年の氷見市内における同種の強姦あるいは強姦未遂事件を次々と（2003年に6件）起こし、結局2006年に鳥取県警に逮捕されるまで、富山県・石川県・鳥取県で14件の事件を起こした。

### 2）真相の隠ぺい

　同一犯人によって、これだけの犯罪が続発したのは、少なくとも「氷見8月事件」の時点で柳原氏は犯人ではないことに気づいた被告発人ら、特に県警捜査一課の課長補佐という捜査の中心的な立場にいた澤田章三が、真犯人の出現となれば、柳原氏の冤罪が明るみに出て富山県警の大きな不祥事として暴露されることを恐れた結果、「氷見1月・3月事件」とその他の事件はそれぞれ別の犯人であると誤魔化して、真相を隠ぺいし、一連の事件の捜査をサボタージュした結果にほかならない。

### 3）責任の所在を明らかにすべき

　公正であるべき公務員・警察官が、虚偽の文書・証拠を作成し、正しい捜査をねじ曲げて冤罪を作り、真犯人を野放しにして市民社会に不安と損害を与えた。それにもかかわらず、富山県警は一人の処分者も出さず、表面的な反省・謝罪だけで事を終わらせようとしている。これでは、富山県においてさらに冤罪が繰り返されることを防ぐことはできない。被告発人らを裁判にかけ、責任の所在を明らかにすべきである。

## ⑿　不起訴処分は不当

　検察は「有印公文書偽造」および「同行使」については、時効（7年）が成立しているものと、時効がまだ成立していないものがあるが、時効が成立していないと考えられるものについても、犯罪とは言えないから不起訴とした。また、「偽証」については、国賠訴訟の「被告」である長能善揚を罪に問うことができず、澤田章三がわざと嘘を証言したとまでは言えず、犯罪とまでは言えないから不起訴とした――という。

　しかし、以下の理由で不起訴処分は不当である。

①　虚偽有印公文書作成・同行使に関する「時効」刑事事件における時効とは、「犯罪が終わった時から進行する」とされているが、犯罪の結果が明らかにならなければ起算のしようもないはずである。「虚偽公文書作成」を「原因」として、「同行使」は「結果」の関係にある。「原因」と「結果」を連続一体のものとして告発。「文書」は、柳原氏の犯罪を証明するための文書として作成されたわけであり、その時点では作成者とその周辺の者以外は、誰も「文書」作成・行使そのものが犯罪になると気づいていなかった。一般市民としては、犯罪を取り締まるはずの警察官が、あえて「虚偽公文書」を作成・行使するなどという特殊な犯罪を行なうなど、ありえない事とさえ感じていたであろう。2002年の氷見市における強姦・同未遂事件当時、柳原氏を有罪にする目的で証拠を「作成」し、上司に提出したことで1回目の「行使」、逮捕状請求の資料として2回目の「行使」。「行使」が何回かにわたって行なわれた。林正章検察官も同様の考え方に立っている（牽連犯に関する判例）。

②　長能が作成した柳原氏の「虚偽自白調書」（合計18通）は刑事裁判（2002年）で一部使われ、検察官請求の再審裁判（2007年）でも一部使われたので、その存在は当初から知られていた。

③　澤田章三・附木邦彦・西野友章の3名が作成した「虚偽公文書」および「上申書」（柳原氏名義、10通以上）は、刑事裁判（2002年）では証拠として提出されず、その後それらは長く隠匿されていた。服役後、冤罪が明らかとなったが、「文書」は再審裁判（2007年）でも使われなかった。2009年から始まった国賠裁判で、何回にも分けて徐々に提出（開示）された書類の中にそれら「文書」が含まれていたのである。

　長期間秘密にされていた「虚偽公文書」が誰も知らないあいだにいつのまにか「時効」が進行してしまうなどということが、許されていいはずがない。日本国内で犯罪を犯した犯人が海外に出ている間、時効はストップすると言う。逃げどくは許されないということである。本件では「文書」が秘密にされている間は時効がストップしたと考えるべきである。国賠裁判で存在が明らかとなって、そこで犯罪の結果が判明したのだから、時効を論ずるまでもなく、「作成」「行使」一連の罪を問うべきである。

⑬　時効が完成していないものについては"罪がない"との判断について

　林正章検察官の説明では有印公文書偽造・同行使の時効の計算の仕方は有印公文書偽造・同行使を一体とする判例（大審院・大正12年12月5日、最高裁・昭47年5月30日の判例）に照らした。"嘘の文書を作ってそれを行使した場合は一体として判断する"というものあり、従って作成の時効期間は7年であるが、作ってから7年ではなく行使と一体と考えて行使の時から7年、まとめて時効が完成するというのが原則。ただ例外があり文書があって7年経って時効が完成し、時効完成後、日時が経過してから（時効完成後の）文書を行使した場合は別々に判断する。今回の判断はこれらの判例にあてはめて適用した」というものであった。

　告発人が主張してきた時効の解釈を、一部肯定するような姿勢をみせながら、結局は警察官らの行為は、たいした罪ではないから不起訴にしたと言っているのである。当初の冤罪を作り出した警察官の責任こそ重大であり、重大な犯罪であるにもかかわらず、その内容に踏み込むことなく、結論として「行使」については、全く古い判例（大審院・明治43年8月9日、最高裁・昭和44年6月18日の判例）を引用し「国賠訴訟での引用・証言のみでは行使にあたらない」として、「嫌疑がない」「罪にはならない」としている。今回の不起訴処分は、誤魔化しの「形式判断」なのである。

## ⑭　澤田章三の犯罪

### 1）他事件を見逃した捜査

　県警捜査一課の課長補佐として、富山県内の殺人・強盗・強姦などのいわゆる「強行犯」の捜査に長年たずさわり、氷見事件の際も氷見警察署に設置された捜査本部の実質的な捜査指揮を行なっていた。「8月事件」の際、県警本部捜査一課の幹部（西垣某主席参事官）からも指摘を受け、当時石川県津幡署管内で起きていた「5月・6月事件」も手口が類似しているところから、事件の直後に澤田は、氷見署の附木邦彦刑事をつれて石川県警本部と津幡警察署をおとずれ調査した。澤田と附木は、「5月・6月事件」に関する証拠書類のコピーをもらい受け、富山県警本部に報告している。それが、8月26日付け澤田作成の「本部長指揮事件指揮簿」である。その文書には「富山県氷見署発生の強姦事件と石川県津幡署連続発生の強姦事件比較表」と題する一覧表が添付されている（本部長指揮事件指揮簿の図版参照）。その一覧表は、「津幡署第1次事件」「津

幡署第2次事件」と「氷見署事件」の3件の特徴を比較したもので、「氷見署事件」は「氷見8月事件」だけを並べており、「氷見1月事件」および「氷見3月事件」について全く比較していない。しかも、「石川5・6月事件」の「足跡」は「コンバース」だと明記している。「コンバース」であるならば、「氷見1・3月事件」の「コンバース」との同一性は、澤田の認識のなかにあったはずである。

### 2）数々の偽証

澤田は、国賠裁判で証人となり、犯人の、事前の電話、顔見知りでない、玄関から侵入している、逃げる際に被害者に「100数えろ」と言う、など多くの特徴的な手口が似ていることについて、「当時は気づきませんでした」「当時は考えておりません」などと偽証した。多くの手口があまりにも類似しているから石川県警まで調査に行ったにもかかわらず、誤魔化して別の犯人であると報告し、真相を隠ぺいした澤田の犯罪は重大である。

### 3）別の犯人であると報告し隠ぺい工作

澤田らの隠ぺい工作により、真犯人は鳥取県警に逮捕されるまでに、富山県氷見市と石川県津幡町、鳥取県米子市で事件を起こしている。早い段階で、富山県警が捜査方針を正しく検証・転換していれば、これだけの被害続出を防ぐことができたかもしれないのである。澤田の「虚偽公文書作成・行使」犯罪は、非常に重大だ。

### 4）偽証についての判断

澤田の偽証については「嫌疑がない」「犯罪の証拠がないということが明白だ」「あえて虚偽を述べた状況にはない」とした。虚偽公文書作成・同行使について、「H14年8月26日作成なので時効はH21年8月26日、国賠での証言（文書の行使）はH25年3月4日、時効はそれ以降で作成のみでは時効は完成しているが、作成と行使一体の原則からは時効はH33年3月4日で完成となる」とした。つまり、時効の問題ではなく、澤田の犯罪の全体をみて、それが処罰の対象になるほどの犯罪ではないというわけだ。

## ⒂　長能善揚の犯罪

### 1）「確認的取調べ」

柳原氏の取調べを担当し「虚偽自白供述調書」を公文書として18通も作成した。それら「調書」の内容が虚偽であることは、今回の不起訴処分を行なった林検察官も認めたところである。犯人ではない柳原氏が、事件の内容につき分

からないまま返答に窮していると、「Aか、Bか、Cか……」と幾種類もの答えを並べて問い詰め、正しい答えに（被害者の供述などと整合するように）なるまで続けた。この取調べ方法を長能は「確認的取調べ」または「択一的取調べ」と呼び、長年やり続けてきた自分のやり方だと説明した（長能証言）。国賠裁判判決のなかで、こうした取調べ方法は違法だと断定された。国賠で富山県警察が賠償責任を取らされる重要なポイントとなった。

### 2）「虚偽自白」追い込みとアリバイ無視

長能は証言で柳原氏が自発的に納得して自白の「上申書」を自分で書いたなど、取調べで無理をしなかったかのように述べたが、それは偽証である。判決で違法とされた取調べ方法を行なっていた長能は、あらゆる卑劣な手段を使って柳原氏を追いつめ、冤罪を作り出した。柳原氏をいったん釈放して再逮捕することを、事前に知らせておいたと証言したが、これも偽証である。無実の人を「虚偽自白」に追い込み、柳原氏のアリバイを無視するなど、長能の責任は重い。

### 3）具体的犯罪行為に踏み込まなかった検事

この重大な犯罪について、林検事は「証人ではなく被告本人なので偽証罪にはならない」「従って罪とはならない」とした。虚偽公文書作成・同行使については、供述調書は刑事裁判、再審裁判、国賠裁判で使った。2002年に書類を作って2009年に時効を迎える。逮捕状請求に使って検察庁に送って氷見事件の刑事裁判にも使っている。時効が来る前に使っている。最高裁の判例に従えば時効が来る前に使っているので作成と行使一体として判断した場合は、時効は2020年まで伸びる。これについても「国賠訴訟での書面で引用したとか証言のみでは行使にあたらない」「罪とはならない」との判断をした。林検事は「中身は嘘であるということは否定しないが、国賠訴訟で使うことが偽造文書の行使にはならない」「国賠訴訟は冤罪ということで裁判をやっている。冤罪であることは、争いはない」、「嘘が書かれているのは当然」としている。「偽造」は認めるが行使にあたらないとまで説明したが、これ以上、具体的犯罪行為について踏み込むことはしなかったのである。

## ⒃　附木邦彦および西野友章の犯罪

### 1）虚偽の「捜査報告書」「実況見分調書」の作成

附木および西野は、捜査の初期段階で内容虚偽の「捜査報告書」および「実況見分調書」を作成し、それが柳原氏逮捕状請求の決め手となった。林検事の

説明では附木、西野も先の判例を引用しながら同じ枠組みで「国賠訴訟での（澤田・長能による附木・西野の）書面の引用・証言のみでは行使にあたらない」としている。附木・西野は、柳原氏の国賠訴訟にみずから証人として出てきたわけではないが、柳原氏を有罪にするために虚偽公文書を「作成」し、その意図をもって提出し、長いあいだ隠匿されたあげく、国賠裁判のなかで県警代理人によって提出され「行使」されれば、いわば共犯者の立場に立つとも言える。

　2）本末転倒の検事の言い分

　林検事は、国賠裁判のなかでの「行使」が、内容虚偽を前提にして、「ウソはウソとして」提出したのであるから、「作成」者の罪とまでは言えないとの趣旨を説明したが、それは本末転倒もはなはだしい言い訳である。県警およびその代理人は、これらの文書を正しいものとして使い、だから捜査に悪意はなかったとし、柳原氏が自白したから警察もそれを信じた、被害者女性が柳原氏は犯人に似ていると言うから警察も間違えた、すべてやむを得なかったとの趣旨で、虚偽公文書を「行使」したのである。


## ⒄　申立の補充「不起訴処分における最高裁判例などの適用・解釈の誤りについて」を提出

　不起訴処分の理由説明では、最高裁判例のほかに「大審院」判例、そして「牽連犯」などと、法律専門用語を持ち出され、どこか「タイムスリップ」したようで少々面食らい、理解不能に近いものもあったが、弁護士の協力・アドバイスを受けるなどしながら、その検事の「理屈」とその誤りについての詳細な反論を試みた「補充書」を提出した。虚偽公文書作成・同行使の時効については①大審院判例・大正12年12月5日と②最高裁判例・昭和47年5月30日、「行使」については③大審院判例・明治43年8月9日と④最高裁判例・昭和44年6月18日を適用したが、適用・解釈には誤りがある（4つの判例①〜④については下記参照）。

　理由説明では虚偽公文書作成・同行使の場合、公文書作成が手段行為、偽造公文書行使が目的行為ということであり、いずれも公訴時効は7年（刑訴法250条2項4号、刑法156条、158条）であり、作成の実行行為から7年経過する前に行使していれば、全体として行使の実行行為から時効は起算され、作成の実行行為から7年経過後に行使されていると、作成の時効は成立する。本件では、各文書の作成はいずれも2002年当時である。国賠訴訟に登場したのはそれから7年以上経過した後なので、作成罪の時効は成立しているということになる。

しかし、本件ではそのままあてはめるわけにはいかない。本件の根本的な問題は、証拠が隠され続けたために、虚偽公文書作成の事実は証拠が開示されるまで判明しなかったことである。刑訴法255条1項前段は、「犯人が国外にいる場合」に時効の進行が停止すると規定している。これは、国外では我が国の捜査権が及ばないことから、事実上の障害を理由に時効の進行を停止する規定である。本件では、冤罪被害者の柳原氏が虚偽自白に追い込まれてしまい、公判でも事実を争わなかったことから、虚偽公文書が作成された2002年当時、これらの書類が虚偽公文書であることが明るみになる契機がなかった。本件について国や県が検証を開始するようになったのは、真犯人の存在が発覚した2006年以降のことである。その間は、虚偽公文書作成について捜査権が及ばない事実上の障害が存在していたとみるべきである。また、刑訴法255条1項後段では、「犯人が逃げ隠れている」ために時効の進行が停止すると規定している。これは、逃げ隠れているような犯人に時効の利益を享受させるのはそもそも不合理であり、いわば「逃げ得」を許さない趣旨の規定である。本件でも、虚偽公文書がずっと闇に隠されていたために作成の事実が明るみに出なかった。しかも、捜査機関は積極的に柳原氏を虚偽自白に追い込み、公判でも争わせず、服役までさせた。虚偽公文書作成の事実を隠ぺいするに等しい行為である。これは、「犯人が逃げ隠れている」という状況と同じである。刑訴法255条の規定は、例外的に時効の進行を停止させる規定であるから、停止事由は限定列挙されているとみるべきかもしれない。しかし、この規定が有効に成立するのは、捜査機関が犯人の発見・検挙に全力を尽くすという前提があってこそのことである。ところが、捜査機関内部の犯罪については、この前提は成立し得ない。捜査機関内部の犯罪に対しては、捜査機関による犯人の発見・検挙は期待できない。にもかかわらず、時効期間だけ進行するというのは不合理極まりない。まさに、「逃げ得」との批判は免れないであろう。刑訴法255条が時効期間の進行の停止を認めた趣旨から、本件のような場合は、時効期間が進行しないと解釈しなければ、捜査機関内部の犯罪は永遠に闇に葬り去られることになってしまう。そのような結果は断じて許されない。本件では、虚偽公文書作成は時効完成前とみなすべきであり、当然、虚偽公文書作成の罪（156条）が問われるべきである。

　本告発における有印虚偽公文書は、本部長指揮事件指揮簿、捜査状況報告書、実況見分調書および供述調書（長能作成）である。これらは警察における組織捜査の責任体制を記録する内部文書あるいは捜査の実施過程で作成されて将来の刑事裁判では証拠となることが予測された文書である。いずれも警察署に保

管され、一部は事件が立件された時点で検察へ送致されて検察に保管された文書である。冤罪発覚後の国賠訴訟において、富山県あるいは国から、捜査の違法性を否定する観点から任意開示された文書の中に含まれ、国賠訴訟の証拠となったものである。

　澤田は、2013年3月4日に本部長指揮事件指揮簿を引用しつつ問われた質問に対してその内容に沿う証言を行い、同文書を行使した。長能は、2014年2月17日に、供述調書の作成過程も含めて証言を行い、同文書を行使した。

　附木、西野は、組織捜査の一員として、捜査の一端を担い、捜査状況報告書あるいは実況見分調書を作成した。それらは元被告人＝冤罪被害者の逮捕、起訴の重要な証拠の一部となった。組織の一員とは言え、冤罪が起こされたとき、警察側に必須の証拠を作成したのであり、その責任は軽いものではない。それらの文書は検察に保管され、国賠訴訟では富山県、国は捜査が違法でないとする主張を立証する根拠として任意開示し、同文書を行使してきた。

　この行使が作成者の同意のもとに行われたことは明らかであり、将来、証拠となることが予定された文書であることを作成者は十分に承知していた。作成時および検察へ送致された時点でも、この行使は容易に想定されることであり、行使の責任があったのである（参考：最高裁判例昭和44年6月18日についての判例タイムズ238号谷口正孝氏の評釈、「免許証の保持」→「公文書の保管」、「提示」→「任意開示」）。理由説明にあった「時効」、そして「行使」について上記判例に照らしても適用・解釈に重大な誤りがある。

**4つの判例**　①大審院判例・大正12年12月5日——ⓐ牽連犯における目的行為がその手段行為に対する時効期間の満了する前に実行されたときは、両者に対する公訴権は不可分的に最も重い刑を標準として最終行為の時から時効期間満了によって消滅する。ⓑ目的行為が手段行為の時効期間満了後に実行されたときは、手段行為については時効の完成により公訴権が消滅する。ⓒ目的行為が手段行為の時効期間満了の前に行われたか後に行われたかで手段行為の時効の起算点が異なる。②最高裁判例・昭和47年5月30日——牽連犯において、目的行為がその手段行為に対する時効期間の満了前に実行されたときは、両者の公訴時効は、不可分的に、最も重い刑を標準に最後行為の時より起算すべきである。これは上記①の大審院と同旨である。③大審院判例・明治43年8月9日——ⓐ偽造文書の行使はその文書の原本を真正に作成されたものとして他人の閲覧に供することにより成立する。ⓑ文書の謄本を他人に示し、もしくはその内容形式を口頭又は文書によって他人に告知するのみでは偽造文書を行使したとはいえない。④最高裁判例・昭和44年6月18日——ⓐ「行使」にあたるためには、文書を

真正に成立したものとして他人に交付、提示等してその閲覧に供し、その内容を認識させまたはこれを認識し得る状態におくことを要する。ⓑ自動車を運転した際に偽造にかかる運転免許証を携帯していた事案。一定の場合に免許証の提示義務があるとしても、偽造運転免許証を携帯しているにとどまる場合は「行使」にはあたらない。

## ⒅　検察審査会への上申書提出

更に、2016年３月８日、申立書の「不起訴処分を不当とする理由」について、内容を補充する上申書(1)と、富山県警の「氷見事件」の前にもあった不祥事が冤罪隠ぺいの引き金にもなったという上申書(2)、更に上申書(3)を提出した。

## ⒆　上申書(1)──牽連犯と刑事責任

不起訴処分について富山地検の林検事は嫌疑不十分として不起訴にしたが、その判断は間違っている。冤罪事件の発生当時の捜査の過程で作成された虚偽公文書、国、富山県において保存され、国賠裁判の進行途中で数次に分けて開示され、証拠として使われた。作成から約10年を経過して、行使されたのである。作成と行使との間に長い保存期間があるが、牽連犯として時効は行使の時点から起算される。澤田警部及び長能警部補は作成した公文書を本人が行使した。牽連犯として虚偽公文書作成及び行使罪の時効が成立していないことは明らかである。他方、附木警部補及び西野警部補は虚偽内容を含む公文書を作成して逮捕状請求の疎明資料として使用した可能性が高い。長い時間を経過したのち、本人ではなくても組織捜査の一員であった同僚や上司が国賠裁判で行使した。牽連犯を適用する可能性を含めて起訴して刑事責任を問う必要がある。

## ⒇　上申書(2)──氷見事件の前の不祥事

富山県警の体質としての無責任性は、氷見事件の前にも、覚醒剤捜査に関する大不祥事で暴露されており、マスコミで大きく報道されていた事実がある。すなわち、氷見事件はそれに連続する不祥事として位置付けられるべきである。

氷見事件で柳原浩氏が虚偽自白に追い込まれたのは、2002年４月15日だったが、その４日前の同年同月11日には、元富山県警幹部であった２名のキャリアたちに対する富山地裁判決があり、大々的に報道された。被告人は、上田正文元県警本部長と高松実元刑事部長。罪名は虚偽有印公文書作成、同行使。それぞれ懲役１年執行猶予４年の有罪判決であった。しかも、その２名に責任があるとされた虚偽有印公文書とは、私たち申立人が氷見事件の捜査幹部・澤田章

三警部たちを告発したのと同じ「本部長指揮事件指揮簿」に虚偽の記載をしたという罪であった。マスコミによれば、県警本部長クラスが刑事被告人となったのは、神奈川県警の覚醒剤もみ消し事件以来２件目だという。

　この事件は、当時からみて６年前1995年５月に富山県警八尾署が逮捕した男性が、富山署（現中央署）で行なっていた大規模な覚醒剤摘発事件捜査の協力者（スパイ）だったために、幹部までが了承したうえで、その男性の健康状態が悪いと虚偽の事実を「捜査指揮簿」に記載して、釈放させたという事件である。後日内部告発で暴露され、2001年11月の時点で公表せざるを得なくなり、上田元本部長ら14名が送検され処分された。この過程で、元富山署長が自殺している。

　とんでもない不祥事と報道されたが、今日の刑事訴訟法改悪・司法取引推進の立場に立てば、スパイを優遇して巨悪を壊滅させようという発想において似たようなことで、問題は法律の整備とか規律の遵守ではなく、警察の無責任態勢にこそ焦点を当てなければならないはずなのに、警察もマスコミも不徹底極まりないのである。富山県警としては、本部長と刑事部長が刑事事件で有罪という大不祥事を経験したばかりの2002年に再び今度は冤罪という不祥事を連続して起こしたことになる。

　それだけに、何とか隠蔽してしまおうとする澤田らのあせりの気持ちというか、今度こそ抜かりなく隠蔽しなければならないという使命感があったのも事実であろう。だが冤罪被害者にしてみれば、たまったものではない。同じ「捜査指揮簿」に、覚醒剤もみ消し事件の際よりも悪質な虚偽記載をされて、それで冤罪捜査を正当化されて、刑務所にまで行かされたのだ。スパイの健康状態が悪いから釈放という記載と比較してほしい。柳原氏は、「捜査指揮簿」に、アリバイはないとか、犯行に使用した靴コンバースが柳原の車の中にあったとか、引き当たりで被害者の家を案内できたとか、複数の余罪を供述とか、氷見８月事件や石川津幡の事件はそれぞれ違う犯人だとか、さんざんに不利な虚偽事実を書かれて谷底に突き落とされたのだ。

　「氷見事件」では内部告発もなく、上記「捜査指揮簿」を書いた澤田が何の処罰も受けずにいることは、不当の極みと言うしかない。

　警察内部の不正暴露という不祥事に比べて、冤罪で無実の人を刑務所送りした不祥事のほうが、人権という観点に立てば重大な出来事だと思うのだが、世間ではそうなっていない。

　検察審査会の一歩踏み込んだ判断を求める。

## ㉑ 上申書⑶——冤罪隠ぺいと被害の拡大

2016年６月23日に郵送で検察審査会に提出した「上申書⑶」は、柳原氏国賠で原告側が証拠とした「甲100号証」に添付されていた２枚の書類を解説したものである。

その書類とは、柳原氏が逮捕・起訴され有罪となった2002年の翌年、2003年夏に、氷見市内で連続していた真犯人Ｏ氏の犯行に関連して、氷見市教育委員会が、市内の小学校・中学校の校長に通知したもので、「児童・生徒在宅時における不審者や不審電話への対応について」と題されている。ところが、この通知の表現は非常に遠慮がちで、強姦・強姦未遂事件続発とは書かず、遠回しに警戒してほしいと要請しているだけなので、実効性をもたなかった。この通知の後も、事件はさらに続いたのである。

氷見市教育委員会がこうした通知を出さなければならないくらい、氷見市は不安な状況になっていたわけで、警察はその間、ろくな捜査をせず、警察自身による警戒網を敷くこともなかったことが分かる。冤罪隠ぺいの結果、氷見市民を不安にさせ、被害拡大に手の打ちようもなかった氷見警察・富山県警本部の無能無策を示す通知である。

## ㉒ 検察審査会の仕組みと申立ての行方

富山地裁内に富山検察審査会がある。同会事務局（長）は裁判所職員（出向）という。申立て、上申書提出の際、事務局と面談を行い、その概要を説明してきたが、審理の進捗状況を一切、明らかにしない。検察審査会の審理は非公開なのである。じっと待つしかないようだが、検察、警察（富山県警）の動向をみながら、そのつど必要があれば申立ての補充、上申書を追加提出していく予定である。

富山での検察審査会の動向として、富山地検は夫婦殺害事件の殺人放火容疑で逮捕された富山県警の元警部補を不起訴としたが、これを不当だとして、被害者の遺族が検察審査会に審査を申し立てている（2013年）。これも「県警の隠蔽体質」を問うものとして注目していきたい。一方で富山検察審査会協議会（検察審査会制度の普及・広報活動組織・審査員OBで構成）が審査員と記者を「富山検察審査会の議決内容を事前に新聞が報じたのは情報漏えいを禁止する法律に違反する」として告発するという事態も起きている。検察審査会は「市民感覚」を標榜しているが、この告発は「市民感覚」とはほど遠く違和感を感じざるを得ない。これは「暗黙の脅し」なのか「審理の非公開」こそ問題にすべきでは

ないのか。

　検察審査会は、くじで選ばれた11人が市民の目で、検察官の不起訴処分が妥当だったかを審査する。11人中6人以上が「不起訴で正しい」と判断すれば「不起訴相当」の議決をする。6人以上が「この程度の捜査では納得できない」と判断すれば「不起訴不当」となる。さらに、11人のうち8人以上が「起訴するべきだ」と判断した場合は「起訴相当」という議決を出す。審査会が「起訴相当」の議決を出した場合には、検察官はその事件を再捜査し、3カ月以内に起訴するか判断する。起訴しなかった場合は、再び審査会がメンバーを変えて審査する。改めて11人中8人以上が起訴を求める「起訴議決」をした場合は、その容疑者は必ず起訴される。

　つまり、その段階で検察審査会の議決に拘束力が付与され、検察官の判断にかかわらず、被疑者は裁判所が指定した弁護士によって起訴される。「強制起訴」である。

　この「強制起訴」は、2009年に導入されてから現在までに14事件（2015年度速報値）。このうち有罪判決はわずかであり、多くは無罪や免訴となっている。14の中には、「陸山会事件」絡みの小沢一郎氏、最近では東電旧経営陣3人の「強制起訴」が含まれる。2014年5月には強制起訴され有罪判決が確定した初の事例もでているが、有罪へのハードルは高く、無罪が相次いでいる。

　私たちの申立ては、当然のことながら「起訴相当」の議決を求めている。検察審査会では適切な判断がなされると期待しているが、検察の抵抗も予想される。「起訴相当」から「強制起訴」になんとしても持ち込みたい。氷見冤罪事件の「犯罪者」警察官4人を刑事被告人として刑事法廷に引きずり出し、「真相究明」と再発防止ためにも個人の責任追及をやめるわけにはいかないのだ。


## ㉓　「不起訴処分相当」の議決を受けて

　富山検察審議会は、私たちの申立に対して、2016年7月20日に4名の警察官全員につき「不起訴相当」と議決し、澤田章三・長能善揚・附木邦彦・西野友章の告発を拒否した富山地検とほぼ同様の理由を示す「議決書」（16頁）を送ってきた。いや、地検段階よりもさらによくない内容であった。

　私たちとしては、検察審査会という選挙人名簿から選ばれる人々の、いわば市民目線に期待をかけていただけに、非常に残念としか言いようがない。

　「議決の理由」は、4名に対する告発の理由を丁寧に検討したような体裁を整えているが、「虚偽有印公文書作成」について、完全に時効が成立している

と判断した。いわば門前払いである。地検の説明より整理された分、より形式だけの判断だ。また、国賠訴訟における警察官証言の時点で「同行使」があったかどうかの問題については、新たな罪と見れば時効にはなっていないとしながら、証人席で自分が作成した「文書」を見ながら証言しても、それは「行使」とまでは言えないという、これまた非常に形式主義というか、公務員に甘いというか、私たちには到底納得できない理屈で切り捨てている。少なくとも澤田章三の証言では、——その捜査指揮簿は自分が作成しました、そこに書いてあるとおりに当時の自分は「氷見1・3月事件」と「石川5・6月事件」「氷見8月事件」はそれぞれ別人の犯行と判断して報告しましたと誤魔化す証言をあえて行なったのだから、澤田は自分で作成した「虚偽公文書」を「行使」したのであって、それを「行使」とは言えないという理屈は通用しないと考える。

しかも「議決書」は、8月事件の時点で、「氷見1・3月事件は検挙済み」であり、「すでに原告（柳原氏）は公判手続きで公訴事実を認め、弁護人も全部同意し、公訴事実に争いはなかった」のだから、澤田がそれぞれの事件の類似性に気づかなかったとしても「無理からぬ事情がある」と記述している。この理屈は、国賠裁判で、被告・県（警察）が強弁し、誤魔化してきたことと全く同じ言い訳である。

偽証罪についても、これらを根拠に犯罪の嫌疑は存在しないとした。

間違った酷い認識である。

澤田ら被告発人を弁護するのも、いいかげんにしてほしい。澤田は、続発する事件の類似性に気づいたからこそ、あわてて石川県に出かけたのではないか。しかも、「コンバースの靴」についての石川県警鑑定を承知したうえでの誤魔化し報告であることが明らかなのに。

今回の「議決書」は、「検挙済み」「公判で自白維持」であっても、どれだけ多くの冤罪事件が正されることなく有罪の判決となり、多くの時間と努力の果てに再審無罪になっているか、その事実をどうみているのか、全く不当である。

検察審査会に呼ばれた市民にとって、時効とか行使とか普段聞き慣れない法律用語が出てくるから、「議決書の作成を補助した審査補助員・弁護士志田祐義」氏に補助を依頼し、その弁護士が「議決書」を書いたのはやむを得ないとも言えるが、私たちからみれば、あまりにも酷い論理の誤魔化しというか、論理の堕落ではないかと言いたい。要するに、普通の「法律家」にとっては、冤罪において裁判所で自白維持がなされる現実などは、見たくない、信じたくな

い事柄であって、法律の条文に従って何事も進める以外にはないと、一切の例外を拒否することが良いことだというドグマに陥っている人々の姿を、また見せつけられたとしか言いようがない現実に、私たちはぶち当ってしまったのである。このような「法律家」がいる限り、冤罪は限りなく繰り返されるであろう。再審という制度があるのはなぜかを考えてほしい。

　私たちは、法律をねじ曲げるべきだとは、決して言っていない。ただ法律の運用・解釈において例外的な事例が起きている現実を認め、それに対処する何らかの方策を見つけていかないことには、法律そのものが陳腐化し、司法の腐敗が進行していくばかりだと言っているのだ。

　「議決書」の最後に、「市民を代表する組織として、いわゆる冤罪事件を発生させた警察組織に対して、今後、二度と本件のような冤罪事件を発生させないよう適正な捜査に努めることを強く求めるものである」と書いてある。審査会に呼ばれた11人の誰かが、この文言を入れるべきだと言ってくれたのかとは思うが、全体を見れば、そらぞらしい結語でしかない。


　今回の検察審査会の「議決」、この議決には審査補助員として上記弁護士（富山県弁護士会）が参加していたことが明らかになった。私たちは、氷見事件の柳原氏起訴・裁判における国選弁護士・Y弁護士（同弁護士会）の冤罪加担の事実をどうしても想起しまう。

　警察組織（富山県警）の冤罪を生み出す隠ぺい体質はもちろんのこと、検察審査会を含めた法曹界全体がこれらを許す体質から抜け出すことのできない「法曹コミュニティ」がさらに進行していく今日、今回の「議決」はこの国の法曹の"危うさ"を浮き彫りにしてしまった。

# 氷見事件・裁判関連年表

事件発生から、氷見事件についての社会的反応、国賠訴訟の動き、支援の動きなどを網羅的に年表とした。この年表では約70回に及んだ弁護団会議は記載していない。

---

**2002 年**

| | |
|---|---|
| 1/14 | 氷見1月事件（強姦既遂）発生 |
| 3/13 | 氷見3月事件（強姦未遂）発生 |
| 4/ 8 | 柳原浩氏が、職場から任意同行され、夜遅くまで取調べられた |
| 4/15 | 3回目の「任意」取調べで「自白」、氷見3月事件（強姦未遂）で逮捕 |
| 4/16 | 地元の北日本新聞、富山新聞、北日本放送が、実名犯人視報道 |
| 4/16 | 検察官と裁判官の前で否認、警察に戻って再「自白」 |
| 5/ 5 | 3月事件は証拠不十分とされ一旦釈放。警察の敷地内で再逮捕（1月事件） |
| 5/ 5 | 石川県津幡で石川5月事件発生 |
| 5/24 | 氷見1月事件（既遂）起訴 |
| | 取調べが続く。弁護人が兄姉から金を集め、被害者に弁償金を支払い |
| 6/ 1 | 石川県津幡で石川6月事件発生 |
| 6/13 | 新たな証拠なしに、靴痕が同じだからと3月事件でも起訴。高岡拘置所に移監 |
| 7/10 | 富山地裁高岡支部で第1回公判 |
| 8/19 | 氷見市内で真犯人による氷見8月事件発生 |
| 9/ 6 | 富山地裁高岡支部第2回公判　情状証人 |
| 10/ 9 | 富山地裁高岡支部第3回公判　本人質問　裁判でも自白を維持 |
| 11/27 | 懲役3年実刑判決　控訴せず服役。福井刑務所へ |

**2003 年**

| | |
|---|---|
| 3/28 | 氷見で同様事件発生（真犯人O氏の犯行） |
| 5/31 | 氷見で同様事件発生（真犯人O氏の犯行） |
| 8/ 8 | 氷見で同様事件発生（真犯人O氏の犯行） |
| 8/ 9 | 鳥取県米子市で同様事件発生、（真犯人O氏の犯行） |
| 8/18 | 氷見で同様事件発生（真犯人O氏の犯行） |
| 11/30 | 氷見で同様事件発生（真犯人O氏の犯行） |

| | 12/22 | 氷見で同様事件発生（真犯人O氏の犯行） |
|---|---|---|
| **2005 年** | | |
| | 1/13 | 柳原氏仮出所。更生施設に入る |
| **2006 年** | | |
| | 8/ 1 | 別の容疑で鳥取県警察が真犯人O氏を逮捕 |
| | 9/27 | 米子でO氏の第1回公判、その後富山県警が再逮捕し身柄を富山へ移す |
| **2007 年** | | |
| | 1/17 | 柳原氏の親族へ経緯を説明し、富山県警が謝罪。 |
| | 1/19 | 富山県警は記者会見で「誤認逮捕が判明した」。検察は富山地裁に無罪判決を求める再審請求 |
| | 1/22 | 山本毅富山弁護士会会長声明。任意同行で3日間調べたことが問題 |
| | 1/24 | 柳原氏は富山地方検察庁に呼び出され、「当時の取り調べ捜査官、担当検事を恨んでいません」などという内容の調書をまたしても意思に反して作成されている |
| | 1/26 | 長勢甚遠法務大臣も柳原氏に対し謝罪したものの、「自白の強要については違法性が無い」と述べた。当時の担当者に対して「処分は行わない」とした |
| | 1/29 | 富山地検の検事正が柳原氏に直接謝罪 |
| | 1/31 | 富山県弁護士会は「冤罪事件に関する調査委員会」（藤寿雄委員長）発足 |
| | 2/22 | 富山県議会で安村隆司県警本部長が、当時の捜査員を処分しないと答弁。 |
| | 4/11 | 県警「取り調べ適正化施策推進委員会」発足。警務部首席参事官が委員長 |
| | 6/ 初 | 県警「緻密な捜査推進委員会」発足 |
| | 6/ 初 | 富山弁護士会調査委員会が柳原氏に協力求める。柳原氏は非公開の調査であったため協力を拒否 |
| | 6/ 6 | 日弁連主催シンポジウムで柳原氏報告 |
| | 6/20 | 再審公判はじまる |
| | 8/10 | 最高検が氷見・志布志の問題点につき報告書公表 |
| | 8/22 | 再審公判で、検察側は無罪の論告 |
| | 10/10 | 富山地方裁判所高岡支部において再審無罪判決 |
| **2008 年** | | |
| | 1/24 | 警察庁が報告書公表 |

氷見事件・裁判関連年表　**233**

| 1/30 | 日弁連が調査報告書公表 |
|---|---|
| 3/27 | 富山地裁高岡支部が柳原氏に刑事補償法に基づく補償金支給の決定 |
| 4/15 | 人権と報道・連絡会で柳原氏報告。15〜17日に国賠ネットも柳原氏と話し合い |
| 4/28 | 吉田光雄県警本部長会見「被疑者取り調べ適正化のための監督に関する規則」を試験的に運用したい。取調室に監視用の透視鏡を設置するため県と予算折衝へ」 |
| 6/ 1 | 支える会HP（ホームページ）立ち上げ。 |
| 6/12 | 富山（氷見）冤罪国賠を支える会の口座を開設 |
| 6/21 | 富山呼びかけ人会議 |
| 6/21 | 富山（氷見）現地調査　9人参加（柳原氏、富山2人、東京4人、大阪2人） |
| 7/21 | 同志社大学浅野ゼミの「柳原さんを囲む会」 |
| 7/26 | 富山呼びかけ人会議、15人参加 |
| 8/17 | 17・18日、人報連・国賠ネットなど山梨県大泉村で合宿（柳原氏含め8人参加） |
| 8/23 | 23・24日、国賠ネット合宿（氷見冤罪事件を討論） |
| 8/27 | 富山呼びかけ人会議、9人参加 |
| 9/ 6 | 富山呼びかけ人会議 |
| 9/20 | 富山集会「富山（氷見）冤罪事件を考える市民の集い」主催：支える会（準）。支える会結成集会を兼ねる |
| 10/11 | 国賠ネット共催秋季シンポ（東京・初台） |
| 11/11 | 埼玉（飯能市）集会に柳原氏発言 |
| 12/ 1 | 柳原氏囲む会（六本木） |
| 12/ 2 | 柳原氏が石川一雄氏と対談 |
| 12/ 6 | NHK総合テレビ「日本のこれから」の中の「裁判員制度」に取材協力 |
| 12/16 | 柳原氏、熊谷の集会で発言 |
| 12/20 | 富山で事務局・呼びかけ人交流会 |
| 12/20 | 弁護団への参加打診、結成（富山、大阪、石川、東京の弁護士へ） |

**2009年**

| 5/ 8 | 地検へ全記録の任意提出申入れ |
|---|---|
| 5/14 | **氷見冤罪事件国賠提訴**。富山地裁、記者会見 |

| 5/22 | 柳原氏狭山再審請求集会（代々木公園）、冤罪防止を考える集い（渋谷）で発言 |
|---|---|
| 6/13 | 柳原氏、読売新聞宇都宮支局「足利事件」インタビュー |
| 6/15 | 人権と報道・連絡会の定例会で、支える会の福冨氏報告 |
| 6/18 | 柳原氏、集英社の「プレイボーイ」誌で菅家氏と対談 |
| 6/28 | 清水市での袴田再審裁判の集会に柳原氏発言 |
| 7/ 1 | 原告、テレビ朝日の取材、スクープ・スペシャル 12 月放送予定 |
| 7/ 4 | 日弁連主催の "「もう可視化しかない！」取調べの全ての録画を求める大集会" に、原告と弁護団の竹内明美弁護士が発言 |
| 8/10 | 『「ごめん」で済むなら警察はいらない』発行（桂書房） |
| 8/19 | **第 1 回口頭弁論**、記者会見、報告会（富山県弁護士会館）『「ごめん」で済むなら警察はいらない』出版記念会（富山大学） |
| 10/29 | 柳原氏を囲む会を開催、事務局（WG）がヒヤリング |
| 10/30 | 柳原氏と支援者が衆院・参院議員会館へ。参院の松岡徹、福島みずほ、近藤正道、山内徳信、前川きよしげ、衆院の村井宗明、井上義久、保坂展人、鈴木宗男の各氏を訪問挨拶 |
| 10/31 | 柳原氏と鎌田慧氏の対談（解放新聞に掲載）。狭山事件の再審を求める市民の会主催のシンポジウム（日本教育会館）に参加。第二部で志布志事件原告と共に柳原氏が発言。「支える会」の福冨氏が報告。集会参加者は約 1000 名ほど |
| 11/11 | 埼玉（飯能市）集会に柳原氏発言 |
| 11/20 | **第 2 回口頭弁論**、記者会見。弁護団と支える会で氷見現地調査 |
| 11/26 | 院内集会、日弁連可視化緊急集会で柳原氏発言 |
| 11/27 | 狭山再審集会（日比谷野音）柳原氏、大久保弁護士報告 |
| 11/28 | 反警察ネットワーク「氷見事件」討論会、支える会井上氏、柳原氏報告 |
| 12/ 1 | 柳原氏を囲む会（六本木） |
| 12/ 2 | 柳原氏が石川一雄氏と対談 |
| 12/ 6 | 志布志文化会館で取調べの全面録画を求める集会（鹿児島弁護士会主催）柳原氏報告、事務局安田氏参加、800 名の参加者。主催＝鹿児島県弁護士会 |
| 12/11 | 金沢勤労者プラザで冤罪を通して人権を問う集会（柳原氏、事務局堀元氏対談）、石川県、教育委員会ほか後援 |
| 12/16 | 柳原氏、熊谷での集会で発言 |

氷見事件・裁判関連年表　**235**

| 12/24 | 足利事件再審裁判、柳原氏傍聴 |
|---|---|

## 2010 年

| 1/20 | 記者会見（金沢・北尾法律事務所） |
|---|---|
| 1/21 | **第3回口頭弁論**、記者会見。弁護団「可視化実現」を求める署名活動（富山市内） |
| 1/27 | 可視化実現市民集会（日弁連）「足利事件のテープからみる取調べ」柳原氏パネリストとして参加 |
| 2/ 6 | 三重県人権センター集会で報告 |
| 3/11 | **第4回口頭弁論**、弁護団、富山駅前で署名活動。「取調べの可視化を求める市民集会 in 富山」（ボルファート富山） |
| 5/22 | 共謀罪シンポジューム（支える会井上氏、氷見事件報告） |
| 5/29 | 鳥取（取調の可視化集会）柳原氏発言 |
| 5/30 | 水戸（取調の可視化集会）柳原氏発言 |
| 5/31 | 日弁連・目撃証言研究会　奥村弁護士が氷見事件報告、浜田寿美男氏報告 |
| 6/ 2 | **第5回口頭弁論** |
| 6/ 2 | 支える会事務局が公文書開示請求：H14.1.14 及び 3.13 の強姦事件などに関する氷見警察署捜査指揮簿など |
| 6/26 | 金沢市で青法協全国総会で報告（奥村弁護士・原告発言） |
| 7/20 | 公文書部分開示決定通知書、事件指揮簿などの写し（67 枚）開示 |
| 7/23 | 中井国家公安委員会委員長研究会、柳原氏ヒヤリング　竹内弁護士 |
| 8/21 | 21・22 日、国賠ネット合宿、布川事件・桜井氏参加 |
| 9/ 9 | **第6回口頭弁論** |
| 9/ 9 | 部分開示決定について、不服申立ての審査請求書を提出 |
| 9/10 | 氷見現地調査　弁護団・支える会 |
| 10/ 7 | 富山県公安委員会が富山県情報公開審査会へ諮問 |
| 11/24 | 被告県が裁判所へ任意開示。事件指揮簿など 67 枚（7/20 開示と同じ黒塗り） |
| 12/ 8 | **第7回口頭弁論**、原田宏二氏を囲む勉強会 |
| 12/10 | 公安委が非開示理由説明書 |

## 2011 年

| 1/20 | 審査会へ非開示理由説明書に対する意見書を提出 |
|---|---|

| 2/23 | **第8回口頭弁論** |
|---|---|
| 2/24 | 情報公開審査会において、審査請求人が補佐人5名と共に意見陳述 |
| 4/ 2 | 審査会での質疑を補足説明する補充意見書を提出 |
| 4/14 | 審査会が一部答申（第38号）。「他文書（39件）も開示請求の対象に決定すべき」 |
| 4/20 | **第9回口頭弁論** |
| 5/20 | 柳原氏、東大病院受診 |
| 6/ 2 | 公安委が裁決　39件の文書を開示請求の対象として検討した結果捜査指揮簿と犯罪事件処理簿の開示を裁決 |
| 7/ 6 | **第10回口頭弁論** |
| 8/20 | 国賠ネット山梨合宿（証拠開示、情報公開報告） |
| 8/30 | 柳原氏、鹿児島の再審事件集会参加 |
| 9/ 7 | **第11回口頭弁論** |
| 11/ 9 | **第12回口頭弁論** |
| 11/29 | 県警、部分開示決定理由書と犯罪事件処理簿、捜査指揮簿（273枚） |

**2012年**

| 1/22 | 捜査指揮簿など部分開示決定に関し不服申立ての審査請求書（第2次）を提出 |
|---|---|
| 2/ 1 | **第13回口頭弁論** |
| 2/20 | 被告県が裁判所へ任意開示　事件指揮簿68枚、本部長事件指揮簿3枚増 |
| 2/24 | 公安委が情報公開審査会へ諮問 |
| 2/25 | 国賠ネットワーク交流集会　前田弁護士「証拠開示の実務的方法」講演。参加者52名 |
| 4/20 | 富山県公安委が非開示理由説明書を提出。公共安全情報、個人情報と主張 |
| 4/25 | **第14回口頭弁論**（裁判長交代　田邉裁判長→阿多裁判長） |
| 5/ 8 | 柳原氏PTSDの心理カウンセリングを受ける（東大の治療も継続） |
| 5/10 | 情報公開審査請求人が非開示理由説明書へ反論する意見書を審査会へ提出 |
| 5/30 | 被告県が裁判所へ任意開示　捜査指揮簿（捜査日誌）330枚 |
| 6/20 | **第15回口頭弁論** |

氷見事件・裁判関連年表　**237**

| 8/ 1 | 被告県が裁判所へ任意開示。12/5/30 開示の捜査指揮簿で抜けていたもの2枚 |
|---|---|
| 8/ 3 | 審査会が諮問（10/10/7）につき答申（第 39 号）、開示すべき箇所を多数指摘 |
| 8/ 8 | **第 16 回口頭弁論**、進行協議 |
| 8/31 | 審査会が答申（第 39 号）を修正。H14.4 以前の4文書を除外して 17 文書の 124 箇所を開示すべきと指摘 |
| 8/31 | 審査会において、審査請求人が請求補佐人3名と二度目の意見陳述、記者会見 |
| 9/19 | **第 17 回口頭弁論** |
| 10/23 | 国賠ネットシンポ「再審と国賠」裁判所・検察・警察の責任を問うでパネリストとして井上氏発言（氷見事件） |
| 10/24 | 柳原氏、東大病院のカルテを請求し、受け取る |
| 11/14 | 柳原氏ほか大崎事件支援へ |
| 12/ 5 | **第 18 回口頭弁論**　進行協議 |

## 2013 年

| 1/12 | 弁護団合宿　北千住 |
|---|---|
| 3/ 4 | **第 19 回口頭弁論**、証人調べ始まる、藤井実、澤田章三 |
| 3/ 4 | 情報公開で、県に対し「不作為の違法確認及び義務付け訴訟」を提訴（本人訴訟） |
| 5/10 | 公安委が裁決。答申 39 が開示すべきとの 124 箇所のうち2箇所を開示、他は棄却 |
| 5/21 | 氷見冤罪事件国賠報告集会（富山県民会館） |
| 5/24 | 審査会が第2次開示に関する諮問（12/1/24）に答申（第 40 号）。捜査指揮簿と犯罪事件処理簿で、開示すべき項目名を多数指摘 |
| 5/27 | **第 20 回口頭弁論**、中越由起子、島田稔久 |
| 5/27 | 「富山（氷見）冤罪事件国賠裁判報告集会 in 富山―富山県警の隠蔽体質を問う」 |
| 5/29 | 県警情報開示につき公安委の不作為違法確認など訴訟　第1回口頭弁論 |
| 7/ 1 | 公安委の裁決に係わり、事件指揮簿の部分開示（2枚） |
| 8/ 8 | 日大医学部法医学教室・T講師（血液鑑定）と面談（弁護団、支える会） |
| 8/19 | **第 21 回口頭弁論**、高木貴志、松山美憲、福岡雅夫 |

| 8/21 | 県情報開示訴訟・第2回口頭弁論　公安委の 5/10 裁決があり、訴えを変更して訴訟を継続 |
| 10/ 6 | 国賠裁判報告集会（富山県教育文化会館） |
| 10/21 | **第 22 回口頭弁論**、原告・柳原浩（中断） |
| 11/13 | 黒塗り減らせ第 1 次訴訟　第 3 回口頭弁論　県の主張へ反論 |
| 12/16 | **第 23 回口頭弁論**、原告・柳原浩（続行） |

**2014 年**

| 2/10 | 公安委が裁決。答申 40 が開示すべきとした事項のうち 2 箇所を開示、他は棄却 |
| 2/17 | **第 24 回口頭弁論**、被告・長能善揚 |
| 2/19 | 県警情報開示につき公安委の不作為違法確認など訴訟　第 4 回口頭弁論結審 |
| 4/21 | **第 25 回口頭弁論**、被告・松井英嗣、原告・柳原浩（損害） |
| 7/30 | **第 26 回口頭弁論**、進行協議 |
| 8/ 6 | 県警・情報公開「黒塗り減らせ第 1 次訴訟」一審判決（一部勝訴） |
| 8/ 6 | 黒塗り減らせ第 2 次訴訟　提訴（捜査指揮簿と犯罪事件処理簿） |
| 8/20 | 黒塗り減らせ第 1 次訴訟　双方、控訴せず確定 |
| 9/13 | 13・14 日　弁護団合宿　北千住 |
| 10/ 6 | **第 27 回（最終弁論）**。弁護団・支える会の共催で「国賠裁判報告集会 in 富山 10/6 結審から判決へ―真相は明らかになったのか」（富山県教育会館） |
| 11/26 | 支える会事務局 8 名が、富山県警の警察官 4 名を偽証、虚偽公文書作成・同行使で富山地検へ告発。記者会見 |
| 11/26 | 黒塗り減らせ第 2 次訴訟　第 1 回口頭弁論、被告県から却下の申立て。請求の趣旨を変更する一部訂正を申立て |
| 12/12 | 告発について、茅根航一検事（富山地検）と面談 |

**2015 年**

| 1/ 5 | 告発状の補充書提出（行使についての告発人見解） |
| 1/10 | 告発状補充書（その 2）提出（行使の年・月・日特定など） |
| 2/16 | 黒塗り減らせ第 2 次訴訟　第 2 回口頭弁論、20 項目の非開示の根拠、理由を被告県が次回までに提出 |
| 3/ 9 | **国賠一審判決**（一部勝訴、富山地裁） |

3/11 判決を受けて富山地検へ「市民目線で告発状受理と問題解明」を要請

3/12 被告側の富山県警本部長が「控訴しない」と表明

3/22 告発状が2月24日付けで受理されたことが判明。捜査中とのこと

3/23 国賠裁判判決確定（原告・被告双方控訴せず）東京で弁護団が声明発表

4/30 告発につき富山地検に電話連絡。茅根検事から林検事に交代。1～2ヶ月後に起訴か不起訴は封書で郵送する

5/26 「支える会」を解散し「氷見冤罪事件の責任を追及する会」を結成する。警察官4人の告発と情報公開訴訟などを通して責任追及を続ける

6/ 1 黒塗り減らせ第2次訴訟　第3回口頭弁論、被告県が非開示正当の理由説明。富山地裁民事合議部　廣田泰士裁判長へ交代

6/ 1 林正章検事と面談。「捜査の進捗状況は処分を検討中。検察庁の意向もあり、遠くない時期に処分を決める」

9/ 8 「支える会」解散会（富山）

9/ 9 黒塗り減らせ第2次訴訟　第4回口頭弁論、被告県の非開示主張に反論し、審査会がインカメラ審理で具体的に検討してまとめた答申のとおり開示を求めた

10/20 告発につき林正章検事から面談の要請。不起訴処分の口頭説明。告発人ら抗議

12/ 2 黒塗り減らせ第2次訴訟　第5回口頭弁論、結審

12/ 2 検察審査会へ審査申立て。審査申立書の補充「不起訴処分おける最高裁判例などの適用・解釈の誤りについて」提出

## 2016年

3/ 8 検察審査会へ上申書(1)、上申書(2)を提出

3/ 9 黒塗り減らせ第2次訴訟、一審判決（一部勝訴）

3/22 黒塗り減らせ第2次訴訟、控訴

5/11 黒塗り減らせ第2次訴訟　名古屋高裁金沢支部へ控訴理由書を提出

6/23 検察審査会へ上申書(3)を提出

7/13 黒塗り減らせ第2次訴訟、控訴審第1回弁論、結審

7/20 検察審査会、告発した警察官4名全員につき不起訴相当の議決

# 147名の弁護団（原告代理人）一覧

| | | | |
|---|---|---|---|
| 青木　孝 | 織戸良寛 | 高橋善由記 | 前田　領 |
| 青柳　周 | 海渡雄一 | 髙見健次郎 | 三澤英嗣 |
| 赤木俊之 | 角山　正 | 髙見秀一 | 水永誠二 |
| 赤松範夫 | 梶永　圭 ◎ | 多賀秀典 ◎ | 水野英樹 |
| 秋田真志 | 片見冨士夫 | 田川和幸 | 美奈川成章 |
| 浅沼貞夫 | 甲木真哉 | 竹内明美 ◎ | 三野岳彦 |
| 朝守令彦 | 上條弘次 | 谷口　渉 | 村田慎一郎 |
| 阿部　潔 | 川口和子 | 千葉景子 △ | 村中貴之 |
| 粟田真人 | 川端克成 | 千葉　肇 | 森　直也 |
| 安藤昌司 | 川村　理 | 辻　孝司 | 森下　弘 |
| 石田　純 ◎ | 河村正史 | 寺林智栄 | 森脇　宏 |
| 五十嵐二葉 | 木下信行 | 東條雅人 | 安武雄一郎 |
| 磯田丈弘 | 久保博之 | 遠山大輔 | 安原　浩 |
| 伊藤和子 | 久保豊年 | 外塚　功 | 山口健一 |
| 伊藤みさ子 | 窪田良弘 | 鳥海　準 | 山口茂樹 |
| 稲田知江子 | 藏冨恒彦 | 内藤　隆 | 山﨑佳寿幸 |
| 井上明彦 | 栗山　学 | 中北龍太郎 ◎ | 山崎俊之 |
| 井上雄樹 | 小坂井久 | 中田　大 | 山田庸男 |
| 井原誠也 | 小坂谷聡 | 中西祐一 ◎ | 山本志都 |
| 岩井羊一 | 小竹広子 | 仲松正人 | 横田　達 |
| 上野　勝 | 児玉晃一 | 中山武敏 | 吉岡隆久 |
| 氏家宏海 ◎ | 河之口学 | 贄田健二郎 ◎ | 吉川健司 |
| 丑久保和彦 | 近藤幸夫 | 西垣内堅佑 | 芳永克彦 |
| 薄木宏一 | 近藤正道 | 西嶋吉光 | 吉永満夫 |
| 打越さく良 | 齋藤拓生 | 二島豊太 | 吉田　健 |
| 内山新吾 | 坂根真也 | 西村　健 | 吉田律惠 ◎ |
| 梅澤幸二郎 | 櫻井光政 | 西村正治 | 若松芳也 |
| 浦　功 | 佐藤哲之 | 庭山英雄 | 　　　以上147名 |
| 浦城知子 | 佐藤太勝 | 布川佳正 | |
| 大口昭彦 | 佐藤正子 | 野口容子 | （途中加入） |
| 大久保聡子 ◎ | 幣原　廣 | 野平康博 | 北島正悟 ◎ |
| 大迫唯志 | 篠崎　淳 | 羽柴　駿 | 寺岡　俊 ◎ |
| 大庭秀俊 | 篠塚　力 | 馬場　望 | |
| 大橋君平 | 白井　徹 | 福島康夫 | （注） |
| 岡田浩志 | 末永睦男 | 福武公子 | ◎実務に携わった弁 |
| 岡根竜介 | 鈴木一郎 | 房安　強 | 　護士 |
| 小川秀世 | 園田　理 | 藤井輝明 | △法務大臣就任後辞 |
| 荻野　淳 | 高木洋平 | 船木誠一郎 | 　任 |
| 奥村　回 ◎ | 高野嘉雄 | 古山弘子 ◎ | |
| 小原健司 | 高橋俊彦 | 前田裕司 ◎ | |

## ●あとがき

　氷見事件は、えん罪事件としては普通である。と言うより正確な表現としては、典型的な事件である。身体拘束・密室を利用した自白強要、客観証拠の軽視、無罪方向証拠の無視、根拠のない有罪の決めつけ等々、えん罪原因のオンパレードであり、いずれも極めて根深い警察・検察体質が露呈された典型である。

　一方、えん罪が発覚して以降の氷見事件は、極めて特殊である。

　真犯人の逮捕によってえん罪が明らかになったが、警察・検察は自らそれを発表した。そして、検察は、検察官請求による再審開始、無罪を求めた。最高検察庁は「いわゆる氷見事件及び志布志事件における捜査・公判活動の問題点等について」という調査報告書を発表した。警察庁も「富山事件及び志布志事件における警察捜査の問題点等について」を発表した。さらに日本弁護士連合会も「『氷見事件』調査報告書」を発表した。国賠訴訟の訴状に対する答弁において、被告富山県は「（請求原因の）認否に先立って、被告富山県は、いわゆる氷見事件について、捜査に不十分な点があったことを認めるとともに、原告に対し……深く謝罪の意を表明するものである。また、原告に対し、適正な賠償額が算定されることを望むものである」と述べた。

　訴訟では、証拠の開示が最重要論点と設定され、裁判所による送付嘱託が関連事件を含めて相当数採用された。結果的にも相当数の証拠が開示された。支援者による情報公開請求がこれらの証拠開示を後押しした。これらに加え、原告代理人として全国全ての単位会（県）から代理人が就いた。日弁連可視化本部も全面的に支援した。

　さらに支える会が組織され、そこを中心とする支援活動が、富山県を含めて全国的に展開された。志布志事件（川畑さんほか）、足利事件（菅家さん）そして布川事件（桜井さんほか）をはじめとして全国のえん罪・再審事件の仲間との連携も強く結ばれた。真犯人からの協力もあった。そして地裁判決について、富山県は、早々に控訴しない方針を明らかにした。

　これらのどれをとっても、稀有な事態、特別な現象である。

捜査側からのえん罪確認の流れとそれを受けての多くの市民、国民による真相究明及びえん罪根絶の声が盛り上がり、国賠訴訟を支えた。時代的に並行して検討されていた新時代の刑事司法改革にも影響を与えたと思われる。

　これらの稀有な各事実が、この「えん罪・氷見事件を深読みする」に網羅されている。

　えん罪を語るとき、えん罪国賠訴訟を語るとき、本書に載せられた敬服すべき努力と実践と成果は、必ず参照されなければならないものと思われる。闘い方しかりその成果も、次の闘いの基礎とされなければならない。

　また、筆者は、その一端に関与できた弁護士として、深く感謝し、ちょっぴり自慢したいとも思う。


　しかし、本書で鋭く指摘されている通り、氷見国賠判決は極めて不十分なものでしかなかった。特に国は、極めて不十分なえん罪原因隠しとまで言われた前記最高検察庁調査報告書のレベルにも届かない、開き直りに終始し、裁判所はそれを放置し、追認してしまった。

　これほどの様々な条件が揃い、国民的な支援等もあったにも拘らず、国賠訴訟による真相解明の壁は厚い。


　我々は、それらを十分に認識しつつも、あきらめることなく、さらなる努力を続ける必要があり、本書は、それを力強く宣言している。

　稀有な事件の特別な記録であり、読む者に当時の興奮を思い出させ、これからの希望を与え、進むべき指針にもなる。

　本書の企画、執筆そして出版に関与された全ての人に感謝し、これからも「頑張るぞー！」と叫んで、あとがきとします。


2016年9月

奥村　回

# 編者・執筆者プロフィール

*印は編者

## 前田裕司 （まえだ・ゆうじ）*

1948年生まれ。弁護士。日本弁護士連合会取調可視化実現本部副本部長。刑事弁護フォーラム代表世話人。独協大学法科大学院特任教授。現在は宮崎県弁護士会に所属

## 奥村　回 （おくむら・かい）*

1952年生まれ。弁護士。日本弁護士連合会刑事弁護センター委員長(現)。金沢弁護士会会長（2012年）。『ハンドブック刑事弁護』（共著、現代人文社、2005年）などの著書

## 磯部　忠 （いそべ・ただし）

1943年生まれ。国賠ネットワーク世話人。沖縄ゼネスト松永国賠をはじめいくつかの冤罪国賠支援に携わる。元ＮＨＫ（放送技術研究所）勤務
執筆担当／第3章4、第7章1

## 井上清志 （いのうえ・きよし）

1949年生まれ。国賠ネットワーク世話人。原告として「ピース缶」国賠訴訟や報道被害の損賠訴訟にかかわる。ほか、いくつかの冤罪国賠支援に携わる。元朝日新聞関連会社勤務
執筆担当／第2章、第4章、第5章、第6章、第7章2

## 小倉利丸 （おぐら・としまる）

1951年生まれ。富山大学名誉教授。「富山県立近代美術館検閲」国賠訴訟にかかわる。ピープルズ・プラン研究所共同代表
執筆担当／第4章

## 高木公明 （たかぎ・きみあき）

1948年生まれ。国賠ネットワーク世話人。原告として「家宅捜索」国賠にかかわる。ほかいくつかの冤罪国賠支援に携わる。元地方公務員（環境部門）
執筆担当／序章、第3章4

## 安田　聰 （やすだ・さとし）

1954年生まれ。狭山再審裁判（事務局）ほか、帝銀事件再審など冤罪事件の支援に携わる。部落解放同盟中央本部に勤務
執筆担当／第3章6

## 山際永三 （やまぎわ・えいぞう）

1932年生まれ。人権と報道・連絡会事務局長。いくつかの冤罪事件の支援に携わる。映画監督として、「帰ってきたウルトラマン」「俺はあばれはっちゃく」など
執筆担当／第1章、第3章1、同2、同3、同5、第7章2

## 氷見冤罪事件の責任を追及する会　連絡先：090-2732-0534（井上）

：090-4614-3750（山際）

# えん罪・氷見事件を深読みする
## 国賠訴訟のすべて

2016 年 10 月 5 日　第 1 版第 1 刷発行

編　者…………前田裕司・奥村回

発行人…………成澤壽信

発行所…………株式会社現代人文社

〒 160-0004 東京都新宿区四谷 2-10 八ッ橋ビル 7 階
振替　00130-3-52366
電話　03-5379-0307（代表）
FAX　03-5379-5388
E-Mail　henshu@genjin.jp（代表）／hanbai@genjin.jp（販売）
Web　http://www.genjin.jp

発売所…………株式会社大学図書

印刷所…………株式会社ミツワ

ブックデザイン…………Malp Degign（清水良洋＋宮崎萌美）

検印省略　PRINTED IN JAPAN　ISBN978-4-87798-650-6　C3032
© 2016　Maeda Yuji Okumura Kai

本書の一部あるいは全部を無断で複写・転載・転訳載などをすること、または磁気媒体
等に入力することは、法律で認められた場合を除き、著作者および出版者の権利の侵
害となりますので、これらの行為をする場合には、あらかじめ小社また編集者宛に承
諾を求めてください。